大数据应用人才
能力培养新形态系列

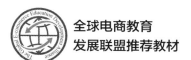

全球电商教育
发展联盟推荐教材

U0590041

Excel

电商数据
分析与应用

第2版｜微课版

蒋长兵 陈海城 朱景伟◎编著

人 民 邮 电 出 版 社
北 京

图书在版编目（ＣＩＰ）数据

Excel电商数据分析与应用 ：微课版 / 蒋长兵，陈
海城，朱景伟编著. -- 2版. -- 北京 ：人民邮电出版社，
2024.8
（大数据应用人才能力培养新形态系列）
ISBN 978-7-115-63836-6

Ⅰ. ①E… Ⅱ. ①蒋… ②陈… ③朱… Ⅲ. ①表处理
软件－应用－电子商务－数据处理 Ⅳ. ①F713.36
②TP274

中国国家版本馆CIP数据核字(2024)第045528号

内 容 提 要

本书共三篇。第一篇是理论基础，主要内容包括电商数据分析导论、数据分析方法论；第二篇是专
业方法，主要内容包括数据采集方法、数据清洗方法；第三篇是应用场景，主要内容包括运营与数据分
析平台、运营诊断与复盘、宏观市场分析、市场细分及竞争分析、流量运营分析、产品运营分析、消费
者运营分析、数据报告撰写与商业分析案例。

本书既可以作为高等院校数据科学与大数据技术、电子商务、大数据应用与管理等专业相关课程的
教材，也可以作为数据分析从业人员学习电商数据分析及参加商务数据分析相关资格考试的参考书。

◆ 编　著　蒋长兵　陈海城　朱景伟
　　责任编辑　许金霞
　　责任印制　陈　犇
◆ 人民邮电出版社出版发行　　北京市丰台区成寿寺路 11 号
　　邮编　100164　电子邮件　315@ptpress.com.cn
　　网址　https://www.ptpress.com.cn
　　三河市君旺印务有限公司印刷
◆ 开本：787×1092　1/16
　　印张：16　　　　　　　　2024 年 8 月第 2 版
　　字数：429 千字　　　　　2025 年 7 月河北第 2 次印刷

定价：59.80 元

读者服务热线：(010)81055256　印装质量热线：(010)81055316
反盗版热线：(010)81055315

前　言

随着时代的发展，电子商务在全球掀起了一波巨大的浪潮。电子商务改变了人们的消费习惯，网络购物平台成为全球消费者熟知的购物渠道。近年来，我国电子商务进入蓬勃发展的阶段，"传统电商"和"新电商"的概念开始深入人心，成为电子商务从业者讨论的焦点。随着电子商务流量红利的消失，精细化分析和运用数据成为行业的重点研究方向之一。

由于电子商务具备互联网的属性，因此它也具备可收集大量数据的特征，这为电商数据分析的发展提供了良好的基础条件。数据分析成为电子商务从业者的必备技能之一，从市场分析到产品企划，再到会员分析，数据分析已经渗透到电子商务的各个应用场景。数据分析技术可以提高电商企业的运营效率，为电商企业的运营及重大决策提供有效的数据依据，帮助电商企业创造更高的商业价值。

本书以培养电商数据分析高素质技能型人才为目标，以 Excel 为基本工具，结合大量的电商数据分析案例，使读者能够快速掌握对物流数据、网店运营数据、销售数据、客服数据、客户数据、市场数据、产品数据等数据进行采集、处理、分析及可视化的方法。全书分为三篇。第一篇是理论基础，阐述从事电商数据分析工作需要掌握的理论知识，每个知识点都结合案例做了详细的解析。第二篇是专业方法，介绍数据采集和数据清洗的专业方法。第三篇是应用场景，介绍运营与数据分析平台的应用、运营诊断与复盘的方法、各类电商数据的分析方法、数据报告的撰写与商业分析案例。

本书特点如下。

第一，将理论与实践相结合。本书理论与实践紧密结合，案例涵盖常见的电商数据分析场景。本书结合案例，对基础理论进行深入浅出的阐述，使读者更加容易地掌握电商数据分析的基础知识。

第二，立足于数据分析的应用场景。本书围绕电商数据分析的应用场景，精选多个实操案例进行详细的解析，便于读者快速掌握电商数据分析的方法并学以致用。

第三，配套资源丰富。本书所有案例均由慕研数据分析师事务所提供，所有实操案例均提供高清微课视频，扫描二维码即可观看。同时，还提供配套的教学课件 PPT、电子教案、教学大纲、拓展案例等教学资源。

限于编者水平，书中难免存在不当之处，恳请读者批评指正。

陈海城（笔名：零一）

2024 年 5 月

目　录

第一篇
理论基础

第1章
电商数据分析导论

本章介绍什么是数据分析、进行电商数据分析所需的各项技能以及数据分析在电商中的应用，让读者了解数据分析可以做什么，以及电商数据分析人才需要具备的知识和能力。

在新电子商务时代，数据被赋予了特殊的使命，从业者将不断研究如何用数据驱动运营，把数据资产转变成生产力，从而提高电商企业的数据化运营能力与销售业绩。

学习目标

- 了解电商数据分析常见的应用场景。
- 理解统计学等数学知识对数据分析的重要性。
- 掌握统计学的基本概念。
- 了解运筹学的基本概念。
- 掌握数据指标体系。

1.1 认识数据分析

1.1.1 什么是数据分析

数据分析是将数据转变成有效信息的过程，其中数据具有历史性特征，信息具有指向性特征。

（1）数据的历史性。数据是客观的事实，能够被收集到的数据都是已经发生了的事件所产生的结果。例如收集到某商品的销量，因为该商品已经发生了销售事件，所以才会产生销量指标。

（2）信息的指向性。由于每个人的生活背景、工作经验的不同，因此每个人对相同的数据可能会产生不同的看法，也就是说每个人对有效信息的理解可能不同。且从数据中提炼的信息并不适用于所有人，只有特定的某一部分人才会关注该信息。

在数据分析的过程中，建立一个恰当的参考框架是核心工作。例如，在分析自己店铺的数据时，我们需要建立一个参考框架（见图1-1），将店铺与同期的行业整体进行比较。所有的分析都是基于这个参考框架进行的，这样可以充分利用参考框架提供的信息。

数据分析使用不同的角度观察事物，运用维度和指标的不同组合，全面地看待事物的样貌。从这个角度来理解，数据分析就是在研究维度和指标的组合关系。

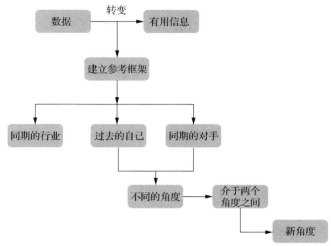

图 1-1　数据分析的参考框架

1.1.2　数据分析的作用

数据分析可以在运营过程中给决策者提供决策依据，特定的分析维度可以帮助决策者做出有效的决策，而有效的决策可以提高项目的成功率。

例 1-1：某线下企业想进入线上市场，考虑成本因素，决策者需要决定是先开淘宝店（集市店）还是先开天猫店，哪一个选择对企业更有利？

采集该企业所经营的类目店铺及经营数据，统计分组后的数据对比如图 1-2 所示，如果选择入驻淘宝平台，将面临激烈的竞争，而天猫平台的竞争小、份额大。综上，建议入驻天猫平台，由天猫平台进入市场。

例 1-2：某企业在优化某商品标题时，需要替换标题中的某些词，但是哪些词被替换后可以提高引流效果呢？

收集该商品的关键词数据，不同词根的表现数据如图 1-3 所示，可以发现"情人节""手工""友情"这 3 个词根都没有产生流量，因此将这 3 个词根删掉不会影响商品现有的流量和销量，而且替换新的有效词根会提高引流效果。

平台	店铺数量	数量占比	销售总额（元）	销售总额占比
淘宝	4351	98.91%	193858.74	24.36%
天猫	48	1.09%	601822.72	75.64%
总计	4399	100.00%	795681.46	100.00%

图 1-2　不同平台的数据对比

表现数据			
词根	访客数	支付买家数	支付金额	平均转化率
---	---	---	---	---
diy	64	2	488	3.13%
保鲜	36	1	378	2.78%
玻璃	262	4	945	1.53%
干花	125	2	567	1.60%
礼盒	107	2	488	1.87%
礼物	18	0		0.00%
玫瑰	137	3	677	2.19%
情人节				
生日	32	0		0.00%
手工				
鲜花	43	1	378	2.33%
永生花	645	12	3337	1.86%
友情				
长生花	98	0	0	0.00%
罩	189	2	378	1.06%
总计	1756	29	7636	1.65%

图 1-3　不同词根的表现数据

总而言之，数据能够帮助企业明确运营方向，使运营决策更精准，从而让项目的成功率更高，如图 1-4 所示。

图 1-4　数据对运营的作用

1.1.3　数据分析的流程

数据是客观的事实，但是数据本身并不会告诉人们它的价值，其蕴涵的信息需要分析师进行挖掘。数据分析的流程分为 8 个步骤，如图 1-5 所示。

图 1-5　数据分析的流程

1. 明确目标

数据分析是一种有目的的行为，比如，你想要了解销售情况，或者想找到数据之间的某种规律，一切行为操作都针对某个目标展开。因此进行数据分析的基础是目标明确，没有明确的目标，任何分析操作都可能是做无用功。

2. 明确分析维度和指标

围绕目标选定进行数据分析的维度和指标，只有选定了范围才可以有目的地收集数据，并进行分析。明确的分析范围能避免分析报告内容太多、不深入。

例 1-3：分析目标是了解新上线的详情页的效果，为此选定分析的维度和指标。

解：分析的维度有日期、页面，指标有停留时间、转化率。

3. 数据采集

数据是数据分析的基础，没有数据就无法开展数据分析工作，数据采集是将目标数据收集到计算机硬盘等存储空间中。基础的数据采集可采用 Excel、八爪鱼、火车采集器、码栈等软件，进阶的数据采集可使用 Python。

4. 数据清洗

采集到的数据一般会有一部分"脏数据"，所以不能直接用于数据分析，如果不处理它们将会影响分析结果。所以在进行分析前需要对数据进行检查，如果发现"脏数据"就必须进行清洗。

例 1-4：表 1-1 所示为从淘宝生意参谋下载的店铺经营数据，其中第三行观测值中存在以"—"为标记的缺失值，如果不处理此类缺失值将无法进行下一步操作，因此需将数据中的"—"替换为数字"0"。

表 1-1　　　　　　　　　　　　　　店铺经营数据

统计日期	PC 端支付金额/元	PC 端支付商品数/个	PC 端支付老买家数/个
2023-05-03	907.62	41	8
2023-05-04	268.94	15	1
2023-05-05	1196.92	15	—
2023-05-06	1938.21	16	2
2023-05-07	319.15	23	5

数据清洗可使用 Excel、Python 等工具，亦可使用专业的 ETL（Extract Transform Load，抽取、转换、装载）工具。利用 Excel 中的 Power Query 组件（Office 2016 及以上版本自带该组件），可实现大量数据的清洗。

5. 数据整理

因为收集到的数据一般都是零散或者杂乱的，直接观察数据难以洞察出有效信息，所以只有对其进行整理，才能保证后续流程顺利进行。

按照某个维度汇总数据才能对其进行有效的观察。比如，要观察新的详情页上线后用户行为的变化，可以按照上线前和上线后的用户行为数据进行分类汇总，然后通过这两份数据的对比来得出结论。

例 1-5：表 1-2 所示为淘宝网女装 T 恤和衬衫两个品类在 2023 年 1～3 月的成交金额数据，将数据整理成表 1-3 所示的形式，更便于分析。

表 1-2　　　　　　　　　　　　　　　未经整理的成交金额数据

品类	成交金额/千万元	时间
T 恤	5766	2023 年 1 月
衬衫	5398	2023 年 1 月
T 恤	16390	2023 年 2 月
衬衫	18686	2023 年 2 月
T 恤	29531	2023 年 3 月
衬衫	31957	2023 年 3 月

表 1-3　　　　　　　　　　　　　　　整理后的成交金额数据　　　　　　　　　　单位：千万元

时间	T 恤	衬衫	总计
2023 年 1 月	5766	5398	11164
2023 年 2 月	16390	18686	35076
2023 年 3 月	29531	31957	61488
总计	51687	56041	107728

6. 数据分析

数据分析的目的是将数据转变成有效的信息。前面的步骤都是为这一步做准备，信息的提炼可以采用对比法、拆分法、分组法等分析方法。

例 1-6：表 1-4 所示为商品标题中的关键词词根分析结果。观察表 1-4 中的支付买家数，可以发现"收纳箱"和"大号"这两个词根的支付买家数为 0，表示没有用户通过这两个词根产生交易，因此得到的信息是"收纳箱"和"大号"这两个词根可以优化。

表 1-4　　　　　　　　　　　　　　　关键词词根分析结果　　　　　　　　　　　　单位：个

关键词词根	访客数	支付买家数
工具箱	342	29
五金	45	1
收纳箱	12	0
加厚	7	3
大号	5	0
手提式	2	1

7. 数据可视化

数据可视化旨在借助图形化手段，清晰、有效地传达信息。

例 1-7： 将表 1-5 中的数据直观地展现出来。

表 1-5　　　　　　　　　　　　　　多个产品的对比数据

产品	点击率指数	转化率指数	交易指数	流量指数	口碑指数
A	0.85	0.42	0.59	0.74	0.94
B	0.62	0.48	0.51	0.78	0.86
C	0.96	0.67	0.83	0.55	0.74

根据表 1-5 中的数据画出雷达图，如图 1-6 所示，各个产品间的差异清晰可见。

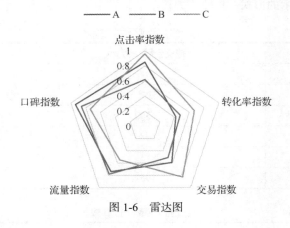

图 1-6　雷达图

8. 数据报告撰写

数据报告是对分析结果进行逻辑性的集中展现并阐述分析的文档，可以采用 PPT、Word 文档等形式。图 1-7 所示为一份数据报告示例。

◆ 结合 0～14 岁儿童性别结构分布可知，新生男女数量差距逐渐缩小，女童比例逐步上升。

◆ 可以合理推测未来母婴市场女童产品的需求会有一定提升。

◆ 考虑女童服装购买特点和数量，这很可能是新的着力点。

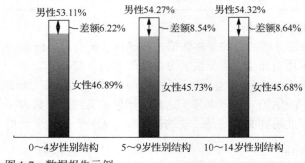

图 1-7　数据报告示例

1.2　电商数据分析常用技能

电商数据分析师和业务数据分析师在团队中的定位相似，他们都需要掌握多种技能才可以完成数据分析任务。数据分析并不是一门独立的学科，它跟多门学科的知识有着紧密的联系。

（1）统计学：统计学是数据分析最基本的理论知识学科，数据分析就是统计学的应用。

（2）运筹学：运筹学是现代管理学的一门重要专业基础课，主要研究求最优解，可解决运营过程中的最佳决策问题。

第 1 章　电商数据分析导论

（3）数据分析方法论：数据分析方法论是前人经验的归纳，套用方法论可以快速入门数据分析。

（4）数据分析工具："工欲善其事，必先利其器"，单靠手工（笔尖）或者计算器速度太慢，而且整理大量的资料需要专业的技能，因此熟练掌握至少一个分析工具将大大提高数据分析的效率和准确度。

（5）电商业务能力：对一名数据分析师来说，业务场景的敏锐度十分重要，只有懂业务的数据分析师才能很好地将数据转变成生产力。

（6）电商数据指标体系：了解并掌握电商数据指标体系可以帮助分析师更快、更准确地开展数据分析工作。

1.2.1　数学和统计学

数据分析从统计学发展而来，而统计学从数学发展而来。数学知识是数据分析的理论基础，只会软件操作并不能满足数据分析的要求，普通的商业数据分析师要求具有高中及以上的数学水平，要求能看懂数学符号和数学公式；如果涉及数学建模，则要求数学水平在大学本科及以上，如图 1-8 所示。具体的技能要求如下。

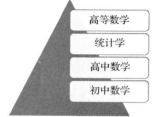

图 1-8　数学水平要求

（1）初中数学：数学运算（基本运算、因式分解）、方程与方程组、不等式与不等式组（简单的线性规划）、初步统计（平均数、众数、中位数、极差、方差、标准差、频数、频率、频率分布直方图）、初步概率（概率计算）等。

（2）高中数学：集合（交、并、补）、基本初等函数（指数函数、对数函数、幂函数）、函数的应用（求极值、最值以及变化趋势）、算法（结构与语句）、数列（递推逻辑、归纳演绎）、简易逻辑（真假命题、假设逻辑）、合情推理（归纳、类比）、演绎推理（三段论）等。

（3）统计学：抽样调查与推断、概率论、描述统计学、推断统计学等。

（4）高等数学（更深层次的学习与研究）：线性代数、微积分、复变函数等。

1.2.2　运筹学

运筹学是现代管理学的一门重要专业基础课，也是数据分析的理论基础。它是 20 世纪 30 年代初发展起来的一门学科，其主要目的是在决策时为管理人员提供科学依据，是实现有效管理、正确决策和现代化管理的重要方法。该学科是应用数学和形式科学的跨领域研究，利用统计学、数学模型和算法等寻找复杂问题的最佳或近似最佳的答案。

在电商业务背景下，运筹学具有非常广泛的应用场景，如确定最佳的推广方案、确定最短的运营路径、确定最佳的产品组合、确定最佳的人工排班方案等。

1.2.3　数据分析方法论

许多电商从业者在分析数据的时候会遇到许多问题：不知从哪方面切入并开展分析，不知分析的内容和指标是否合理、完整……遇到这些问题大多数是因为分析人员缺少方法论。

方法论可以让分析人员依照某些轨迹顺利地开展分析活动，常见的分析方法有以下 9 种。

（1）对比法：只有通过与参照物的对比才能了解现状、发现问题，通过横向和纵向的对比找到自己所处的位置。

（2）拆分法：将大问题和相关的指标拆解成多个小问题和多个相关指标，快速找到问题产生的原因。

（3）分组法：将数据依据某些维度进行分组统计，观察分组后的结果并分析事物的特征。

（4）排序法：基于某个度量值进行递增或递减的排序，查看所有观测值的情况。

（5）交叉法：对两个及以上维度的数据进行交叉分析，比如对产品特征和价格区间两个维度的数据进行交叉分析，找到更符合企业定位的细分市场。

（6）降维法：如果分析问题时指标的信息量过多，采用业务梳理的方式选择核心指标进行分析，减少过多指标的干扰。在统计学上也可以使用主成分分析或因子分析的方法达到降维的目的。

（7）增维法：如果分析问题时指标的信息量不足，通过计算派生出新的指标，其包含更多的信息量，比如搜索竞争度=搜索人气÷商品数。

（8）指标法：采用指标的方式分析结果，一般通过制作表格来查看分析结果。

（9）图形法：采用图形的方式以更加直观地分析结果。

除了以上分析方法之外，还有一些业务中常用的思维分析方法。

（1）SWOT 分析法：通过该方法了解自己所处的环境，对内、外部因素进行分析并制订应对策略。

（2）描述性统计法：用来概括、描述事物整体状况以及事物间关联关系、类属关系的统计方法，基于统计值来表示数据的集中和离散等情况。

（3）矩阵分析法：将主要因素放在矩阵的两个维度轴进行定量或者定性分析，并通过某个点将数据分为 4 个象限。

（4）多维分析法：将 3 个及以上的维度放在表格、多维平面图或者三维图中进行观测分析。

（5）数据归一化方法：将数值映射在某一范围，例如[0,1]。消除因为值域不同而产生的分析难点，一般配合多维分析法使用或在数据建模时使用。

（6）时间序列分析法：针对连续变化的时间数据的分析方法，主要用于预测连续的未来数据，比如分析店铺每天的成交金额（也称销售额）。

（7）相关性分析法：研究指标间的相关程度，常用于寻找关键影响因素。

1.2.4　数据分析工具

掌握两个及两个以上的分析工具能更好地进行数据分析，分析工具大体可分成以下 3 类。

（1）数据库：按照数据结构来组织、存储和管理数据的仓库，常见的数据库有 Access、MySQL、Oracle、DB2 等。

（2）数据分析与可视化：用于组织数据并进行数据分析和可视化的工具，常见的工具有 Excel、Power BI、Tableau 等。

（3）统计与挖掘数据：用于进行统计分析和数据挖掘的工具，常见的工具有 R 语言、Python、SPSS、SAS 等。

根据企业的不同需求阶段，数据分析人员需要掌握的工具有所不同，具体如下。

第一阶段：这个阶段的数据一般用 Excel 或 WPS 文件存储，数据文件多而杂，经营多年的电商企业甚至会有超过 10 万张的历史数据表格。企业无法对庞大的历史数据进行分析，数据管理杂乱。这个阶段企业需要解决数据的统一管理及分析问题，可选用 Excel 和 MySQL 工具。Excel 解决分析层和应用层的问题，MySQL 解决大量数据的存储和计算问题，且 Excel 和 MySQL 在国内企业的占有率和普及率都相对较高。

第二阶段：这个阶段企业已经实现了数据的统一管理和分析，但随着数据量的增加和数据应用能力的提升，Excel 已经满足不了对大量数据进行多表建模联合分析的需求，可能刷新一个分析模型文件所需的时间都会很久。此时需要使用 BI 产品满足复杂的业务建模需求，企业可选用微软旗下的 Power BI。部分企业在这个阶段会有专业统计方法和数据挖掘的需求，可选择 SPSS，其使用难度不大。SPSS 有两个工具。一个是 Statistics，用于统计分析；另一个是 Modeler，用于商业数据的分析与挖掘。SPSS 在国内企业的占有率较低。

第三阶段：这个阶段的企业已经属于数据驱动型企业，数据应用需要在生产、流通、销售和管理等各个环节渗透。随着数据种类的复杂化，原有的数据采集、清洗及算法应用的效率已经满足不了需求。要运用 IT 技术和算法解决商业问题，真正将数据转变成生产力，可以在 R 语言和 Python 之间择其一，这两者都是应用非常广泛的编程语言。

第四阶段：这个阶段的企业已经是资深的数据驱动型企业。进入这个阶段的企业只有少数的龙头企业，他们通过技术手段极大地提高工作效率和商业收益，转入智慧商业领域，运用大数据和人工智能升级改造所有的环节。企业在这个阶段需要应用大数据框架（如 Hadoop 等）来解决并发问题，并用人工智能框架（如 TensorFlow 等）来解决应用问题。

1.2.5　电商数据指标体系

数据指标体系是指由相互之间有逻辑联系的指标构成的整体，是基于业务场景构建的。一个完善的数据指标体系可以给业务提供有力的支撑，而且可以防止因为人员的流动导致数据分析部门运作瘫痪。

业务之间的差异可能会导致不同电商平台、不同商户的数据指标体系存在差异，但是大体上都会以下面的公式展开：

$$成交金额=访客数 \times 转化率 \times 客单价$$

上式是电商行业的重要公式，基于这个公式可以延伸出数据指标体系。

1.3　数据分析在电商中的应用

电商中的数据分析是为了提高商业效益，增加企业利润。对电商企业经营过程中的各个环节进行数据分析，为经营者提供有效的决策依据，不但可以提高经营效率，还可以提高企业的经营能力。

常用的业务场景包含但不局限于以下 10 类场景。

（1）数据诊断：针对网店的数据，诊断分析运营过程中存在的问题。

（2）数据复盘：针对某个事件对各个工作环节产生的数据进行梳理，并还原事件发生的过程。

（3）市场分析：对市场的容量和发展趋势进行分析，掌握市场发展规律并预测市场未来走向。

（4）竞争分析：对竞争环境和竞品进行分析，掌握市场竞争情况以及产品与市场的差异。

（5）渠道分析：为决策提供依据，包含活动分析、广告分析和内容分析。

（6）活动分析：对活动进行效果预测、复盘分析，掌握消费者对活动的响应情况，提高活动效果。

（7）广告分析：对网店广告投放的效果进行分析，从而优化广告投放。

（8）产品分析：针对产品的销售、渠道、时间、结构等维度对产品的销售情况进行分析，以提出更好的产品营销策略，增加产品销售额。

（9）库存分析：对库存的周转率、补货数量等进行分析，避免产品堆积而产生不良库存。

（10）消费者分析：对网店消费者复购情况、满意度等进行分析，避免消费者流失，提高消费者的留存率。

对电商运营者而言，如果数据是运营的眼睛，那么数据分析便是运营的视力。一样的数据给不同的运营者会得到不同的决策结果，每个人看到的都是基于自己的"视力水平"所呈现的结果。

本书将运营中常见的数据分析场景逐一举例，使运营人员能够快速套用对应场景的分析思路和方法，从而提高运营水平。数据的红利仍在，但运营人员需要具备一定的能力才可以争取到红利。

通过数据分析获利的店铺比比皆是，下面列举 3 个相关场景。

（1）某网店在进行数据分析前的退款率高达 20%，在对退款产品、退款消费者和原因进行分析后，优化产品详情页和打包发货环节，有效地将退款率降到 8%。

（2）某网店在进行数据分析前的滞销率高达 38%，在对滞销产品进行分析，对库存动销率进行预测后，优化滞销产品的营销策略，并用库存的发货速度指导采购部门的备货数量，有效地将滞销率降低到 20%。

（3）某网店在进行数据分析前的支付转化率低至 0.87%，在对客服数据和页面数据进行分析后，给客服下达响应时间、响应率等 KPI（Key Performance Index，关键绩效指标），并参考同行优秀的页面进行页面优化后，支付转化率提高到 1.7%。

1.3.1　数据诊断

数据诊断是指对网店运营的数据指标进行分析、对比，找出有异常的数据指标或者找出与分析问题最为相关的指标。

常用的店铺快速诊断方法有以下两种。

（1）杜邦分析法（DuPont Analysis）：将相关指标进行拆解，并展示最相关的指标变化，从而通过指标间的关联和变化快速发现店铺的问题。

（2）相关性分析法（Correlation Analysis）：先分析问题找到核心指标，再通过相关性分析找出与问题核心指标相关程度较高的指标，有针对性地分析这些指标。

1.3.2　数据复盘

数据复盘是针对某个事件对各个工作环节产生的数据进行梳理，并还原事件发生的过程。这个事件可能是某次大促或者某项方案的执行。

复盘与诊断相近，容易混淆。数据复盘是还原具体的每一个过程，分析的数据包含工作人员的数据，比如客服人员拨打了 100 位网店消费者的电话。数据复盘能从整个过程中进行提炼和总结，而数据诊断并不需要还原过程。

1.3.3　市场分析

市场分析是指应用统计学、计量经济学等分析工具，对特定市场的运行状况、产品生产、销售、技术、市场竞争力、市场政策等市场要素进行深入的分析，从而发现市场运行的内在规律，进一步预测未来市场发展的趋势。市场分析是发现和掌握市场运行规律的必经之路，是企业发展的"大脑"，对指导企业的经营规划和发展具有决定性意义。

市场分析包含以下 6 个方面的内容。

（1）市场容量分析：分析的是市场相对规模。市场规模是难以估算的，使用统计学方法估算的结果并不靠谱，因此要用电商的市场数据（抽样）来分析电商的相对规模，给决策者提供有价值的参考依据。

（2）市场趋势分析：对市场的自然规律进行探索，以及对未来的发展趋势进行预测，让决策者根据市场发展趋势提前做出判断，并对经营策略进行调整。

（3）市场细分分析：市场细分是市场选择的基础，需要根据消费者群体将市场划分成多个子市场，子市场之间的需求存在明显的差异。

（4）品牌分析：以品牌为分析维度，研究品牌市场的分布，从而找到市场空白。

（5）竞争分析：分析市场竞争环境和竞争对手，掌握竞争信息，便于企业制订市场营销策略。

（6）细分市场选择：根据自身情况估计每个细分市场的优势与劣势，并选择进入一个或多个细分市场。

1.3.4　竞争分析

竞争分析是针对竞争市场环境和竞争对手开展的分析，能帮助企业更深入地了解市场和自己的同行竞争对手。

竞争分析包含以下 4 个方面的内容。

（1）竞争环境分析：对电商平台搜索环境、价格和品牌进行分析，分析结果代表了企业的市场成本及进入门槛的高低。

（2）竞争对手的选择：确定行业竞争标杆，根据竞争对手矩阵和对手类型，确定不同时期的行业竞争标杆，能够对企业的发展起到正面的引导作用。

（3）竞争对手数据跟踪：长期收集并跟踪竞争对手的数据，掌握竞争对手的动态。

（4）竞争对手分析：针对某个竞争对手的用户、产品、渠道等开展的分析。

1.3.5　渠道分析

渠道分析是指对电商的流量渠道进行精细化分析，对各个渠道的销售情况、用户、价格分布等细节进行分析，以帮助企业调整渠道布局。

渠道分析包含以下两个方面的内容。

（1）传统流量渠道分析：对传统的聚合式的渠道（比如搜索、活动、首页、广告等）入口进行分析，掌握各个渠道的市场表现和用户的特征，以帮助企业优化渠道运营策略。

（2）社交渠道分析：对分布式的社交渠道（比如微淘、淘宝直播等）入口进行分析，对投放在渠道的商品、内容进行分析，从而指导企业调整社交渠道的运营策略。

1.3.6　活动分析及广告分析

活动分析及广告分析是指对促销活动和广告投放的效果进行分析，从而了解企业营销活动和广告的情况，并对下一阶段的工作提出优化建议，对某些区域的促销和广告策略进行局部调整，对用户进行更精准的营销。

活动分析及广告分析包含以下 4 个方面的内容。

（1）活动效果预测：分析产品的活动效果，对活动销量进行预估，帮助企业制订活动营销策略。

（2）活动效果对比分析：活动结束后对活动数据与同类活动、日销数据进行对比分析，总结活动的成败。

（3）关键词效果分析：分析广告投放的关键词的效果和趋势，从而给营销推广提供决策依据。

（4）地域效果分析：分析广告投放地域的效果和趋势，从而给营销推广提供决策依据。

1.3.7　产品分析

产品分析是指对企业产品结构和销售情况进行分析，通过对这些指标的分析来指导企业产品结构和运营策略的调整，提升产品的竞争力。

产品分析包含以下 4 个方面的内容。

（1）产品结构分析：对产品的价格、品类、热卖程度等因素进行分析，了解各类产品的比例关系，从而调整产品的生产计划和销售策略。

（2）产品矩阵：通过矩阵分析法分析产品，基于两个或多个因素的相互作用对产品的影响，洞察产品所处的态势，从而确定产品的战略发展方向。

（3）产品生命周期分析：基于产品的销售趋势分析产品的生命周期，包含从产品的构想到产品消失的整个过程。

（4）产品销售分析：主要分析各个因素（如销售时段、地域、价格等）对销售绩效的不同作用，通过产品间的对比了解热销产品和滞销产品，制订出产品的销售策略。

1.3.8 库存分析

库存分析是对企业的库存绩效进行分析，包括库存预警和补货数量的分析，可帮助企业提高仓库管理能力，提高库存绩效，减少不良库存。

库存分析包含以下两个方面的内容。

（1）库存绩效分析：对库存的存量、动销率、售罄率、库存周转率等进行分析，帮助企业管理库存，掌握库存的情况。

（2）补货数量测算：对产品补货进行测算，帮助企业科学补货。

1.3.9 消费者分析

现阶段电商企业获取消费者的成本极高，获取一个新消费者的成本甚至要数百元，提高消费者的价值和预防消费者的流失对电商企业来讲非常重要。对消费者的价值进行分析，有助于提高企业的运营能力。

消费者分析包含以下4个方面的内容。

（1）消费者分布：掌握消费者的分布情况，可以了解消费者的大致画像，有助于提高营销效果；根据消费者分布的地区来制订营销计划，可以降低广告成本。

（2）RFM模型：基于RFM模型对消费者价值和消费者创利能力进行评判和标注，经营者可以有针对性地对消费者进行分类管理。

（3）复购分析：对消费者的复购情况进行分析，了解消费者对该品牌、产品或者服务的购买次数，重复购买率越高，消费者对该品牌的忠诚度就越高，重复购买率越低则忠诚度越低。

（4）舆情分析：对消费者在线上留下的文字（聊天记录、评论等）进行统计和模型分析，了解消费者对品牌、产品的看法，以及需求和情感上的喜恶。这对品牌、产品的战略定位能起到非常重要的作用，有助于运营者做出正确的决策。

1.4 统计学基础

统计学是数据分析领域十分重要的理论基础，数据分析的主要思想和方法论便来源于统计学。

统计学是关于认识客观现象总体数量特征和数量关系的科学，是通过搜集、整理、分析和统计资料，认识客观现象数量规律性的方法论科学。由于统计学的定量研究具有客观、准确和可检验的特点，所以统计方法就成为实证研究中最重要的方法，广泛适用于自然、社会、经济、科学技术等领域的分析与研究。

1.4.1 统计学的来源及特点

统计学是一门很古老的学科，起源于社会经济问题的研究，迄今已有两千三百多年的历史。

统计学（Statistics）最早由戈特弗里德·阿亨瓦尔（Gottfried Achenwall）于 1749 年使用，代表对国家的资料进行分析的学问，也就是"研究国家的科学"。19 世纪，统计学在广泛的数据及资料中探究其意义，由约翰·辛克莱（John Sinclair）引进英语世界。

统计的研究对象是客观现象的数量特征和数量关系。统计研究不同于其他学科的研究，因为它有以下特点。

（1）统计离不开数据，一切用数据说话。

（2）统计的最终目的是研究总体，而不是研究个体，通过寻找事物的共性从而掌握事物的规律。

（3）统计以显示客观事物独立存在的实际情况为目的，数据反映的是事物的真相，统计学则是揭开真相的工具。

1.4.2　统计的基本概念

1. 统计总体与总体单位

（1）统计总体。

统计总体是根据一定的目的和要求所确定的研究事物的全体，它是由客观存在的、具有某种共同性质的许多个别事物构成的整体。

（2）总体单位。

总体单位是指构成统计总体的各个单位。总体单位必须是现实生活中存在的个体，不能是虚构的或意念中的事物。

（3）统计总体的特征。

统计总体具有同质性、大量性和变异性三大特征。

① 同质性。同质性是指构成统计总体的每个个别单位虽然在许多方面存在差异，但至少在某个方面保持相同的性质。同质性是统计总体形成的基础，构成统计总体的各个单位在某一性质上必须是相同的。

② 大量性。大量性是指统计总体由足够多的单位构成，个别或少数的事物不足以构成统计总体，这是由统计的研究对象决定的。统计的研究对象是客观现象的数量特征和数量关系，少量事物所表现出来的特征往往带有偶然性，客观现象数量方面的规律只有在大量事物个别特征的汇总中才能显示出来，表现出同质性的倾向，从而帮助研究者认识到事物的必然性。

③ 变异性。变异性是指同一统计总体的各个单位除了具有某种或某些共同的性质外，在其他方面是存在差异的，这种差异称为变异。如果统计总体中的每个单位在各个方面都一样，就没有统计的必要。正是因为变异的普遍存在，才有必要进行统计调查和分析，以寻找统计总体的一般规律。

（4）统计总体的分类。

按照总体单位是否可数，统计总体分为有限总体和无限总体。有限总体的规模和范围相对较小，是由有限的个别事物构成的总体。无限总体是指总体所包括的个别事物很多，无法计量。

（5）统计总体与总体单位的关系。

统计总体和总体单位不是固定不变的，它们会随着统计研究的目的不同而变化。一个事物在一种情况下是统计总体，但在另一种情况下有可能变成总体单位。

2. 标志和标志表现

（1）标志。

标志是说明总体单位的特征或属性的名称。每个总体单位从不同方面考察，都有许多属性和特征。

标志与总体单位的关系是十分明确的，如果没有标志就无法表现总体单位的特征，如果没有总体单位，标志也就失去了意义。

（2）标志表现。

标志表现是指标志特征在各个总体单位上的具体表现。统计标志是统计所要调查的项目，标志表现是调查所得的结果，是标志的实际体现。

3. 指标

（1）概念。

指标是指同类社会经济现象总体在一定条件下的综合数量的表现。

例如，2021 年淘宝"双十一"，截至 2021 年 11 月 11 日 23 时 59 分 59 秒，淘宝当天总销售额约为 4982 亿元。

（2）构成要素。

由上例的分析引出指标的 6 个构成要素：指标名称、指标数值、时间范围、空间范围、计算方法和计量单位。

（3）性质。

① 具体性：统计总体在具体时间、地点、条件下的数量特征，即统计指标——质的规定性。

② 综合性：对统计总体数量特征的综合说明是由个体数量综合而来的。如，平均价格=∑每个商品的价格/全部商品数。

③ 数量性：统计指标是数量范畴，没有无数量的指标。

（4）分类。

按性质分类，指标可分为以下两种。

① 数量指标：反映社会经济现象的总规模和总水平的指标，表现形式为绝对数，如商品销售额、店铺转化率、消费者好评率等。

② 质量指标：表示社会经济现象的相对水平或平均水平的指标，表现形式为相对数或平均数。通常，质量指标是由两个总量指标对比后派生出来的，反映现象之间的内在联系和对比关系，如行业平均转化率、流量价值等。

按数值表现形式分类，指标可分为以下 3 种。

① 总量指标：反映统计总体规模，通常以绝对数的形式表现，如人口总数、国内生产总值等。

② 相对指标：两个绝对数之比，也称为相对数，如计划完成程度、男女生的比例等。

③ 平均指标：反映统计总体在某一时间或空间上的平均数量状况，如人均消费水平、某店铺一周的平均客单价、平均转化率等。

（5）指标和标志的关系。

① 区别：指标是说明统计总体数量特征的概念，而标志是说明统计总体特征的概念；指标都是用数值表示的，而标志有的用数字表示，有的用文字表示。

② 联系。

a. 许多统计指标都是由各单位的数量标志值汇总而来的，如一个县的粮食总产量是所属各乡村粮食产量的合计数。

b. 指标和标志之间存在转化关系。在一定的条件下（研究目的的调整），指标和标志之间可以相互转化。当研究目的发生改变后，原来的统计总体转化为总体单位，统计指标也就变为数量标志了；同样地，当研究目的再次发生转变时，总体单位可以重新转化为统计总体，数量标志也可以重新转化为统计指标。这种转化取决于研究者对研究对象和目的的不同要求和解读。

1.4.3　统计的工作过程

1. 统计的工作过程

（1）统计设计。

开展统计工作的初期需要根据统计的研究对象的性质以及统计的任务、目的，对统计工作的各方面和各环节进行通盘考虑和全面安排，通过制订切实可行的方案来指导实际工作。换句话讲就是要先把问题想清楚，然后围绕如何解决问题设计统计的工作。在这个过程中可以把所需的数据种类及要求梳理清楚。

（2）统计调查。

根据设计方案的要求，有计划、有组织地搜集第一手资料。

（3）统计整理。

统计整理是统计调查的继续，它是运用科学的方法对调查资料进行汇总、整理，使之条理化、系统化的工作过程。

（4）统计分析。

统计分析在统计工作中必不可少，它是在统计整理的基础上，借助统计分析工具对统计资料进行综合分析。通过统计分析可以揭示所研究的客观现象的数量特征、内在联系和客观现象发展变化的本质规律，必要时还可以对客观现象进行预测。

2. 实务中的工作过程

在现实工作中，需要频繁使用到统计的工作流程。例如通过商品搜索结果分析市场份额，统计的工作过程如下。

（1）统计设计。

由于电商平台的商品数远大于展现在页面的商品数，如连衣裙有一千多万的商品数，但展现在消费者眼前的搜索结果最多只有 4400 个商品。因此只能通过抽样的方法来估算市场，以销量由多到少排序，抽取销量在前 4400 名的商品作为研究样本。

（2）统计调查

统计调查就是使用工具或者自行编写爬虫程序获取搜索结果中销量在前 4400 名的商品信息。

（3）统计整理。

统计整理是对采集的数据进行整理，再过滤异常值、处理缺失值等，将数据整理成可供分析的结构。

（4）统计分析。

统计分析是根据分析的维度分类汇总数据，基于分类结果获取统计意义。

1.4.4　统计的研究方法

1. 大量观察法

大量观察法是统计研究的特有方法。只有在大量观察的基础上，才能减小偶然的数值差异所产生的影响；也只有在大量观察的基础上得到总体平均数，才能体现总体的一般水平和发展变化规律。而只有少数资料或短时间的数值变化，是难以得到正确的分析结论的。一般情况下，数据量越大，统计分析的结果就越接近事物的真实规律。

2. 统计分组法

统计分组法在统计研究中占有重要地位，也是分析电商数据时最常用的统计方法。它是整理统计资料的重要方法，而且在整个统计工作阶段都能发挥重要的作用。统计分组法在统计研究的各阶段中的作用有所不同，具体如下。

从统计设计阶段开始，根据研究对象的特点，制订分类标准，确定反映总体不同性质特征的分类指标体系。

在统计调查阶段，根据具体的分组规定和分组方法，分门别类地搜集有关数据。

在统计整理阶段，按统计分析的要求对搜集来的原始资料进行分析或再分组。

到统计分析阶段，使用类型分组、结构分组、水平分组、依存关系分组、时间阶段分组等各种分组方法进行统计分析，以反映总体内部不同分组条件下事物间的相互联系。

分组方法是统计分析的核心方法，了解并掌握分组方法可以提高数据分析能力。常见的分组方法有以下 5 种。

（1）类型分组。

类型分组是按不同类型进行分组。比如店铺按类型分为天猫店和淘宝店，分组后可观察各自店铺数量或销售额的差异。

（2）结构分组。

结构分组是根据研究对象的内部结构进行分组。比如研究淘宝类目，可以根据淘宝的类目数，将一级类目分为服饰、数码等，服饰又可以分为服装、饰品，服装又可进一步分为 T 恤、衬衫等。

（3）水平分组。

水平分组是基于研究对象的不同水平进行分组。比如分为不同的价格区间、销量区间进行研究。

（4）依存关系分组。

依存关系分组是把性质上有关的不同社会经济现象联系起来进行分组。通过依存关系分组，可以观察不同社会经济现象总体之间在数量上的依存关系，认识不同现象在数量影响之间作用、程度和规律性。比如研究商品定价和销量的关系，可以把商品分别按照销售额和价格进行分组，然后观察各组的销售额和商品数量分布，将两者联系起来进行分析。

（5）时间阶段分组。

时间阶段分组是根据时间粒度进行分组，如年、季度、月、周、天、小时、分、秒。在分析店铺销售额时可以把销售额按照不同的时间阶段进行分组，用天及以上的粒度进行分组是为了研究销售额的变化趋势，用小时的粒度进行分组是为了研究消费者的行为特征（如消费者集中在几点钟进行网购消费）。

3. 综合指标法

综合指标法是利用多项综合指标，对相互联系的客观现象进行综合概括。

4. 归纳推断法

归纳法是从个别到一般的推理方法，是统计研究中常用的方法。推断法主要应用于所研究的总体单位数很多甚至是无限的情况，通过对部分单位进行计算和分析，推断总体单位的数量特征。

1.5 运筹学基础

1.5.1 博弈论和运筹学

1. 什么是博弈论

博弈论（Game Theory）又称对弈论，是现代数学的一个新分支，也是运筹学的一个重要学科。博弈论是二人在平等的对局中各自根据对方的策略改变自己的对抗策略，从而达到取胜的目的的一种理论。

《孙子兵法》有云："夫未战而庙算胜者，得算多也；未战而庙算不胜者，得算少也。多算胜少算，而况于无算乎！"

这句话翻译成现代文是说，在战前要充分估量双方的有利条件和不利条件，这样往往容易取得战争的胜利，否则容易导致战争失利。

孙武口中的这个庙算其实就是今天说的博弈。在古代，国家出征前都要在宗庙里举行仪式，并商讨作战方案。

在博弈论中，每个参与者的决策都会影响其他参与者的决策，因此每个参与者需要考虑其他参与者的反应，并选择出最优策略。博弈论的目标是找到最优策略，使得每个参与者都能够获得最大收益。

博弈论被广泛应用于经济学、政治学、社会学、心理学等领域，常用于分析市场竞争、投资决策、政策制定、战略决策等。

2. 什么是运筹学

运筹学（Operations Research）中的运筹二字出自《史记·高祖本纪》中的"夫运筹策帷幄之中，决胜于千里之外，吾不如子房。"运筹学是一种应用数学，主要研究最优化决策的问题，研究过程中会使用许多数学工具（包括概率统计、数理分析、线性代数等）和逻辑判断方法。运筹学的应用一般有 3 个步骤：提出问题、建立模型、制订解法。

运筹学最早应用于军事活动，运筹学解决了许多重要的作战问题，现在广泛应用于各行各业，应用最多的行业如下。

（1）军事：解决多兵种联合火力打击的协同作战问题、兵力驻防问题、训练方案问题、攻防对策问题等。

（2）工程优化：解决工程进度控制问题、工程施工方案问题、材料采购问题等。

（3）城市管理：解决城市供水和污水处理问题、警车的配置问题等。

（4）电商/零售：解决推广方案问题、活动定价问题、客服排班问题、价格战问题、运营方案问题等。

1.5.2　运筹学的模型

在日常学习、工作和生活中，运筹学随处可见，比如时间管理。

例 1-8：假设小李是一名电商运营人员，每天早上 8:30 准时上班，在上班过程中有以下 9 个任务。

① 打开计算机，计算机开机需要 1 分钟。
② 泡一杯咖啡，需要 5 分钟。
③ 查看昨天的工作日志，需要 15 分钟。
④ 打开店铺后台查看昨日数据，需要 5 分钟。
⑤ 下载昨日数据，需要 10 分钟。
⑥ 制作日报表，需要 10 分钟。
⑦ 撰写工作汇报邮件，需要 10 分钟。
⑧ 跟上下级沟通，需要 30 分钟。
⑨ 阅读行业信息，需要 20 分钟。

已知条件是，昨日数据更新可被查看或下载是在上午 9:10 后，工作汇报邮件必须在 10 点之前发出，跟上下级沟通必须在 10 点之后，下载数据时不能操作计算机。

这时应该如何合理安排工作流程？最早可以在几点结束工作？

这就是一个求最优解的问题，可以运用运筹学来解这个问题。

第一步提出问题。如何让时间合理应用，让自己空出更多的时间？

第二步建立模型。小李的 9 个任务中，有些是可以并行执行的，比如开计算机等待的 1 分钟可以用来同步执行第二个任务。模型的一般数学形式可以表示为：

$$U=f(x, y, \varepsilon)$$

式中：

　　x ——可控变量；

　　y ——已知参数；

　　ε ——随机因素。

第三步画出网络图。根据已知条件，确定各个任务的关系，如图 1-9 所示。

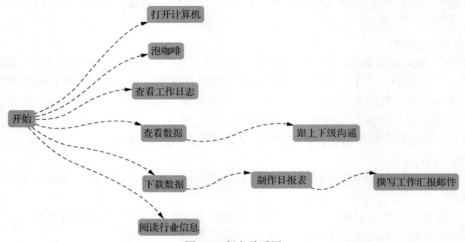

图 1-9　任务关系图

第四步制订任务流程。根据任务之间的逻辑关系和特定条件制订任务流程，如图 1-10 所示，小李最早可在 10:45 完成 9 个任务。

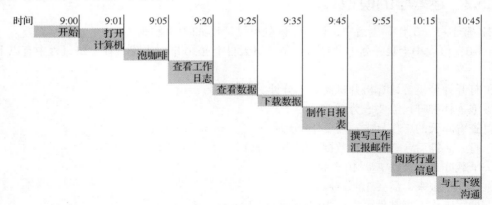

图 1-10　制订的任务流程

1.5.3　规划求解的经典问题

规划求解在电商领域中是非常经典的问题，可用于解决某项任务的合理分配问题，比如广告投放问题。假设有 1000 万元的广告预算，应该如何合理安排投放到各个平台，让广告效益最大化？

例 1-9：淘宝投放广告的站内渠道有直通车和智钻，直通车是按单击付费，

规划求解

智钻是按展现付费。根据历史数据了解到直通车的平均单击单价（Cost Per Click，CPC）是 0.36 元，转化率是 3.4%；智钻的 CPC 是 0.65 元，转化率是 4.1%。已知有 1000 万元的广告预算，平均客单价是 100 元，要求各个渠道的投放都不能少于 300 万元，请问如何规划广告预算才能让广告效益最大化？收益率预估为多少？

解：设直通车的投放预算为 X_1，智钻的投放预算为 X_2，则有以下公式。

$$X_1+X_2=10000000 \qquad （1-1）$$

$$X_1 \geqslant 3000000 \qquad （1-2）$$

$$X_2 \geqslant 3000000 \qquad （1-3）$$

$$MAX=X_1 \div 0.36 \times 0.034 \times 100 + X_2 \div 0.65 \times 0.041 \times 100 \qquad （1-4）$$

$$即\ MAX=X_1 \div 1.224 + X_2 \div 2.665$$

根据式（1-4）可知，要求得最大解，关键在 X_2，让 X_2 最大就能达到最大解。即

$$1.224 \times 3000000 + 2.665 \times 7000000 = 22327000$$

$$收益率=22327000 \div 10000000 = 2.2327$$

用 Excel 求解本例的步骤如下。

（1）在【文件】选项卡中，选择【选项】-【加载项】-【Excel 加载项】命令，在打开的对话框中勾选【规划求解加载项】选项，如图 1-11 所示。

（2）在 Excel 中输入参数 X_1 和 X_2，X_1 和 X_2 是待求解参数，留空即可，如图 1-12 所示。C2 单元格的公式为 X_1+X_2=A2+B2，D2 单元格的公式为 MAX=1.224*A2+2.665*B2。

图 1-11　加载项设置界面

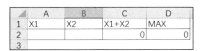

图 1-12　算法设置

（3）添加规划求解器后，【数据】选项卡的最右侧会新增相应功能的按钮，如图 1-13 所示，单击【规划求解】按钮。

图 1-13　【规划求解】按钮

（4）设置目标为 D2 单元格，可变单元格就是 A2 和 B2，遵守约束为式（1-1）～式（1-3）的约束条件，如图 1-14 所示。设置完毕后，单击【求解】按钮。

（5）规划求解找到一个解，可满足所有的约束及最优状况，如图 1-15 所示，单击【确定】按钮。

图 1-14　规划求解设置界面

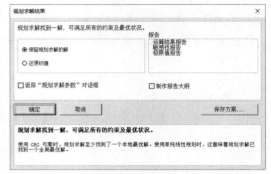

图 1-15　规划求解结果界面

最优解会自动填充到 Excel 中，如图 1-16 所示。

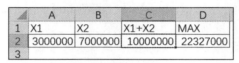

图 1-16　规划求解结果

1.6　数据分析的专业名词

1.6.1　维度和分类数据

维度是数据分析的术语之一，是指数据对象的描述性属性或特征。维度属于分类数据，不能反映数值的大小，如性别、地域、日期、渠道分类、商品名称等。

1.6.2　度量

度量是数据分析的术语之一，是指可以用数字大小来衡量程度且具有同等距离的字段，也称为指标。度量属于定量数据。度量可分为绝对度量和相对度量。绝对度量反映的是规模大小的指标，如销售额、访客数等。相对度量主要用来反映质量好坏，如转化率、利润率、退款率等。可以从数量和质量两个角度入手，以全面衡量事物发展程度。

1.6.3　粒度

粒度是维度的分析单位，如分析国内地区的销售分布，可以选择省份（如广东省、浙江省等）作为粒度。要分析某省份的地区分布，可以选择城市（如杭州市、湖州市等）作为粒度。

1.6.4　量纲和单位

量纲是表征物理量的属性（类别），如时间、长度、质量等；单位是指物理量大小或数量的标准，如 s、m、kg 等。

在进行数据分析时会遇到销售额和转化率，如果量纲不同就不能直接放在一起分析。

1.6.5　数据集、事实表和维度表

数据集（Data Set）又称资料集、数据集合或资料集合，是一种由数据组成的集合，如一张记录网店数据的表。

事实表（Face Table）用于记录已经发生的事实的数据，大多数统计或者收集的数据都是事实表。

维度表（Dimension Table）用于记录一个或几个角度观察事实的数据，维度表中的数据不可以重复，如日历表，日历中不会出现任何重复的一天。

1.6.6　算法和函数

算法（Algorithm）是指解题方案的准确而完整的描述，运用数学方法将现实中复杂的问题降维成数学问题。

函数（Function）是封装好的算法，可供用户直接调用。比如，Excel 中的 SUM 函数，程序提前封装好加法算法，用户直接调用 SUM 指令即可。

1.6.7　模型

模型（Model）是解决某些问题的整体方案，可分为业务模型、关系模型和算法模型。业务模型是基于业务逻辑构建的可自动处理业务中间过程的整体结构，比如使用杜邦分析法构建的杜邦分析模型。关系模型是基于表与表的关系建立的解决方案，一般涉及跨表联查。算法模型是基于算法构建的解决方案，如关联算法、回归模型等。

1.7　电商数据来源及指标体系

1.7.1　数据来源及统一

电商数据分析的主要数据来源如下。

（1）交易/订单数据：小到一家店铺，大到电子商务平台，都会有订单数据的产生；订单数据主要记录的是订单金额、收货地址及订单状态等信息。

（2）用户行为数据：平台拥有用户在平台上全链路的行为数据，商家拥有用户在自己店铺消费的行为数据，品牌方可使用阿里巴巴提供的品牌数据银行进行用户行为的路径分析，当前有多家数据企业提供类似的数据服务。

（3）运营数据：不管是平台还是商家，都拥有丰富的运营数据；阿里巴巴的生意参谋、京东的数据罗盘等都提供了丰富的运营数据，如点击率、转化率等核心指标。

（4）口碑评价数据：以文本、图片和视频为主的数据，可反映用户对平台或商品的满意程度。

1.7.2　数据口径

数据口径也称为统计口径，是指统计数据时所采用的标准，包含统计内涵和统计范围。统计内涵即进行数据统计的具体内涵（项目内容），如店铺的销售金额的统计内涵是指扣除退款的全店商品的总销售额。统计范围是在统计内涵基础之上的汇总范围，范围不同会导致指标的意义不同。如店铺下单金额是数据口径的差异，店铺销售金额和某品类的销售金额是统计范围的差异。

数据口径的统一没有对错之分，如 A 企业将下单金额定义为销售金额，B 企业将支付金额定义

为销售金额。企业在确定数据口径时会为了某些目的，而采用不常用的规则。统一数据口径是企业开展数据分析的前提条件，只有统一之后分析人员方可使用数据开展数据分析工作。

1.7.3 基础数据指标

1. 交易指标

（1）支付金额：统计时间内，消费者完成支付后的所有订单的金额汇总；支付金额是电商企业重点关注的收入指标。

（2）支付件数：统计时间内，消费者完成支付后的所有订单的商品件数汇总。

（3）支付父订单数：统计时间内，消费者完成支付后的父级订单数量；父级订单指的是一次下单总订单号。

（4）支付子订单：统计时间内，消费者完成支付后的子级订单数量；每一个订单中的不同 SKU（Stock Keeping Unit，存货单位）都是一个子级订单，支付子订单数除以支付父订单数等于 SKU 连带率。

（5）支付转化率：统计时间内，完成支付的消费者数量占总访客数的比例；支付转化率是重要指标之一，常用于评估运营"内功"的好坏或用户对商品的喜好度。

2. 流量指标

（1）曝光量：统计时间内，商品或店铺得到曝光（即展现在消费者面前）的次数。

（2）浏览量：统计时间内，商品或店铺被用户打开（即打开对应的 URL）的次数。

（3）访客数：统计时间内，商品或店铺被用户打开（即打开对应的 URL）的人数去重数；访客数是重要指标之一，常用于评估客群的规模。

（4）点击率：统计时间内，商品被点击的次数（浏览量）除以商品被曝光的次数（曝光量）；点击率是重要指标之一，常用于评估运营"内功"的好坏或用户对商品的喜好度。

3. 服务指标

（1）退款率：统计时间内，退款成功笔数除以支付子订单数；退款包括售中仅退款和售后退货退款。

（2）退款时长：统计时间内，全部退款处理总时长除以全部退款笔数，即每笔退款从发起到结束的平均处理时长。

4. 其他指标

（1）加购人数：统计时间内，将商品加入购物车的访客去重数。

（2）收藏次数：统计时间内，商品被来访者收藏的次数；一件商品被同一个人收藏多次记为多次。

1.7.4 常用分析度量

常用分析度量用于帮助用户判断运营情况的好坏，销售额、访客数、客单价及转化率等重要指标都可以使用分析度量。

常用分析度量有年累计、环比、同比和目标完成率。

（1）年累计：到当前日期为止的一年（按公元年份计算），某个指标的累加数据，常用的有支付金额、访客数、退款金额等。

（2）环比：对比上个月同期，某个指标的变化幅度。计算公式：

$$环比=（本期数据-上期数据）÷上期数据$$

（3）同比：对比去年同期，某个指标的变化幅度。计算公式：

$$同比=（本期数据-去年同期数据）÷去年同期数据$$

（4）目标完成率：在指定的时间范围内，完成目标的比例。计算公式：

$$目标完成率=年累计销售额÷目标销售额×100\%$$

1.7.5　建立数据指标体系

建立数据指标体系主要有以下 3 个步骤。

第一步：确定统计指标，包括平均值、汇总值、最大值、最小值、环比增长率、同比增长率 6 个度量值。

第二步：基于公式"销售额=访客数×转化率×客单价"，整理相关的指标，如图 1-17 所示。

图 1-17　整理指标

第三步：给每个指标统一的统计口径和解释，让所有同事一目了然，从而提高沟通效率和工作效率，如表 1-6 和表 1-7 所示。[SPU 代表标准化产品单元（Standard Product Unit）]

表 1-6　　　　　　　　　　　　　　　　　　　　数据指标体系 1

分析模块	指标	来源	定义	算法	指标类型	数据类型	相关数据源表	相关数据报表
销售	销售额	生意参谋	下单且支付的总金额	支付转化率×访客数×客单价	正指标	数值	店铺取数表	店铺整体分析报表
	上新率	自行统计	上新的 SPU 占全店 SPU 的比例	新 SPU/总 SPU 数	正指标	百分比	—	商品信息表
	退款金额	售后报表	申请退款且退款成功的总金额	成功退款订单的汇总金额	逆指标	数值	售后退款表	—
	退款率	自行统计	当月成交后退款的订单笔数的比例	退款订单数/总订单数	逆指标	百分比	—	售后退款表、店铺取数表

表 1-7　　　　　　　　　　　　　　　　　　　　数据指标体系 2

统计周期	部门	相关度量值	表现方式	KPI	变化阈值	变化说明
月、周、天	运营部	总销售额、年累计销售额	折线图	—	15%	市场趋势下降、换季、竞争对手打击、违规、断货……
月	运营部产品部	—	卡片、表格	10%	—	采购/生产，拍摄、设计的进度
月	产品部售后部	年累计退款总额	卡片、表格	—	比销售额增幅多 30%	产品质量、详情页描述、恶意订单

数据指标字段说明如下。

分析模块：指标所属的分析模块。

指标：指标的名称，可以自定义，也可以和电商平台保持相同。

来源：获取该数据的来源。

定义：该指标的统计口径。

算法：该指标可通过哪个算法计算得出。

指标类型：指标是正指标（越大越好）还是逆指标（越小越好）。

数据类型：数据存储的形式，常见的有数值、文本、日期等。

相关数据源表：该指标可在数据库中的哪张表找到。

相关数据报表：使用这个指标的报表名称。

统计周期：该指标的统计时间范围。

部门：可查看该指标的部门，用于指定数据权限。

相关度量值：通过该指标计算出来的相关度量值。

表现方式：该指标进行展现的可视化对象。

KPI：该指标的关键绩效指标。

变化阈值：超过变化阈值时需要提醒经营者注意。

变化说明：指标发生变化的原因。

1.8　本章小结

本章主要介绍了电商数据分析的理论基础，读者需要掌握以下内容。

- 数据分析的流程。
- 电商数据分析常用的技能。
- 数据分析在电商中的应用场景。
- 统计学的来源、特点、基本概念、研究方法。
- 运筹学的基础知识。
- 电商数据来源及指标体系。

1.9　习题

1. 简述对数据分析的理解。
2. 简述电商数据分析必备的技能。
3. 简述数据分析在电商领域的应用场景。
4. 简述统计学和数据分析的关系。
5. 简述运筹学的概念。
6. 简述数据分析的专业名词。

第2章
数据分析方法论

本章主要介绍与数据分析相关的方法，数据分析方法论导图如图 2-1 所示。基本方法包含对比法、拆分法、排序法、分组法、交叉法、降维法、增维法、指标法以及图形法。高级方法包括SWOT 分析法、描述性统计法、数据标准化（指数化）、熵值法、漏斗分析法、矩阵分析法、多维分析法、时间序列分析法、相关性分析法及杜邦分析法。

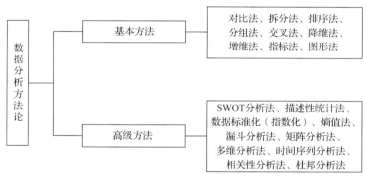

图 2-1　数据分析方法论导图

学习目标
- 掌握数据分析的基本方法，要求能灵活运用。
- 掌握数据分析的高级方法，要求能灵活运用。

2.1　基本方法

数据分析有法可循，使用分析方法可以快速、有效地分析数据，从数据中获取信息。常用的数据分析基本方法有对比法、拆分法、排序法、分组法、交叉法、降维法、增维法、指标法和图形法。根据业务场景选择一种或一种以上的分析方法可以让分析更加高效。各基本方法的使用场景如表 2-1 所示。

表 2-1　　　　　　　　　　　　　　　　基本方法及使用场景

基本方法	使用场景
对比法	发现问题
拆分法	寻找问题的产生原因
排序法	找到分析的重点

续表

基本方法	使用场景
分组法	洞察事物特征
交叉法	对两个及两个以上的维度进行比较，通过交叉的方式分析数据
降维法	在数据集的指标过多和分析干扰因素较多等需解决复杂问题时
增维法	解决信息量过少的问题
指标法	统计研究对象的数值，可支持多字段
图形法	观察事物特征，对分析字段有数量限制

2.1.1 对比法

对比法是最基本的分析方法，也是数据分析的"先锋军"。分析师在开展数据分析时一般会先使用对比法，以快速发现问题。进行数据分析时有 3 个必备的维度，分别是过去的自己、同期的对手和同期的行业，通过这 3 个维度的对比可以了解数据意义，否则数据就是一座孤岛。对比法有横向和纵向两个方向。

横向对比是指跨维度的对比，用于分析不同事物的差异。例如在分析企业销售业绩的时候，将不同行业的企业销售业绩一起进行对比，这样可以知道某家企业在整个市场的地位。如我国 500强企业排行榜单就是将不同行业的企业产值进行横向对比。

纵向对比是指在同一对象不同阶段的对比，比如基于时间维度，将今天的销售业绩和昨天、上个星期的同一天进行对比，可以知道今天销售业绩情况的好坏。

例 2-1：小李是某网店运营人员，刚接手一家新网店，想确定该店铺的主营品类，已知该店铺经营 A、B、C、D 共 4 个品类，各品类销售额如表 2-2 所示。

解：将表 2-2 转变成柱形图，如图 2-2 所示，通过对比 A、B、C、D 这 4 个品类的销售额确定主营品类。如要扩大市场规模，则选择销售额高的品类；要便于生存，则选择销售额低的品类。

表 2-2 各品类的销售额 单位：万元

A 品类	B 品类	C 品类	D 品类
1580	780	605	1685

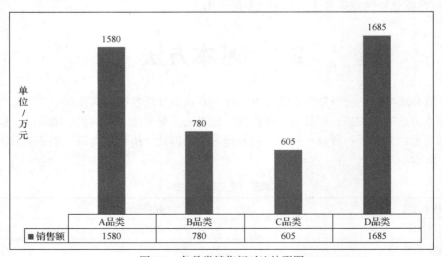

图 2-2 各品类销售额对比柱形图

2.1.2 拆分法

拆分法是较常用的分析方法，分为完全拆分法和重点拆分法，在许多领域都有应用，杜邦分析法就是拆分法的经典应用。拆分法是将某个问题拆解成若干个子问题，通过研究若干子问题从而找到问题的症结点并解决问题。比如在研究销售额下降的问题时，可以将销售额下降的问题拆分成转化率、客单价和访客数这 3 个子问题，通过分析这 3 个子问题从而解决销售额下降的问题。

例 2-2：某网店的销售额大幅下降，店铺核心数据如表 2-3 所示，运营人员想找出销售额下降的原因。

表 2-3 店铺核心数据

时间	访客数/人	转化率	客单价/元	销售额/万元
周一	1000	3.5%	100	3500
周日	2000	3.4%	100	6800
上周一	2500	3.5%	100	8750

解：销售额下降的问题可拆分成 3 个子问题，分别是访客数、转化率和客单价的变化，如图 2-3 所示。对表 2-3 中的数据运用对比法可以发现主要是访客数的变化导致销售额大幅下降。进一步拆分访客数，访客数可分为付费访客数和免费访客数，对问题的产生原因进行进一步剖析，直到找到问题的根源。

（1）完全拆分法，也称为等额拆分法，是将父问题 100%拆分，拆分出来的子问题的和或者集合（算法）可 100%解释父问题。如销售额=访客数×转化率×客单价，等式两边完全相等。

图 2-3 问题拆解树状图

（2）重点拆分法，也称为非等额拆分法。只拆分出问题的重点，子问题只解释了父问题的 80%左右。如做好网店=做好点击率+做好转化率+做好退款率，要做好一家网店只要做好点击率、转化率和退款率这 3 个指标就够了，但运营网店不完全是这 3 个环节。有时面对一些复杂的问题就需要采用重点拆分法。

2.1.3 排序法

排序法是基于某个指标或度量值的大小，对观测值进行递增或递减排列，每次排列只能基于一个指标。排序法是从对比法中衍生出来的一种分析方法，百度搜索风云榜、阿里排行榜等业内知名榜单就是采用排序法。通过查看排序后的榜单，用户可以快速获取目标信息。

例 2-3：某运营人员收集了数个品类的数据，如表 2-4 所示，利用排序法列出品类榜单。

表 2-4 未排序的品类行业数据

品类	交易指数	在线产品数/个
T恤	20178	55135570
连衣裙	43551	21868084
裤子	22664	41053642
衬衫	19592	11556930

解：利用排序法每次只能基于一个指标进行排序，表 2-4 中有两个指标，因此可以做出两个榜单。

表 2-5 所示为基于交易指数排序的榜单，排名越靠前代表该品类的市场规模越大。

表 2-5   基于交易指数的排序表

排名	品类	交易指数	在线产品数/个
1	连衣裙	43551	21868084
2	裤子	22664	41053642
3	T恤	20178	55135570
4	衬衫	19592	11556930

表 2-6 所示为基于在线产品数排序的榜单，排名越靠前代表该品类的市场竞争力越大。

表 2-6   基于在线产品数的排序表

排名	品类	交易指数	在线产品数/个
1	T恤	20178	55135570
2	裤子	22664	41053642
3	连衣裙	43551	21868084
4	衬衫	19592	11556930

2.1.4 分组法

分组法来源于统计学，用于发现事物的分布特征，是非常重要的分析方法。分析时可以按类型、结构、时间阶段等维度进行分组，观察分组后的数据特征，从特征中洞察信息。

例 2-4：基于表 2-7 中的数据，分析行业内裤子和职业套装的差异。

表 2-7   不同类目的销售额

父类目	子类目	销售额/元
裤子	休闲裤	747991311
裤子	打底裤	89942330
裤子	西装裤/正装裤	4952899
裤子	棉裤/羽绒裤	1800685
职业套装	休闲套装	216517887
职业套装	职业女裙套装	24072258
职业套装	医护制服	1649589
职业套装/学生校服/工作制服	其他套装	5952780

解：基于题目可以得知需要对父类目进行统计分组，分组结果如表 2-8 所示。

表 2-8   分组统计后的类目数据

父类目	销售额/元
裤子	844687225
职业套装	248192514

通过观察分组结果可知裤子的市场份额远大于职业套装的市场份额。

2.1.5 交叉法

交叉法是对比法和拆分法的结合，将有一定关联的两个或两个以上的维度和度量值排列在统计表内进行对比分析。在小于等于三维的情况下可以灵活使用图表进行展示。当维度大于三维时选用统计表展示，此时也称为多维分析法。比如在研究市场定价时，经常将产品特征和定价作为维度、将销售额作为指标进行分析。

例 2-5：表 2-9 所示为不同性别的消费者在不同品类上的消费金额数据，利用交叉法分析不同性别消费者的消费差异。

表 2-9　　　　　　　　　　　　不同性别的消费者在不同品类上的消费金额数据

性别	品类	消费金额/元
男	零食	68
男	耳机	180
女	零食	155
女	耳机	42

解：将表 2-9 转变成二维交叉表，如表 2-10 所示，可以直观地观察到男性和女性消费者在消费偏好上的差异，男性更愿意在耳机上消费，而女性更愿意在零食上消费。

表 2-10　　　　　　　　　　　　性别和品类的交叉分析表

性别	品类	
	零食	耳机
男	68	180
女	155	42

2.1.6　降维法

降维法是在数据集的指标过多和分析干扰因素较多时，通过找到并分析核心指标提高分析精度，或通过主成分分析、因子分析等统计学方法将数据由高维转换成低维的方法。比如在分析店铺数据时，根据业务问题的核心提取 2～4 个核心指标进行分析。

例 2-6：根据表 2-11 中的数据指标评估店铺的综合情况。

表 2-11　　　　　　　　　　　　店铺的数据指标

转化率	销售额	客单价	访客数	动销率	连带率	好评率	纠纷率	上新率

解：对数据指标进行分类，分成反映店铺产品运营能力的指标、反映店铺获客能力的指标和反映店铺服务能力的指标 3 类。

反映店铺产品运营能力的指标如表 2-12 所示。

表 2-12　　　　　　　　　　　　反映店铺产品运营能力的指标

动销率	连带率	上新率

反映店铺获客能力的指标如表 2-13 所示。

表 2-13　　　　　　　　　　　　反映店铺获客能力的指标

转化率	销售额	客单价	访客数

反映店铺服务能力的指标如表 2-14 所示。

表 2-14　　　　　　　　　　　　反映店铺服务能力的指标

好评率	纠纷率

基于各能力维度下的指标，综合评估各能力的分数。可使用数据归一化的方法或者熵值法计算分数，达到综合评估的目的。

2.1.7 增维法

增维法是在数据集的指标过少或信息量不足时，为了便于分析师分析，通过计算衍生出更加直观的指标。比如在分析关键词时，将支付人数除以商品数量得到的新指标定义为关键词的竞争度。而支付人数可以通过搜索人气乘以点击率乘以支付转化率获取。

例 2-7：计算关键词的竞争度，如表 2-15 所示，公式如下。

$$竞争度=搜索人气 \times 点击率 \times 支付转化率 \div 在线商品数$$

基于业务经验，得到的指标为正指标，数值越大越好。

表 2-15　　关键词的行业表现数据

关键词	搜索人气/人	点击率	在线商品数/人	支付转化率	竞争度
永生花	32914	152.95%	165118	6.92%	0.02
永生花花瓣耳环	11736	132.03%	3199	3.99%	0.19
永生花礼盒	10274	162.75%	55774	8.55%	0.03
永生花 DIY 材料包	9245	222.64%	4198	3.71%	0.18
永生花玻璃罩	7977	138.58%	23718	6.89%	0.03

2.1.8 指标法

指标法是数据分析的基本方法之一，通过汇总值、平均值、标准差等一系列统计指标研究、分析数据。指标法适用于多维的数据。

例 2-8：表 2-16 所示为淘宝搜索某关键词人气排名前 5 的商品数据，通过指标法描述这些数据。

表 2-16　　某关键词人气排名前 5 的商品数据

排名	售价/元	销售额/元	评价人数/人	DSR_物流分	DSR_描述分	DSR_服务分
1	680	115600	151	4.61	4.74	4.76
2	3680	629280	16	4.98	4.98	4.98
3	2180	372780	902	4.95	4.95	4.96
4	2180	374960	2363	4.92	4.93	4.94
5	2199	380427	958	4.95	4.97	4.95

解：使用指标法描述数据的结果如表 2-17 所示。

表 2-17　　描述数据的相关度量

	售价/元	销售额/元	评价人数/人	DSR_物流分	DSR_描述分	DSR_服务分
计数	5	5	5	5	5	5
缺失值	0	0	0	0	0	0
平均值	2184	374609	878	4.88	4.91	4.92
汇总	10919	1873047	4390	24.41	24.57	24.59
标准差	949	162469	835	0.14	0.09	0.08

2.1.9 图形法

图形法是数据分析的基本方法之一，通过柱形图、折线图、散点图等一系列统计图形直观地展现数据。图形法适用于低维的数据。

例 2-9：表 2-18 所示为淘宝搜索某关键词人气排名前 220 的商品数据，通过图形法分析相关售价的分布。

表 2-18　　　　　　　　　　　　某关键词人气排名前 220 的商品数据

排名	售价/元	销售额/元	评价人数/人	DSR_物流分	DSR_描述分	DSR_服务分
1	680	115600	151	4.61	4.74	4.76
2	3680	629280	16	4.98	4.98	4.98
3	2180	372780	902	4.95	4.95	4.96
……	……	……	……	……	……	……
220	150	547800	33206	4.75	4.63	4.74

解：图 2-4 所示为基于售价分组后绘制的直方图，可以直观地观察各个价格区间包含的商品数，商品售价分布主要集中在[118,588]和[1058,1528]两个区间。

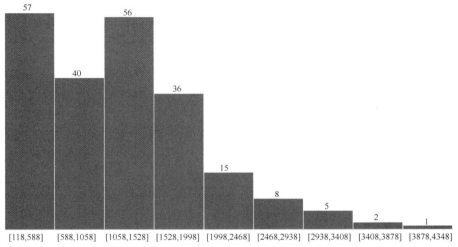

图 2-4　价格区间分布图

图形法有画图空间、图形和图注 3 个要素。画图空间是图形的容器，图形呈现在画图空间（如二维空间、三维空间）之中。图形是要表达信息的可视化结果，如折线、柱形等。图注是对图形的标注。图注包含图标题、数据标签、坐标轴、坐标轴标题、图例等，如图 2-5 所示。

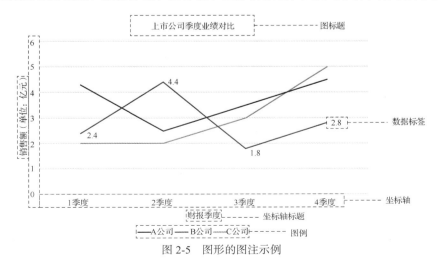

图 2-5　图形的图注示例

2.2 高级方法

数据分析方法论的高级方法是在实战过程中提炼的应用于一些特定场景的分析方法，融入了统计方法、市场营销方法、数据清洗方法、数据挖掘方法，主要包括 SWOT 分析法、描述性统计法、数据标准化（指数化）、熵值法、漏斗分析法、矩阵分析法、多维分析法、时间序列分析法、相关性分析法、杜邦分析法等。

2.2.1 SWOT 分析法

态势分析法即 SWOT 分析法，S（Strength）是优势、W（Weakness）是劣势、O（Opportunity）是机会、T（Threat）是威胁，即在内、外部竞争环境和竞争条件下进行态势分析。态势分析就是将与研究对象密切相关的各种主要内部的优势、劣势和外部的机会、威胁等，通过调查列举出来，并依照矩阵形式排列，然后用系统分析的思想，把各种因素相互匹配并加以分析，从中得出一系列相应的结论，而该结论通常带有一定的决策性。通过该方法，企业可以了解自己所处的环境，对内、外部因素进行分析并制订应对策略。

SWOT 分析法是常用的数据分析方法，有助于分析师了解企业当前所处的内、外部环境，更准确地通过数据做出判断。

1. 内部因素分析

内部因素由优势和劣势组成，对企业内部的管理、团队、产品和市场营销情况进行分析，了解企业的内部情况，可以更好地解读数据中蕴藏的信息。

例 2-10：对表 2-19 所示的某电商公司的内部因素进行分析。

表 2-19 某电商公司的内部因素分析

优势	劣势
1. 店铺开发能力强 2. 服务消费者的能力强 3. 能够把控品质 4. 公司的财务状况非常好	1. 公司管理方面的制度不是很完善 2. 库存管理能力不强，常断货 3. 公司内部人员之间存在竞争 4. 店铺定位不明确 5. 开发团队能力弱

2. 外部因素分析

外部因素由机会和威胁组成，对企业外部的环境、政策和竞争对手进行分析，了解企业的外部情况，可以充分地了解企业的情况。

例 2-11：对表 2-20 所示的某电商公司的外部因素进行分析。

表 2-20 某电商公司的外部因素分析

机会	威胁
1. 市场标杆很少，明确定位的店铺很少 2. 市场需求大幅增加 3. 普遍不重视用户体验 4. 个性化	1. 竞争 2. 同质化严重 3. 盗图 4. 大商家新入驻

3. 基于内外因素的应对策略

在充分了解企业的内、外部情况后，将内部的优势、劣势和外部的机会、威胁交叉。当企业的优势遇到机会时，应当采取发展的策略；当企业的优势遇到威胁时，应当采取拓展的策略；当企业的劣势遇到机会时，应当采取争取的策略；当企业的劣势遇到威胁时，应当采取保守的策略。

例 2-12：根据某电商企业的内、外部因素进行策略分析，如表 2-21 所示。

表 2-21　　　　　　　　　　根据某电商企业的内、外部因素进行策略分析

	优势	劣势
	SO（发展）	WO（争取）
机会	1. 结合市场情况，在自身开发能力的基础上，找到明确的定位，增加消费者黏性，提高复购率 2. 提升消费者体验 3. 开发更多新品以迎合市场需求	1. 提升管理能力，让指令可以上行下达 2. 合理使用 ERP 软件进行管理，严格把控库存仓位 3. 设定良性竞争机制 4. 精准定位消费人群 5. 制订推广方案，吸引更多新消费者
	ST（拓展）	WT（保守）
威胁	1. 提升店铺形象（口碑） 2. 开发团队把控市场需求走向，规避同质化 3. 结合公司的自主开发，提升公司的版权保护意识 4. 精准定位消费者	1. 保持店铺的独特风格，不受外界影响 2. 加强 CRM 管控

2.2.2　描述性统计法

描述性统计

描述性统计法运用描述性统计指标对数据集进行研究，该方法来源于统计学。在获得数据集后，一般要对数据集进行观察，了解数据集的字段、数据分布等。当数据指标较少时可选用图形法进行直观的观察，数据指标较多时使用描述性统计法。描述性统计法包括五数概括法，计数、汇总和平均值，标准差，变异系数等方法。下面将分别进行介绍。

本小节以淘宝某关键词排名前 5 的商品数据为数据集（见表 2-22），利用 Excel 实现指标计算。数据区域为 A1:G6，如图 2-6 所示。

表 2-22　　　　　　　　　　淘宝某关键词排名前 5 的商品数据

排名	售价/元	销售额/元	评价人数/人	DSR_物流分	DSR_描述分	DSR_服务分
1	680	115600	151	4.61	4.74	4.76
2	3680	629280	16	4.98	4.98	4.98
3	2180	372780	902	4.95	4.95	4.96
4	2180	374960	2363	4.92	4.93	4.94
5	2199	380427	958	4.95	4.97	4.95

	A	B	C	D	E	F	G
1	排名	售价/元	销售额/元	评价人数/人	DSR_物流分	DSR_描述分	DSR_服务分
2	1	680	115600	151	4.61	4.74	4.76
3	2	3680	629280	16	4.98	4.98	4.98
4	3	2180	372780	902	4.95	4.95	4.96
5	4	2180	374960	2363	4.92	4.93	4.94
6	5	2199	380427	958	4.95	4.97	4.95

图 2-6　数据在 Excel 中的位置

1. 五数概括法

五数概括法是指用 5 个指标反映数据的分布情况，5 个指标分别是最小值、1/4 位数（Q1）、中位数（Q2）、3/4 位数（Q3）和最大值。

（1）最小值：数据集中最小的值。

计算方法：在 Excel 中输入 "=MIN([array])"，其中[array]为要进行计算的单元格区域。

例 2-13：求图 2-6 中销售额的最小值。

解：在 C7 单元格中输入 "=MIN(C2:C6)"，得到的结果为 115600。

（2）1/4 位数：数据集中所有数值由小到大排列后在 1/4 位数的值。

计算方法：在 Excel 中输入 "=QUARTILE.INC([array],[quart])"，其中[array]为要进行计算的单元格区域，[quart]为要计算的指标，[quart]值为 1 表示计算 1/4 位数。

例 2-14：求图 2-6 中销售额的 1/4 位数。

解：在 C8 单元格中输入 "=QUARTILE.INC(C2:C6,1)"，得到的结果为 372780。

（3）中位数：数据集中所有数值由小到大排列后在 1/2 位数的值。

计算方法：在 Excel 中输入 "=QUARTILE.INC([array],[quart])"，其中[array]为要进行计算的单元格区域，[quart]为要计算的指标，[quart]值为 2 表示计算中位数。

例 2-15：求图 2-6 中销售额的中位数。

解：在 C9 单元格中输入 "=QUARTILE.INC(C2:C6,2)"，得到的结果为 374960。

（4）3/4 位数：数据集中所有数值由小到大排列后在 3/4 位数的值。

计算方法：在 Excel 中输入 "=QUARTILE.INC([array],[quart])"，其中[array]为要进行计算的单元格区域，[quart]为要计算的指标，[quart]值为 3 表示计算 3/4 位数。

例 2-16：求图 2-6 中销售额的 3/4 位数。

解：在 C10 单元格中输入 "=QUARTILE.INC(C2:C6,3)"，得到的结果为 380427。

（5）最大值：数据集中最大的值。

计算方法：在 Excel 中输入 "=MAX([array])"，其中[array]为要进行计算的单元格区域。

例 2-17：求图 2-6 中销售额的最大值。

解：在 C11 单元格中输入 "=MAX(C2:C6)"，得到的结果为 629280。

五数概括法的计算结果如表 2-23 所示。

表 2-23　　　　　　　　　　五数概括法计算结果

指标	计算结果
最小值	115600
1/4 位数	244190
中位数	374960
3/4 位数	504853.5
最大值	629280

将这 5 个数值绘制成箱线图，如图 2-7 所示，可以直观地看到数据的分布情况。

在某些场景下，为了保证分析的可靠性，可从数据集中抽取分布在 1/4 位数～3/4 位数的数据作为观测值，也就是将两端的数据过滤掉，避免极端情况的影响。例如计算行业平均销售件数时，排除爆款和销量极低的产品，这样计算出来的平均值更具有代表性，更接近大多数的产品。

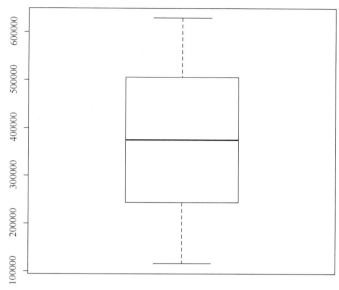

图 2-7　基于五数概括法绘制的箱线图

2. 计数、汇总和平均值

计数、汇总和平均值是最常用的描述性统计指标。

（1）计数。

计数（Count）亦称数数，是算术的基本概念之一，指数事物个数的过程。在统计指标中，计数是指统计数值或观测值的数量。

计算方法：在 Excel 单元格中输入 "=COUNT([array])"，其中[array]表示要进行计算的单元格区域。

例 2-18：求图 2-6 中销售额的数量。

解：在 C12 单元格中输入 "=COUNT(C2:C6)"，得到的结果为 5。

（2）汇总。

汇总是对数据进行求和。

计算方法：在 Excel 单元格中输入 "=SUM([array])"，其中[array]表示要进行计算的单元格区域。

例 2-19：求图 2-6 中销售额的总数。

解：在 C13 单元格中输入 "=SUM(C2:C6)"，得到的结果为 1873047。

（3）平均值。

平均值是指算术平均值，又称均值。

计算方法：在 Excel 单元格中输入 "=AVERAGE([array])"，其中[array]表示要进行计算的单元格区域。

例 2-20：求图 2-6 中销售额的平均值。

解：在 C14 单元格中输入 "=AVERAGE(C2:C6)"，得到的结果为 374609.4。

3. 标准差

标准差是反映数据离散程度的指标。标准差又分为总体标准差和样本标准差。当数据是总体时采用总体标准差，如计算企业所有产品的销售额标准差；计算行业爆款的标准差则采用样本标准差，如计算行业前 10 产品销售额的标准差。

总体标准差的计算方法：在 Excel 单元格中输入 "=STDEV.P ([array])"，其中[array]代表要进行计算的单元格区域。

样本标准差的计算方法：在 Excel 单元格中输入 "=STDEV.S ([array])"，其中[array]代表要进行计算的单元格区域。

例 2-21：求图 2-6 中销售额的标准差。

解：先明确何为总体，如果标准差是要反映图 2-6 中 5 个产品的标准差，那么这 5 个产品就是总体；如果要用标准差反映该品类的标准差，此时该品类的所有产品就是总体。本例求图 2-6 中销售额的标准差，不考虑整个品类，因此用总体标准差，在 C15 单元格中输入 "=STDEV.P(C2:C6)"，得到的结果为 162468.6。

4. 变异系数

变异系数和标准差一样，也是反映数据离散程度的指标，但不同的是变异系数不被数据量纲影响，公式为：

$$变异系数=标准差/平均值$$

例 2-22：求图 2-6 中销售额的变异系数。

解：在 C16 单元格中输入 "= STDEV.P(C2:C6)/ AVERAGE(C2:C6)"，得到的结果为 0.433701。不同分组的变异系数可进行对比，数值越大则离散程度越大。

2.2.3　数据标准化（指数化）

在分析数据之前，通常需要将数据标准化（Standardization），利用标准化后的数据进行数据分析，这属于数据清洗中的方法。

数据标准化就是统计数据的指数化。数据标准化处理主要包括数据同趋化处理和无量纲化处理两个方面。数据同趋化处理主要解决不同性质的数据问题，对不同性质的指标直接加总不能正确反映不同作用力的综合结果，必须先考虑改变逆指标数据性质，使所有指标对测评方案的作用力趋同化，再加总才能得出正确结果。数据无量纲化处理主要解决数据的可比性问题。数据标准化的方法有很多种，常用的有 "Min-Max（最小-最大）标准化""Z-score 标准化""按小数定标标准化" 等。经过标准化处理，原始数据转换为无量纲化指标测评值，即各指标值都处于同一个数量级别上，可以进行综合测评分析。

数据标准化

1. Min-Max 标准化

Min-Max 标准化是对原始数据进行线性变换的方法。设 MinA 和 MaxA 分别为属性 A 的最小值和最大值，将 A 的一个原始值 x 通过 Min-Max 标准化映射成在区间[0,1]中的值 x'，公式为：

$$新数据 =（原数据-最小值）/（最大值-最小值）$$

例 2-23：采用 Min-Max 标准化方法将表 2-24 的数据标准化。

表 2-24　　　　　　　　　　　　　不同产品的核心数据

产品	访客数/人	支付转化率	客单价/元
A	7663	12.92%	40.92
B	6156	14.38%	26.45
C	256	23.44%	238.65
D	2445	9.65%	55.77
E	1881	4.94%	106.69

解：根据公式，产品 B 的新访客数映射到（6156-256）/（7663-256），其中，6156 是产品 B 原访客数，256 是访客数中的最小值，7663 是访客数中的最大值。

Excel 中的公式为 "=[B3-MIN(B$2:B$6)]/[MAX(B$2:B$6)-MIN(B$2:B$6)]"，如图 2-8 所示。

其中，"$"表示绝对引用，在列名前加"$"表示对列绝对引用，在行号前加"$"表示对行绝对引用。

2. Z–score 标准化

Z-score 是指基于原始数据的平均值（Mean）和标准差（Standard Deviation）进行数据的标准化。

Z-score 是指标准化方法适用于属性 A 的最大值和最小值未知，或有超出取值范围的离群数据的情况，其公式为：

$$新数据=（原数据-平均值）/标准差$$

例 2-24：采用 Z-score 标准化方法将表 2-24 的数据标准化。

解：产品 B 的新访客数为（6156-3680.2）/2774.18，其中，6156 是产品 B 的访客数，3680.2 是访客数的平均值，2774.18 是访客数的总体标准差。

Excel 中的公式为 "=[B3-AVERAGE(B$2:B$6)]/STDEV.P(B$2:B$6)"，如图 2-9 所示。

	A	B
1	产品	访客数/人
2	A	7663
3	B	6156
4	C	256
5	D	2445
6	E	1881
7		
8	产品	新访客数
9	A	=[B2-MIN(B$2:B$6)]/[MAX(B$2:B$6)-MIN(B$2:B$6)]
10	B	=[B3-MIN(B$2:B$6)]/[MAX(B$2:B$6)-MIN(B$2:B$6)]
11	C	=[B4-MIN(B$2:B$6)]/[MAX(B$2:B$6)-MIN(B$2:B$6)]
12	D	=[B5-MIN(B$2:B$6)]/[MAX(B$2:B$6)-MIN(B$2:B$6)]
13	E	=[B6-MIN(B$2:B$6)]/[MAX(B$2:B$6)-MIN(B$2:B$6)]

图 2-8　在 Excel 中运用 Min-Max 标准化方法的公式

	A	B
1	产品	访客数
2	A	7663
3	B	6156
4	C	256
5	D	2445
6	E	1881
7		
8	产品	新访客数
9	A	=[B2-AVERAGE(B$2:B$6)]/STDEV.P(B$2:B$6)
10	B	=[B3-AVERAGE(B$2:B$6)]/STDEV.P(B$2:B$6)
11	C	=[B4-AVERAGE(B$2:B$6)]/STDEV.P(B$2:B$6)
12	D	=[B5-AVERAGE(B$2:B$6)]/STDEV.P(B$2:B$6)
13	E	=[B6-AVERAGE(B$2:B$6)]/STDEV.P(B$2:B$6)

图 2-9　在 Excel 中运用 Z-score 标准化方法的公式

2.2.4　熵值法

熵值法源自信息学科，广泛用于对指标的离散程度进行评估，也可用于估算权重从而计算综合得分。

熵值法

1. 原理

在信息论中，熵是对不确定性的一种度量。信息量越大，不确定性就越小，熵也就越小；信息量越小，不确定性就越大，熵也就越大。根据熵的特性，可以通过计算熵值来判断一个事件的随机性及无序程度，也可以用熵值来判断某个指标的离散程度，指标的离散程度越大，该指标对综合评价的影响越大。

因此，可根据各项指标的离散程度，利用信息熵计算各指标的权重，为多指标综合评价提供依据。

2. 计算

例 2-25：表 2-25 所示为 3 个产品测试时的数据，使用熵值法对产品的表现进行综合评估并排名。

表 2-25　　　　　　　　　　　　　　　3 个产品测试时的数据

产品	收藏/加购数/个	访客数/人	转化率
款式 1	172	3084	4.47%
款式 2	131	1360	3.22%
款式 3	148	1347	1.67%

解：本例有 3 个款式的产品可供选择，每个款式的产品有 3 个属性，由于 3 个属性的量纲不同，因此需要用熵值法求出各属性的权重以及在产品中的贡献度。设产品总量为 m，得分为 x，产品序号为 i，属性序号为 j。

将表 2-25 转变成 p 矩阵，如表 2-26 所示，p 值为数值与各列之和的商，$p_{ij}=x_{ij}\div\sum x_{ij}$。

表 2-26 p 矩阵

产品	收藏/加购数/人	访客数/人	转化率
款式 1	0.365631	0.292793	0.597826
款式 2	0.345521	0.329723	0.147343
款式 3	0.288848	0.377484	0.254831

将 p 值乘以 $\ln(p)$ 得到各个评分的贡献度，$E_{ij}=p_{ij}\times\ln(p_{ij})$，得到表 2-27 所示的 E 矩阵。

表 2-27 E 矩阵

产品	收藏/加购数/人	访客数/人	转化率
款式 1	−0.36787	−0.35963	−0.30755
款式 2	−0.36719	−0.36583	−0.28216
款式 3	−0.35871	−0.36776	−0.34839

根据 $k=1\div\ln(m)$，其中 m 为产品总量，此例 $m=3$，计算得 $k=0.910239$。

根据以下 3 个公式，计算出的结果如表 2-28 所示。

$$贡献总量\ E=k\times\sum e$$
$$一致性程度\ D=1-E$$
$$权重\ W=D\div\sum D$$

表 2-28   参数计算结果

参数	收藏/加购数/人	访客数/人	转化率
E	0.995588	0.99509	0.853904
D	0.004412	0.00491	0.146096
W	0.028385	0.031592	0.940023

由于得分的量纲不同，先使用 Min-Max 标准化方法，将值转换成[0,1]区间的数值，再用每个属性的得分乘以权重值 W 后相加得到综合得分，综合得分落在[0,1]区间，如表 2-29 所示。

表 2-29   综合得分计算结果

产品	收藏/加购数/人	访客数/人	转化率	综合得分	排名
款式 1	1	0	1	0.968408	1
款式 2	0.738095	0.436052	0	0.034727	3
款式 3	0	1	0.238606	0.255887	2

2.2.5 漏斗分析法

1. 原理

漏斗分析法是结合了流程分析的方法，更强调事件的发展过程，按照事件发展的过程分析问题，属于数据分析中的方法。它能够科学地反映用户行为状态，以及从起点到终点各阶段用户转化率的情况，是数据分析中重要的

漏斗分析法

分析方法。目前，漏斗分析法已经广泛应用于网站用户行为分析和 App 用户行为分析的流量监控、产品目标转化等日常数据运营与数据分析工作中。

图 2-10 所示为淘宝生意参谋的交易漏斗图，从访客到下单，再到支付，可运用漏斗分析法在这个过程中洞察问题。

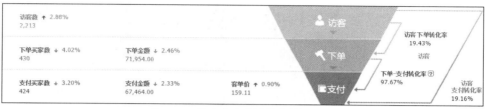

图 2-10　淘宝生意参谋的交易漏斗图

2. 步骤

漏斗分析法的一般操作步骤如下。

① 确定业务流程，各个环节的量纲必须一致。

② 确定数据。

③ 绘制漏斗图。

例 2-26： 现有用户交易过程的数据，如图 2-11 所示，使用 Excel 画出数据集的漏斗图。

解： 设置各环节数据表格，注意量纲必须一致。选中数据，在【插入】选项卡中单击相应按钮，选择【漏斗图】选项，如图 2-12 所示。

	A	B
1	用户行为	人数 / 人
2	浏览商品	1000
3	加入购物车	400
4	下单	300
5	支付	200
6	完成交易	150
7		

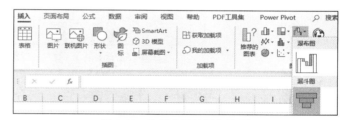

图 2-11　现有用户交易过程的数据

图 2-12　选择【漏斗图】选项

创建漏斗图并设置好图表标题后的效果如图 2-13 所示。

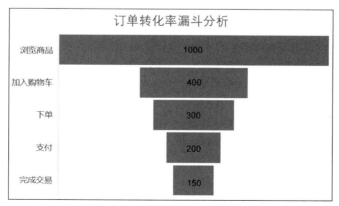

图 2-13　创建的漏斗图

右击漏斗图，在弹出的快捷菜单中选择【设置数据系列格式】命令，在【设置数据系列格式】窗格中，将【间隙宽度】设置为 50%，如图 2-14 所示。

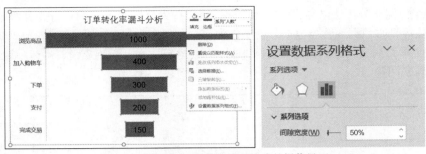

图 2-14　设置漏斗图数据系列格式的操作界面

在【插入】选项卡中单击【形状】按钮，选择【下箭头】选项，如图 2-15 所示。

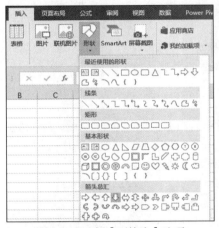

图 2-15　选择【下箭头】选项

图 2-16 所示为在漏斗图中添加下箭头后的效果。

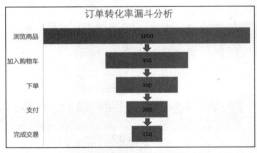

图 2-16　添加下箭头后的漏斗图

在【插入】选项卡中单击【文本框】按钮，如图 2-17 所示，在箭头旁插入文本框。

图 2-17　单击【文本框】按钮

在【格式】选项卡中，将文本框的形状和边框都设置为【无填充】，如图 2-18 所示。
设置好的漏斗图如图 2-19 所示。

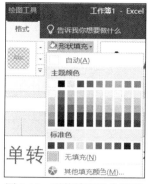

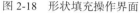

图 2-18　形状填充操作界面

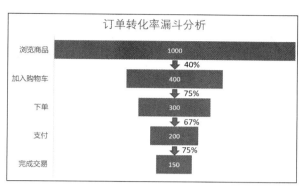

图 2-19　设置好的漏斗图

添加从浏览商品到完成交易的转化率，最终效果如图 2-20 所示。

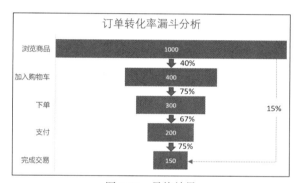

图 2-20　最终效果

通过图 2-20 可以发现，整个流程中最大的问题出现在"加入购物车"这个环节，运营人员可重点优化这个环节。

2.2.6　矩阵分析法

矩阵分析法是从交叉法演变而来的，和交叉法最大的区别是矩阵分析法的两个轴是维度，不是度量。在低维（二维～三维）时可以使用该方法，它属于数据分析方法。其原理是在矩阵图的基础上，把各因素分别放在行和列中，然后在行和列的交叉处用数量来描述这些因素之间的对比情况，再进行数量计算，并进行定量分析，从而确定哪些因素比较重要。

矩阵分析

1. 矩阵分析思维

矩阵分析思维是指通过对原始感性材料进行矩阵般的分析与规整，形成全面、系统、严谨、专业并具有很强逻辑性和关联性的理性思想，从而有助于形成正确思考、研究、决策等高层次思维的思想方法，这是一种纵横交叉的逻辑研究方法。

此思维被广泛应用，比如在工程管理上将各任务分为重要并紧急、重要不紧急、不重要紧急和不重要不紧急这 4 类，4 类任务在矩阵图中变现为 4 个象限。

SWOT 分析法也是矩阵分析思维的一种应用。

2. 创建矩阵

创建矩阵至少需要两个维度，每个维度有 N 个交点，因此两个维度形成（$N+1$）×（$N+1$）的二维平面图。以 $N=1$ 为例，形成 $2×2=4$ 的二维平面图，也称为四象限图。

例 2-27：表 2-30 所示为某店铺 5 个产品的表现数据，用矩阵分析法分析数据。

表 2-30 某店铺 5 个产品的表现数据

产品	支付金额/元	访客平均价值
A	40507.34	5.29
B	23403.91	30.8
C	14318.72	55.93
D	13160.89	5.38
E	9922.25	5.28
平均值	20262.62	15.14

解：用矩阵分析法分析数据的步骤如下。

（1）在 Excel 中选中支付金额和访客平均价值，创建矩阵图。

（2）根据两个指标的平均值设置 x 轴和 y 轴的交点。

（3）基于(20262.62,15.14)划分 4 个坐标区域，每个数据点代表一个产品，它们分布在 4 个区域内，如图 2-21 所示。

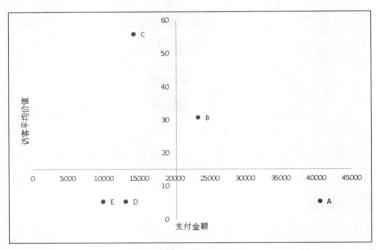

图 2-21　创建的矩阵图

3. 定义矩阵

创建矩阵图需根据画图的两个维度对矩阵进行定义，因此理解指标背后的业务意义是矩阵分析法的关键。支付金额代表产品的市场份额，访客平均价值代表流量价值。

添加定义后的矩阵图如图 2-22 所示，定义如下。

（1）右上角区域的市场份额和流量价值都较高，可定义该区域的产品为企业的核心产品。可将资源重点放在 B 产品上，通过市场推广和营销提高 B 产品的市场份额。

（2）右下角区域的市场份额较高，但流量价值较低，可定义该区域的产品为企业的引流产品。需要维持 A 产品的市场份额，在其生命周期内保持引流能力。

（3）左上角区域的流量价值较高，但市场份额较低，可定义该区域的产品为企业的重点发展产品或利润产品。需要为 C 产品引入更多的流量，以测试市场对该产品的反馈。

（4）左下角区域的市场份额和流量价值都较低，可定义该区域的产品为企业的问题产品。可下线 E 产品和 D 产品或对 E 产品和 D 产品进行重新定位。

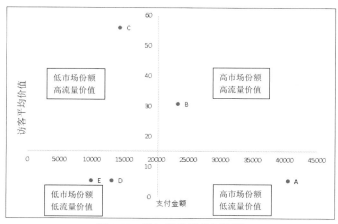

图 2-22　添加定义后的矩阵图

4. 矩阵的运动特性

矩阵具有运动的特性，分布在不同区间的点会随着时间的推移而移动，而这种移动是有规律可循的，如图 2-23 所示。随着需求的增长，低市场份额、高流量价值的市场就会转变成高市场份额、高流量价值的市场；随着竞争的加剧，高市场份额、高流量价值的市场就会转变成高市场份额、低流量价值的市场；随着产品生命周期的结束，高市场份额、低流量价值的市场就会转变成低市场份额、低流量价值的市场；此时需要对市场进行重新定位，重新定位后市场会转变成低市场份额、高流量价值的市场。

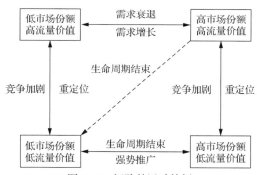

图 2-23　矩阵的运动特征

一个优秀的产品必然具有高流量价值，随着时间的推移其市场份额会越来越大，市场份额大到一定程度，市场的竞争对手会急剧增加，此时流量价值会逐渐下降，随着产品生命周期的结束，最终产品将会退市。

2.2.7　多维分析法

多维分析法是分析多个指标的方法。在许多复杂的业务场景下，降维后仍存在多个指标。多维分析法同样局限于四维空间，一般采用二维平面图进行展示。

多维度分析法

1. 三维气泡图

三维气泡图并非真正的三维图形，而是在二维平面图上展示 3 个维度，比一般的二维图形展现更多的信息。

例 2-28：表 2-31 所示为某店铺产品数据，用三维气泡图展现数据。

表 2-31   某店铺产品数据

产品	访客数/人	支付转化率	客单价/元
A	7663	12.92%	40.92
B	6156	14.38%	26.45
C	256	23.44%	238.65
D	2445	9.65%	55.77
E	1881	4.94%	106.69

解：

在 Excel 中选中访客数、支付转化率和客单价，创建三维气泡图。

x 轴为访客数，y 轴为支付转化率，气泡大小为客单价，如图 2-24 所示。

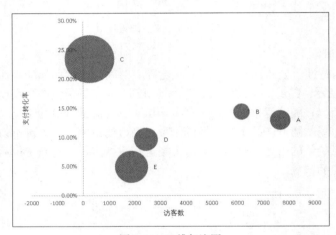

图 2-24   三维气泡图

2. 雷达图

雷达图是在从同一点开始的轴上表示的 3 个或更多个定量、变量的，以二维图表的形式显示多变量数据的图形，其轴的相对位置和角度通常是无信息的。雷达图也称为网络图、蜘蛛网图、星图、不规则多边形、极坐标图或 Kiviat 图。它相当于平行坐标图，坐标轴径向排列。

例 2-29： 表 2-31 所示为某店铺产品数据，用雷达图展现数据。

解：

使用 Min-Max 标准化方法将表 2-31 的数据标准化，绘制出表 2-32。

表 2-32   标准化后的产品数据

产品	访客数/万人	支付转化率	客单价/万元
A	1.00	0.43	0.07
B	0.80	0.51	0.00
C	0.00	1.00	1.00
D	0.30	0.25	0.14
E	0.22	0.00	0.38

在 Excel 中选中表 2-32 的产品、访客数、支付转化率和客单价，创建雷达图。

选中雷达图，在【图表工具】的【设计】选项卡中，单击【切换行/列】按钮，效果如图 2-25 所示。

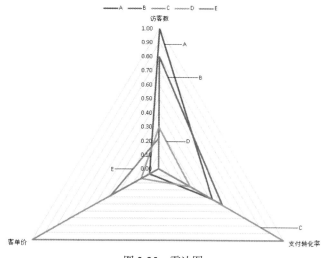

图 2-25　雷达图

2.2.8　时间序列分析法

时间序列分析

时间序列分析法强调的是在一定时间段内对某个事物或事件进行连续观测，并对数据进行统计。采用时间序列分析法可研究数据的变化和发展规模，该方法广泛应用于数据挖掘领域。

1. 移动平均法

移动平均法是用一组最近的实际值来预测未来一期或几期内公司产品的需求量、公司产能等的常用方法。移动平均法适用于近期预测。当产品需求既不快速增长也不快速下降，且不存在季节性因素时，移动平均法能有效地消除预测中的随机波动。移动平均法根据预测时使用的各元素的权重不同，可以分为简单移动平均法和加权移动平均法。

（1）简单移动平均法。

简单移动平均法的各元素的权重都相等。简单移动平均法的计算公式为

$$F_t=[(A_{t-1})+(A_{t-2})+(A_{t-3})+\cdots+(A_{t-n})]/n$$

其中：

F_t——下一期的预测值；

n——移动平均的时期个数；

A_{t-1}——前期实际值；

A_{t-2}、A_{t-3} 和 A_{t-n} 分别表示前两期、前 3 期直至前 n 期的实际值。

例 2-30：表 2-33 所示为某店铺 2022 年 10 月 26 日—2022 年 11 月 4 日的店铺访客数真实数据，采用简单移动平均法预测 2022 年 11 月 2 日—2022 年 11 月 4 日的访客数据。表 2-33 中的第 8 行到第 10 行为验证数据，用于验证预测结果。

表 2-33　　　　　　　　　　　预测数据集

行号	日期	访客数
1	2022/10/26	7603
2	2022/10/27	5663
3	2022/10/28	5640
4	2022/10/29	5038

续表

行号	日期	访客数
5	2022/10/30	4264
6	2022/10/31	4065
7	2022/11/1	4853
8	2022/11/2	5553
9	2022/11/3	4824
10	2022/11/4	6155

解： 电商的数据体系中存在一些常用的时间范围节点，如近 3 天、近 7 天、近 14 天、近 30 天等。在正常的流量（非活动）下，当天的流量主要受当天前 n 个小时、近 3 天、近 7 天数据的影响。在以天为单位预测数据时，可选择近 3 天或近 7 天的数据，本例以近 7 天为例。

将数据对应输入 Excel，在 D9 单元格中输入公式 "=AVERAGE(C2:C8)"，然后将公式填充到 D10 和 D11 单元格。

2022 年 11 月 2 日和 2022 年 11 月 3 日的预测结果与真实数据较为接近，如图 2-26 所示。

图 2-26 使用简单移动平均法预测的结果

（2）加权移动平均法。

加权移动平均法给固定跨越期限内的每个变量值以不同的权重。其原理是：历史各期产品需求的数据对预测未来期内需求量的作用是不一样的。除了以 n 为周期的周期性变化外，远离目标期的变量值的影响力相对较低，故应给予较低的权重。

加权移动平均法的计算公式为

$$F_t = (w_1 \times A_{t-1} + w_2 \times A_{t-2} + \cdots + w_n \times A_{t-n})/n$$

其中：

w_1——第 t-1 期实际销售额的权重；

w_2——第 t-2 期实际销售额的权重；

w_n——第 t-n 期实际销售额的权重；

n——预测的时期数，$w_1 + w_2 + \cdots + w_n = 1$。

在运用加权移动平均法时，权重的选择是一个值得注意的问题。经验法和试算法是选择权重较为简单的两种方法。一般而言，离日期最近的数据最能准确预测未来的情况，因而权重应大一些。例如，前一个月的利润和生产能力比前几个月的数据能更好地估测下个月的利润和生产能力。但是，如果数据是季节性的，则权重也应是季节性的。

例 2-31： 使用加权移动平均法预测表 2-33 所示的数据。

解： 根据业务经验，虽然近 7 天是一个整体，但也可以分成近 3 天和 3 天之前。近 3 天的数据权重相对较大，系数可设为 0.6；3 天之前的数据权重相对较低，系数可设为 0.4。

将表 2-33 中的数据填至一个新的 Excel 表格中，在 D9 单元格中输入公式 "=0.4 × AVERAGE(C2:C5)+0.6 × AVERAGE(C6:C8)"。

在 D10 单元格中输入公式 "=0.4×AVERAGE(C3:C6)+0.6×AVERAGE (C7:C8, D9)"。

在 D11 单元格中输入公式 "=0.4×AVERAGE(C4:C7)+0.6×AVERAGE(C8,D9:D10)"。

预测结果如图 2-27 所示，预测结果的误差并没有明显提高，说明访客数受影响的因素较多。除了使用移动平均法之外，还可以通过其他方法预测并进行修正。

	A	B	C	D
1	行号	日期	访客数	预测访客数
2	1	2022/10/26	7603	
3	2	2022/10/27	5663	
4	3	2022/10/28	5640	
5	4	2022/10/29	5038	
6	5	2022/10/30	4264	
7	6	2022/10/31	4065	
8	7	2022/11/1	4853	
9	8	e2022/11/2	5553	5030.80
10	9	e2022/11/3	4824	4954.70
11	10	e2022/11/4	6155	4946.70

图 2-27 使用加权移动平均预测的结果

2. 指数平滑法

指数平滑法实际上是一种特殊的加权移动平均法。指数平滑法进一步加强了观察期内近期观察值对预测值的作用，对不同时间的观察值赋予不同的权重，加大了近期观察值的权重，使预测值能够迅速反映市场实际的变化。

根据平滑次数的不同，指数平滑法可以分为一次指数平滑法、二次指数平滑法、高次指数平滑法。

（1）一次指数平滑法。

当时间序列无明显的变化趋势时，可用一次指数平滑法。其公式为

$$y^{t+1} = aY_t + (1-a)y^t$$

其中：

y^{t+1}——$t+1$ 期的预测值，即本期（t 期）的平滑值；

a——阻尼系数；

Y_t——t 期的实际值；

y^t——t 期的预测值，即上期的平滑值。

指数平滑法初始值的确定需要从时间序列的项数来考虑：若时间序列的观察期 n 大于 15，初始值对预测结果的影响很小，可以第一期观测值为初始值；若观察期 n 等于 15，初始值对预测结果的影响较大，则取最初几期观测值的平均值作为初始值，通常取前 3 期。

一次指数平滑法的局限性：一次指数平滑法只适用于水平型历史数据的预测，不适用于呈斜坡型线性趋势历史数据的预测。

（2）二次指数平滑法。

二次指数平滑法是在一次指数平滑的基础上再进行一次平滑。它不能单独进行预测，必须与一次指数平滑法配合，建立预测的数学模型，然后运用数学模型确定预测值。预测公式为

$$F_{t+T} = a_t + b_t T$$

其中：

F_{t+T}——$t+T$ 期的预测值；

T——预测步长既需要预测的期数与当前期数的间隔；

a_t、b_t——参数；

$a_t = 2S_t^{(1)} - S_t^{(2)}$；

$$b_t = \frac{a}{1-a}\left(S_t^{(1)} - S_t^{(2)}\right);$$

$S_t^{(1)}$ ——第一次平滑的预测值；

$S_t^{(2)}$ ——第二次平滑的预测值。

（3）高次指数平滑法。

高次指数平滑法是一种使用多个指数平滑系数进行预测的方法，通常使用二次指数平滑或者三次指数平滑。这种方法在预测时考虑了更多的历史数据，能够更准确地捕捉到趋势和季节性的变化。

若时间序列的变动呈现二次曲线趋势，则需采用三次指数平滑法进行预测。三次指数平滑法是在二次指数平滑的基础上再进行一次平滑。预测公式为

$$F_{t+T} = a_t + b_t T + c_t T^2$$

其中：

$$a_t = 3S_t^{(1)} - 3S_t^{(2)} + S_t^{(3)};$$

$$b_t = \left(\frac{a}{2(1-a)^2}\right)\left[(6-5a)S_t^{(1)} - 2(5-4a)S_t^{(2)} + (4-3a)S_t^{(3)}\right];$$

$$c_t = \left(\frac{a^2}{2(1-a)^2}\right)\left[S_t^{(1)} - 2S_t^{(2)} + S_t^{(3)}\right].$$

例 2-32： 使用指数平滑法预测表 2-33 中的数据。

解： 预测的期数为 3，观察期为 7，由于观察期过少，故使用一次指数平滑法。将表 2-33 中的数据填入一个新的 Excel 表格，阻尼系数先设定为 0.3，如图 2-28 所示。

初始值为前 3 个观测值的平均值，即在 C4 单元格中输入公式 "=AVERAGE(B2:B4)"。从第 4 个观测值开始预测，即在 C5 单元格中输入公式 "=$D$2×B2+(1-$D$2)×C4"。

将公式一直填充到 C11 单元格，如图 2-29 所示。

	A	B	C	D
1	日期	访客数	预测访客数	阻尼系数
2	2022/10/26	7603		0.3
3	2022/10/27	5663		
4	2022/10/28	5640		
5	2022/10/29	5038		
6	2022/10/30	4264		
7	2022/10/31	4065		
8	2022/11/1	4853		

图 2-28　填入数据

	A	B	C
1	日期	访客数	预测访客数
2	2022/10/26	7603	
3	2022/10/27	5663	
4	2022/10/28	5640	6302
5	2022/10/29	5038	6692
6	2022/10/30	4264	6384
7	2022/10/31	4065	6160
8	2022/11/1	4853	5824
9	e2022/11/2		5356
10	e2022/11/3		4969
11	e2022/11/4		4934

图 2-29　使用指数平滑法预测的结果

可以将预测值跟真实值进行对比，算出误差并通过调整阻尼系数对比误差的大小，从而确定阻尼系数。

2.2.9　相关性分析法

相关性分析是对两个或多个具备相关性的变量元素进行分析，从而衡量变量元素的相关密切程度。相关性分析法属于统计分析方法。具备相关性的变量元素之间需要存在一定的联系才可以进行相关性分析。

相关性分析法

相关性不等于因果性，也不是简单的个性化。相关性所涵盖的范围和领域几乎覆盖了人们所能见到的方方面面，其在不同的学科中的定义也有很大的差异。

相关性可以研究数值和数值之间的关系，可以研究数值和分类之间的关系，可以研究分类和分类之间的关系，不同类型的数据之间的相关系数计算方法不同。相关系数公式如表 2-34 所示。

表 2-34　　　　　　　　　　　　　　　　相关系数公式

	指标	值的范围	计算公式	Excel 函数
数值和数值之间	相关系数	$-1 \sim 1$	$\dfrac{S_{xy}}{\sqrt{S_{xx} \times S_{yy}}}$	CORREL
数值和分类之间	相关比	$0 \sim 1$	$\dfrac{组间变异}{组内变异+组间变异}$	无
分类和分类之间	克拉默相关系数	$0 \sim 1$	$\sqrt{\dfrac{x_0^2}{数据个数 \times \left(\min\{交叉表的行数，交叉表的列数\}-1\right)}}$	无

1. 相关系数

相关系数最早是由统计学家卡尔·皮尔逊设计的统计指标，是研究变量之间线性相关程度的量，一般用字母 r 表示。由于研究对象不同，相关系数有多种定义方式，较为常用的是皮尔逊相关系数。

相关图可反映两个变量 (x, y) 之间的相互关系及相关方向，但无法确切地表明两个变量相关的程度。相关系数是用来反映变量相关关系密切程度的统计指标，其公式为

$$r(x, y) = \frac{S_{xy}}{\sqrt{S_{xx} \times S_{yy}}}$$

其中，S_{xy} 为 x 与 y 的协方差，S_{xx} 为 x 的方差，S_{yy} 为 y 的方差。

相关系数的值域为 $[-1,1]$。相关系数为正数表示正相关，变量向相同方向变化；相关系数为负数表示负相关，变量向相反方向变化。相关系数的几何意义如图 2-30 所示。

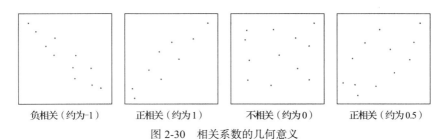

负相关（约为-1）　　　正相关（约为1）　　　不相关（约为0）　　　正相关（约为0.5）

图 2-30　相关系数的几何意义

相关系数的定义如表 2-35 所示。

表 2-35　　　　　　　　　　　　　　　　相关系数的定义

相关系数的绝对值	定义
$0.9 \sim 1$	强相关
$0.7 \sim 0.9$	中相关
$0.5 \sim 0.7$	弱相关
$0 \sim 0.5$	不相关

由于实践过程中，数据的干扰因素较多，强相关的关系极难在实际的业务数据中发现，因此在应用过程中需要调整定义，调整后的相关系数定义如表 2-36 所示。

表 2-36　　调整后的相关系数定义

相关系数的绝对值	定义
0.7～1	强相关
0.3～0.7	中相关
0～0.3	不相关

例 2-33：表 2-37 所示为某店铺 7 天的支付金额和直通车消耗（广告费用），分析两者的关系。

表 2-37　　某店铺 7 天的支付金额和直通车消耗

统计日期	支付金额/元	直通车消耗/元
2023/3/10	4407.33	599.96
2023/3/11	4031.46	549.16
2023/3/12	7217.69	651.23
2023/3/13	7228.00	662.51
2023/3/14	7551.84	655.54
2023/3/15	6961.42	611.24
2023/3/16	6274.94	532.18

解：两个变量都是数值型字段，可通过计算相关系数来研究二者的关系。在 Excel 中使用函数 CORREL 计算相关系数，在 C9 单元格中输入公式“=CORREL(B2: B8,C2:C8)”，计算的相关系数约为 0.67，如图 2-31 所示，为中正相关，表示两者之间存在一定的关系，但不是绝对关系，可能还存在其他因素的影响。

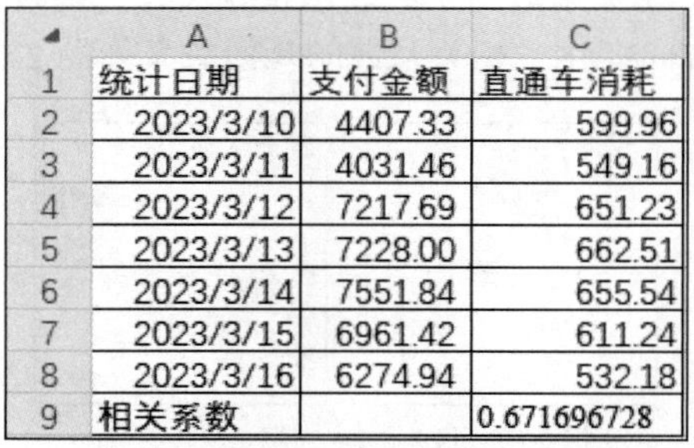

	A	B	C
1	统计日期	支付金额	直通车消耗
2	2023/3/10	4407.33	599.96
3	2023/3/11	4031.46	549.16
4	2023/3/12	7217.69	651.23
5	2023/3/13	7228.00	662.51
6	2023/3/14	7551.84	655.54
7	2023/3/15	6961.42	611.24
8	2023/3/16	6274.94	532.18
9	相关系数		0.671696728

图 2-31　相关系数的计算结果

2. 相关矩阵

相关矩阵也叫相关系数矩阵，是由矩阵各列间的相关系数构成的。也就是说，相关矩阵第 i 行第 j 列的元素是原矩阵第 i 列和第 j 列的相关系数。

$$R=\left\{\begin{matrix} r_{11}\cdots r_{1n} \\ r_{21}\cdots r_{2n} \\ r_{31}\cdots r_{3n} \\ \cdots \\ r_{n1}\cdots r_{nn} \end{matrix}\right.$$

例 2-34：表 2-38 所示为某店铺的经营数据，在 Excel 中计算表 2-38 中各字段间的相关系数。

表 2-38　　　　　　　　　　　　　　　　某店铺的经营数据

统计日期	支付金额/元	直通车消耗/元	访客数/人	平均停留时长	跳失率	商品收藏买家数/人	加购人数/人	支付金额/元	人均浏览量	客单价/元
2023/3/10	4407.33	599.96	1812.00	33.75	0.66	38.00	173.00	4407.33	2.35	35.83
2023/3/11	4031.46	549.16	1953.00	30.46	0.64	32.00	204.00	4031.46	2.41	27.42
2023/3/12	7217.69	651.23	2237.00	39.18	0.65	39.00	204.00	7217.69	2.48	41.48
2023/3/13	7228.00	662.51	2187.00	38.00	0.66	37.00	208.00	7228.00	2.30	44.34
2023/3/14	7551.84	655.54	2275.00	41.64	0.68	48.00	200.00	7551.84	2.47	41.95
2023/3/15	6961.42	611.24	2192.00	44.55	0.65	39.00	198.00	6961.42	2.30	45.20
2023/3/16	6274.94	532.18	2072.00	48.58	0.65	38.00	173.00	6274.94	2.30	45.14

解：在 Excel 的【数据】选项卡中，单击【数据分析】按钮，如图 2-32 所示。

图 2-32　单击【数据分析】按钮

在【数据分析】对话框中选择【相关系数】选项，如图 2-33 所示，单击【确定】按钮。

在【相关系数】对话框中，将表 2-38 中的支付金额放到客单价区域，【分组方式】选择【逐列】，并勾选【标志位于第一行】选项，如图 2-34 所示。

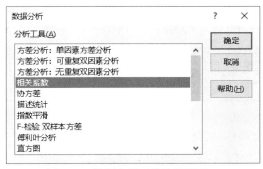

图 2-33　数据分析工具选择界面

图 2-34　相关系数设置界面

输出的相关半矩阵如表 2-39 所示，可以发现许多指标间存在相关性。

表 2-39　　　　　　　　　　　　　　　　相关半矩阵

	支付金额	直通车消耗	访客数	平均停留时长	跳失率	商品收藏买家数	加购人数	支付金额	人均浏览量	客单价
支付金额	1									
直通车消耗	0.671697	1								
访客数	0.939559	0.611794	1							
平均停留时长	0.664501	-0.04512	0.542597	1						
跳失率	0.445076	0.629336	0.327807	0.122634	1					

续表

	支付金额	直通车消耗	访客数	平均停留时长	跳失率	商品收藏买家数	加购人数	支付金额	人均浏览量	客单价
商品收藏买家数	0.660674	0.548011	0.572866	0.465612	0.902771	1				
加购人数	0.389526	0.570993	0.608411	−0.27399	−0.00333	−0.00337	1			
支付金额	1	0.671697	0.939559	0.664501	0.445076	0.660674	0.389526	1		
人均浏览量	0.093677	0.339974	0.268105	−0.3188	0.362956	0.373575	0.379598	0.093677	1	
客单价	0.849252	0.38901	0.653679	0.861316	0.29603	0.519824	−0.06629	0.849252	−0.34881	1

2.2.10　杜邦分析法

1. 原理

杜邦分析法利用几种主要财务比率之间的关系来综合分析企业的财务状况。具体来说，它是一种用于评价公司盈利能力和股东权益回报水平，从财务角度评价企业绩效的经典方法，其基本原理是将企业净资产收益率逐级分解为多项财务比率的乘积，这样有助于深入分析、比较企业经营情况。由于这种分析方法最早由美国杜邦公司使用，故名为杜邦分析法。

例 2-35：表 2-40 所示为某电商企业一次活动的销售和成本数据，运用杜邦分析法分析这些数据。

表 2-40　　　　　　　　　　　　某电商企业一次活动的销售和成本数据　　　　　　　　　　　单位：元

销售额	预售金额	直售金额	CPC 推广费	CPM 推广费	CPS 推广费	货物成本	物流成本	人工成本	场地成本
138790	58930	79860	7492.2	2387.5	2384.3	67832.5	1037.5	24038.4	4038.4

解：通过表 2-40 的数据可以梳理出以下 4 个公式。

$$销售额=预售金额+直售金额$$
$$推广费用=CPC 推广费+CPM 推广费+CPS 推广费$$
$$成本=推广费用+货物成本+物流成本+人工成本+场地成本$$
$$毛利润=销售额-成本$$

将这 4 个公式根据杜邦分析法整理成树状结构，如图 2-35 所示。

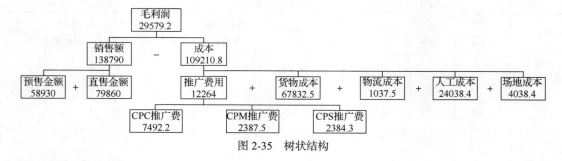

图 2-35　树状结构

2. 广义的杜邦分析法

杜邦分析法最早应用于财务领域，但随着杜邦分析法的传播，其核心思想被不同领域的从业者认可，因此它被广泛应用于不同行业、不同领域。广义的杜邦分析法是指运用了杜邦分析法思维的分析方法，基于拆分法细化某个指标，子级指标之间不一定依赖于算术关系，所有的影响因子均可被罗列出来进行分析，旨在全面地剖析问题。

2.3　本章小结

本章主要介绍了数据分析方法论，方法论是分析的思路，也是指导实践的基础，读者需掌握以下内容。

- 掌握数据分析的基本方法。
- 掌握数据分析的高级方法，提高数据分析的效率和效果。

2.4　习题

1. 简述数据分析方法论。
2. 使用数据分析方法论分析店铺经营数据集（文件为"2.4 习题 2.xlsx"），要求尽可能使用多种数据分析方法。

第二篇
专业方法

第3章
数据采集方法

数据采集又称数据爬虫，是数据分析的基础环节。只有在获取数据后，才能开展数据分析。进行数据采集前需要明确数据的来源及采集方法。本章介绍数据采集的基础知识和基于 Excel 的数据采集方法。

学习目标
- 了解爬虫的基本知识。
- 掌握静态数据的采集方法。
- 掌握动态数据的采集方法。

3.1　数据采集的基础知识

在开展数据采集工作前需要了解数据采集的基础知识，只有了解了数据采集的知识才能保证数据采集工作正常开展。

3.1.1　爬虫权限申明

大多数网站都有一个名为"robots.txt"的文档，用于判断是否禁止访客获取数据。对于没有"robots.txt"文档的网站，可以通过网络爬虫来获取没有加密口令的数据，也就是该网站所有页面数据都可以爬取。

以淘宝网为例，通过浏览器访问"https://www.taobao.com/robots.txt"，淘宝网允许百度蜘蛛爬取其网站目录，而没有指定的用户，则是全部禁止爬取，代码如下。

```
User-Agent: Baiduspider
Disallow: /
```

3.1.2　URL 构成原理

统一资源定位符（Uniform Resource Locator，URL）是用于完整描述互联网网页和其他资源地址的一种标识方法。互联网上每个文件都有其对应的唯一 URL。

基本格式如下。

```
scheme://host[:port#]/path/…/[?query-string][#anchor]
```

其中：

scheme——协议（如 http、https、ftp 等）；

host——服务器的 IP 地址或域名；

port#——服务器的端口号（如果是走协议默认端口，默认端口号为 80）；

path——访问资源的路径；

query-string——参数，发送给 HTTP 服务器的数据，如果有多个，用"&"连接；

anchor——锚（跳转到网页的指定锚点位置）。

URL 示例如下。

```
http://www.baidu.com
http://192.168.0.116:8080/index.jsp
http://item.jd.com/11936238.html#product-detail
```

例 3-1： 认识淘宝链接 "https://s.taobao.com/search?q=玻璃胶"，指出链接分别对应哪个部分。

解： https 是传输协议，s.taobao.com 是服务器域名，search 是访问资源的路径，问号后是参数。

3.1.3 网站的构成

网站由 3 个部分构成，分别是 HTML（HyperText Markup Language，超文本标记语言）、CSS（Cascading Style Sheets，串联样式表）和 JavaScript（活动脚本语言）。用人体来比喻网站的话，HTML 是人的骨架，并且定义了人的嘴巴、眼睛、耳朵等器官要长在哪里；CSS 是人的外观细节，定义了嘴巴长什么样子，是双眼皮还是单眼皮，是大眼睛还是小眼睛，皮肤是黑色还是白色等；JavaScript 表示人的技能，例如跳舞、唱歌或演奏乐器等。

1. HTML

HTML 是一种用于创建可从一个平台移植到另一个平台的超文本文档的标记语言，常用于创建 Web 页面。HTML 文件是带有格式标识符和超文本链接的内嵌代码的 ASCII 文本文件。

HTML 文本是由 HTML 命令组成的描述性文本，HTML 命令可以说明文字、图形、动画、声音、表格、链接等信息。HTML 网页结构包括头部（Head）、主体（Body）两大部分，头部描述浏览器所需的信息，主体包含所要说明的具体内容。

HTML 是制作网页的基础，网络营销中介绍的静态网页就是以 HTML 为基础制作的网页，早期的网页都是直接用 HTML 代码编写的，不过现在有很多智能化的网页制作软件（常用的有 FrontPage、Dreamweaver 等），通常不需要人工写代码，而是由这些软件自动生成。尽管不需要自己写代码，但了解 HTML 代码仍然非常有必要，它是学习网络爬虫的基础。

HTML 是整个网页的结构，相当于整个网站的框架。HTML 的标签都是成对出现的，常见的 HTML 标签如表 3-1 所示。

表 3-1　　　　　　　　　　　　常见的 HTML 标签

标签	说明
\<html\>...\</html\>	表示标签中间的元素是网页内容
\<body\>...\</body\>	表示用户可见的内容
\<div\>...\</div\>	表示框架
\<p\>...\</p\>	表示段落
\<li\>...\</li\>	表示列表
\<img\>...\</img\>	表示图片
\<h1\>...\</h1\>	表示标题
\<a-href=""\>...\</a\>	表示超链接

2. CSS

CSS 是用于表现 HTML 等文件样式的一种计算机语言。CSS 不仅可以静态地修饰网页，还可以和各种脚本语言一起动态地对网页各元素进行控制。

CSS 是控制样式结构的语言，主要用于控制网页结构和信息表现方式。CSS 代码既可以直接写在 HTML 网页代码中，又可以单独写在 CSS 文件中。无论用哪一种方式，样式单都包含将样式应用到指定类型的元素的规则。样式规则由一个或多个样式属性及其值组成，扩展名为.css 的文件放置样式单规则，外部使用时，只要引用.css 文件即可。样式规则可以用来控制网页中的元素，如文本段落以及链接的格式化指令等。内部样式单可以直接放在网页中，外部样式单则保存在一个或多个独立的文件中，网页只需通过一个特殊标签就可以引入外部样式单。CSS 中的"层叠"表示样式单规则应用于 HTML 文件元素的方式。CSS 样式单中的样式形成一个层次结构，更具体的样式覆盖通用样式。样式规则的优先级由 CSS 根据这个层次结构决定，从而实现级联效果。

3. JavaScript

JavaScript 是一种具有面向对象能力的解释型程序设计语言。更具体一点，它是基于对象和事件驱动并具有相对安全性的消费者端脚本语言。因为它不需要在语言环境下运行，只需要有能支持它的浏览器即可。它主要用于验证发往服务器端的数据、增加 Web 互动、加强用户体验感等。

交互的内容和各种特效都存放在 JavaScript 中，JavaScript 描述了网站中的各种功能。

3.1.4　HTML 请求与响应

HTML 的工作机制是当用户在浏览器的地址栏中输入网址并按【Enter】键之后，浏览器会向 HTTP 服务器发送 HTTP 请求。

例如，在浏览器中访问淘宝网址时，浏览器会发送一个 Request 请求来获取天下网商的 HTML 文件，再通过服务器把 Response 文件对象发回给浏览器。

浏览器分析 Response 文件中的 HTML 文件，发现其中引用了很多文件，比如 Images 文件、CSS 文件、JavaScript 文件。浏览器会自动再次发送 Request 请求去获取 Images 文件、CSS 文件或者 JavaScript 文件。当所有的文件都下载成功后，网页会根据 HTML 语法结构完整地显示出来。

例如，打开淘宝网站，按【F12】键进入开发者模式，选择【Network】（网络）选项，如图 3-1 所示。

图 3-1　浏览器的开发者模式

刷新页面（可按【F5】键），可获取许多文件，这个过程也称为抓包，如图 3-2 所示。

常见的 HTML 请求方法有：GET 和 POST。两种方法的权限不同：GET 可查看数据；POST 除了有查看权限，还有修改、删除、增加的权限，因此许多黑客会利用 POST 方法对服务器数据进行篡改。

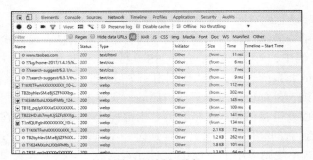

图 3-2　抓包列表

3.2　数据采集

数据采集是将互联网的目标数据自动收集到计算机的文件目录或数据库的过程，采集的数据以数字、文本、图片、音频、视频为主。本节介绍基于 Excel 的 M 函数，该函数可用于获取数字或文本数据。

静态数据采集

3.2.1　静态数据采集

静态数据采集的目标数据在网页源码中，而且是一次性加载在网页中。

例 3-2：采集某球队球员最新赛季的历史数据。球员表现数据如图 3-3 所示。

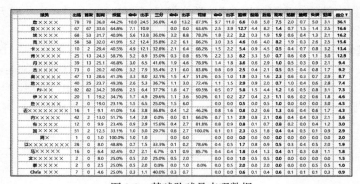

图 3-3　某球队球员表现数据

解：在 Excel 的【数据】选项卡中，选择【新建查询】→【从其他源】→【自网站】选项，如图 3-4 所示。

在弹出的【从 Web】对话框的【URL】文本框中输入网址，如图 3-5 所示，单击【确定】按钮。

图 3-4　选择【自网站】选项

图 3-5　输入网址

在【导航器】对话框中，通过表视图可以观察到"Table 0"是目标数据，单击左侧的【Table 0】，如图 3-6 所示，再单击【编辑】按钮进入 Power Query 编辑器。

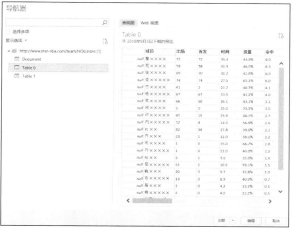

图 3-6　【导航器】对话框

进入 Power Query 编辑器后，发现有一个空列，单击鼠标右键，在弹出的快捷菜单中选择【删除】命令，将该列删除，如图 3-7 所示。

筛选球员数据，将"总计""全队数据""对手数据"等无用的数据过滤掉，如图 3-8 所示。

图 3-7　删除列

图 3-8　过滤数据

在 Power Query 编辑器的【开始】选项卡中，单击【关闭并上载】按钮，如图 3-9 所示，将数据导入 Excel。

加载到表格中的数据如图 3-10 所示。

图 3-9　单击【关闭并上载】按钮

图 3-10　加载的球员数据

例 3-3：批量采集球队最新赛季的历史数据，球队名称及缩写如表 3-2 所示。

表 3-2　　　　　　　　　　　　　　球队名称及缩写

球队名称	缩写
马×	SAS
灰×	MEM
火×	HOU
小×	DAL
黄×	NO

解：将数据填充至 Excel 工作表，在【数据】选项卡中单击【从表格】按钮，如图 3-11 所示，将数据导入 Power Query 编辑器。

由于数据不是表格形式，因此会弹出【创建表】对话框，在对话框中勾选【表包含标题】选项，如图 3-12 所示。

将数据导入 Power Query 编辑器后，先创建 URL，在【添加列】选项卡中单击【自定义列】按钮，如图 3-13 所示。

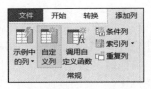

图 3-11　单击【从表格】按钮　　图 3-12　【创建表】对话框　　图 3-13　单击【自定义列】按钮（1）

在【自定义列】对话框的【自定义列公式】文本框中输入 "="http://www.stat-nba.com/team/"&[缩写]&".html""，如图 3-14 所示，再将 URL 的几个部分合并在一起。

图 3-14　【自定义列】对话框（1）

创建好 URL 后再次添加自定义列，采集 URL 数据，在【添加列】选项卡中单击【自定义列】按钮，如图 3-15 所示。

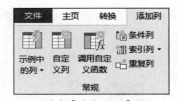

在弹出的【自定义列】对话框中，在【自定义列公式】文本框中输入 "=Web.Page(Web.Contents ([URL])){0}[Data]"，如图 3-16 所示。

图 3-15　单击【自定义列】按钮（2）

M 函数说明：

Web.Page——以网页的方式加载数据；

Web.Contents——将网页以二进制文件的格式下载；

{0}[Data]——打开网页中的第一张表格，也就是上例的 "Table 0"。

图 3-16　【自定义列】对话框（2）

确定自定义列后，如果是首次连接该域名，会提示数据隐私设置，勾选【忽略此文件】选项，单击【保存】按钮采集数据，如图 3-17 所示。

图 3-17　设置隐私级别界面

展开数据列表，取消勾选空列和【使用原始列名作为前缀】选项，如图 3-18 所示。

在【文本筛选器】界面中，取消勾选"总计""全队数据""对手数据"选项，如图 3-19 所示。

图 3-18　数据列表设置界面

图 3-19　【文本筛选器】界面

按住【Ctrl】键，将不用的列选中，单击鼠标右键，在弹出的快捷菜单中选择【删除列】命令，如图 3-20 所示。

在 Power Query 编辑器的【开始】选项卡中单击【关闭并上载】按钮，如图 3-21 所示。

图 3-20　删除列

图 3-21　单击【关闭并上载】按钮

加载的球员数据如图 3-22 所示。

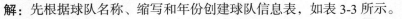

	A	B	C	D	E	F	G	H	I	J	K
1	球队名称	球员	出场	首发	时间	投篮	命中	出手	三分	命中2	出手2
2	马×	德×××	76	76	34.9	48.1%	8.2	17.1	15.9%	0.1	0.6
3	马×	拉×××	80	80	33.2	51.5%	8.4	16.2	24.4%	0.1	0.5
4	马×	鲁×××	68	51	26.7	50.8%	5.5	10.8	40.7%	1.1	2.7
5	马×	布×××	81	80	28.0	45.7%	4.4	9.7	42.5%	2.1	5.0
6	马×	马×××	78	3	23.1	41.5%	3.6	8.8	37.4%	1.9	5.0
7	马×	帕×××	81	1	23.3	42.7%	3.5	8.1	39.6%	2.0	5.0
8	马×	德×××	66	54	25.8	47.5%	3.8	8.1	32.9%	0.7	2.1
9	马×	戴×××	75	12	21.5	45.3%	2.7	5.9	43.0%	1.9	4.4

图 3-22　加载的球员数据

3.2.2　动态数据采集

动态数据采集的目标数据在 JavaScript 或 XHR 文件中，只有在网页中进行特定操作才会向服务器请求加载动态数据。

例 3-4： 现在需要批量采集马×和火×两支球队 2017 年和 2018 年的球员表现数据，以便对比两支球队的球员表现。

动态数据采集

解： 先根据球队名称、缩写和年份创建球队信息表，如表 3-3 所示。

表 3-3　　　　　　　　　　　　　球队信息表

球队名称	缩写	年份
马×	SAS	2017
马×	SAS	2018
火×	HOU	2017
火×	HOU	2018

在浏览器的开发者模式下，选择【Network】选项，选择不同年份的赛季，此时右侧会新增文件链接，单击新增的文件链接，可查看文件内容，如图 3-23 所示。

图 3-23　浏览器开发者模式抓包界面

打开【Headers】选项卡，可以看到请求链接 "Request URL: http://www.stat-nba.com/team/stat_box_team.php?team=HOU&season=2017&col=pts&order=1&isseason=1"，如图 3-24 所示。

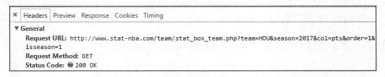

图 3-24　请求链接

数据加载好后，将需要采集的球队和年份数据作为参数导入。将表 3-3 中的数据填入 Excel 工作表，在【数据】选项卡中单击【从表格】按钮，将数据导入 Power Query 编辑器，如图 3-25 所示。

由于数据不是表格形式，Excel 会弹出【创建表】对话框，需在对话框中勾选【表包含标题】选项，如图 3-26 所示。

图 3-25　单击【从表格】按钮

图 3-26　【创建表】对话框

　　进入 Power Query 编辑器后，先将年份的格式设置为【文本】，便于后续作为参数传入 URL，如图 3-27 所示。

　　创建目标 URL，在【添加列】选项卡中单击【自定义列】按钮，如图 3-28 所示。

　　在打开的对话框的【自定义列公式】文本框中输入 "="http://www.stat-nba.com/team/stat_box_team.php?team="&[缩写]&"&season="&[年份]&"&col=pts&order=1&isseason=1""，并将新列名设置为 "URL"，如图 3-29 所示。

图 3-27　设置【文本】格式

图 3-28　单击【自定义列】按钮（1）

　　创建好 URL 后，根据 URL 下载文件，在【添加列】选项卡中单击【自定义列】按钮，如图 3-30 所示。

　　在打开的对话框的【自定义列公式】文本框中输入 "=Web.Page(Text.FromBinary(Web.Contents([URL]),65001)){0}[Data]"，并将新列名设置为 "URL"，如图 3-31 所示。

图 3-29　【自定义列】对话框（1）

图 3-30　单击【自定义列】按钮（2）

　　Text.FromBinary 表示将二进制文件转成文本，其语法结构为：Text.FromBinary(binary as nullable binary, optional encoding as nullable number) as nullable text。本例使用该函数是为了解决乱码问题，第二个参数 "65001" 表示 UTF-8 编码。

　　成功下载数据后，展开数据表，取消勾选空列和【使用原始列名作为前缀】选项，如图 3-32 所示。

　　筛选数据，将 "总计" "全队数据" "对手数据" 过滤掉，如图 3-33 所示。

　　在 Power Query 编辑器的【主页】选项卡中，单击【关闭并上载】按钮，如图 3-34 所示。

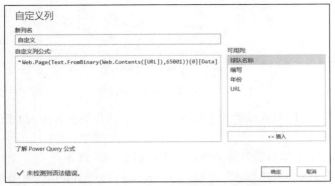

图 3-31 【自定义列】对话框（2）

图 3-32 数据表展开后的设置

图 3-33 【文本筛选器】界面

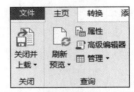

图 3-34 单击【关闭并上载】按钮

加载的球员表现数据如图 3-35 所示。

球队名称	年份	球员	出场	首发	时间	投篮	命中	出手	三分	命中2	出手2
马×	2017	拉×××	75	75	33.5	51.0%	9.2	18.0	29.3%	0.4	1.2
马×	2017	科×××	9	9	23.4	46.8%	5.8	12.3	31.4%	1.2	3.9
马×	2017	鲁×××	57	6	21.7	47.1%	4.4	9.4	31.4%	0.6	2.1
马×	2017	保×××	77	63	23.6	45.8%	3.7	8.1	35.8%	0.6	1.6
马×	2017	帕×××	82	36	25.7	41.1%	3.4	8.3	37.2%	1.9	5.0
马×	2017	马×××	65	0	19.9	43.4%	3.1	7.1	33.3%	1.0	3.0
马×	2017	丹×××	70	60	25.6	38.7%	3.1	8.0	36.3%	1.7	4.6
马×	2017	德×××	81	48	21.5	44.3%	3.3	7.5	26.5%	0.1	0.4

图 3-35 加载的球员表现数据

3.3 本章小结

本章介绍了数据采集的基础知识，介绍了静态数据和动态数据的采集方法。静态数据和动态数据的区别是数据的加载方式不同。读者需掌握数据采集的基本方法。

3.4 习题

1. 指出链接 "https://search.jd.com/Search?keyword=%E6%89%8B%E6%9C%BA&enc= utf-8&wq=%E6%89%8B%E6%9C%BA" 的各部分是什么。

2. 采集淘宝榜单的达人榜数据。

3. 采集北京市 2022 年全年每一天的历史天气数据。

第4章
数据清洗方法

数据清洗是数据分析中非常重要的环节，也是非常灵活的环节，许多操作都是根据具体情况具体分析。

学习目标

- 掌握数据规整的方法。
- 掌握数据合并与数据分组的方法。
- 掌握数据变形的方法。

4.1　数据规整

基本的数据规整包含对数据类型的处理、对缺失值和异常值的处理。

4.1.1　数据类型

数据类型是数据一致性检查的基本项。在严谨的数据清洗过程中，每个列（字段）都需要指定数据类型，否则在后续的分析过程中有可能会因为数据类型不符合算法要求而出错。

Excel 的许多应用场景无须指定数据类型，但在 Power Query 中必须指定数据类型。

常用的数据类型及示例如表 4-1 所示。

表 4-1　　　　　　　　　　　　　　常用数据类型及示例

数据类型	示例
逻辑	True、False
整数	0、1、-1
小数	0.3、1.3、-1.3
时间	#time(09,15,00)
文本	"hello"
二进制	#binary("AQID")

可在 Power Query 编辑器的【转换】选项卡中可修改数据类型。将数据全部选中，再单击【检测数据类型】按钮，如图 4-1 所示，可检测数据的类型。

图 4-1　单击【检测数据类型】按钮

4.1.2　缺失值和异常值处理

缺失值和异常值的处理有两种方法。第一种是删除法，删除有缺失值或异常值的记录，使用此方法的前提条件是删除记录不会对数据分析的结果产生影响。第二种是插补法，当删除整条记录对分析结果有严重影响时，根据实际情况可用"0"值、均值等多种插补方法。

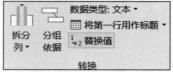

图 4-2　单击【替换值】按钮

可在 Power Query 编辑器的【开始】选项卡中单击【替换值】按钮替换缺失值或异常值，如图 4-2 所示。

4.2　数据合并与数据分组

数据合并包含纵向合并和横向合并，是指将多张表格合并成一张表格；数据分组是指依据某些维度进行统计分组。

4.2.1　纵向合并

纵向合并在数据库中也称为追加查询，常用于将多张相同结构的表格合并成一张表格的场景。

例 4-1：现有 100 家门店的销售数据，将其分别放在 100 个文件中，将 100 家门店的销售数据合并成一张表。

解：在 Excel 的【数据】选项卡中选择【新建查询】→【从文件】→【从文件夹】选项，如图 4-3 所示。

在弹出的【浏览】对话框中选择文件夹，如图 4-4 所示，单击【打开】按钮。

图 4-3　选择【文件夹】选项

图 4-4　选择文件夹

Excel 2019 有组合功能，如图 4-5 所示，可以将多个文件一键组合成一个文件。Excel 2010/2016 可参考后续操作。

单击【组合】按钮，弹出下拉菜单，选择【合并和加载】选项，如图 4-6 所示。

图 4-5　组合操作界面

图 4-6　下拉菜单

对合并后的文件进行预览，如图 4-7 所示。

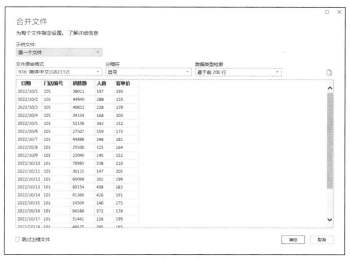

图 4-7　合并文件预览

部分版本的 Excel 没有组合功能，需要进入 Power Query 编辑器中编辑。每一个 Binary 都是一个二进制文件，数据会以二进制文件形式被 Power Query 编辑器读取，如图 4-8 所示。

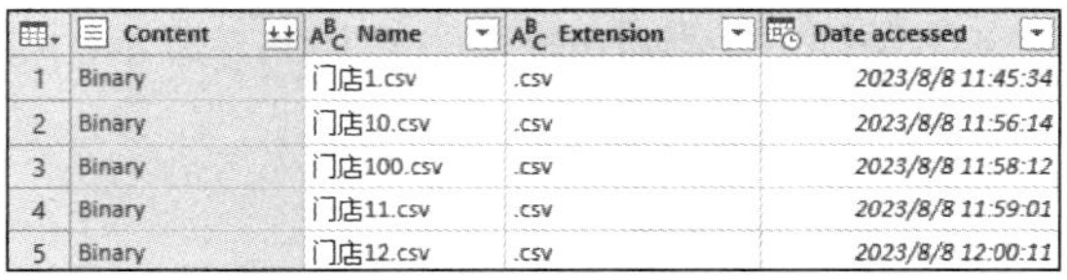

图 4-8　Power Query 编辑器的文件

在【添加列】选项卡中，单击【自定义列】按钮，如图 4-9 所示。

图 4-9　单击【自定义列】按钮

在打开的【自定义列】对话框的【自定义列公式】文本框中输入 "=Csv.Document([Content],[Encoding=936])"，将二进制文件转换成表格，如图 4-10 所示。

图 4-10　【自定义列】对话框

Csv.Document 表示将二进制文件转换成.csv 格式的表格，[Encoding=936]用于指定中文编码为 GBK。

编码对应列表如下。

UTF-8——65001；

UTF-16——1200；

ASCII——20127；

Unicode——1200；

BigEndianUnicode——1201；

Windows——1252。

将二进制文件转换成表格后，展开数据表，取消勾选【使用原始列名作为前缀】选项，如图 4-11 所示。

图 4-11　数据表设置界面

可以发现展开后字段名称在记录中，如图 4-12 所示；在【开始】选项卡中单击【将第一行用作标题】按钮，如图 4-13 所示，第一行的记录会转变成字段名（标题）。

图 4-12　展开后的效果

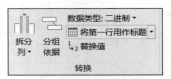

图 4-13　单击【将第一行用作标题】按钮

由于每一个文件都有字段名称，因此需要将多余的名称过滤掉，对【日期】字段进行筛选，将"日期"过滤掉，如图 4-14 所示。

在【主页】选项卡中单击【关闭并上载】按钮，如图 4-15 所示，将数据导入 Excel，观察合并后的数据结果。

图 4-14　筛选操作界面

图 4-15　单击【关闭并上载】按钮

4.2.2　横向合并

横向合并在数据库中被称为合并查询，共有左外部、右外部、完全外部、内部、左反和右反 6 种连接方式。

左外部连接返回左表的所有数据以及和右表匹配的数据，如图 4-16 所示。

横向合并

右外部连接返回右表的所有数据以及和左表匹配的数据，如图 4-17 所示。

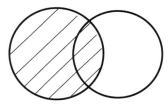
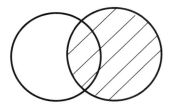

图 4-16　左外部连接示意图　　　　　　　　　图 4-17　右外部连接示意图

例 4-2：现有两张表，表 4-2 是学生基本信息表，表 4-3 是学生成绩表，若要分析班级不同性别学生的成绩差异，需将两张表合并。

表 4-2　　　　　　　　　　　　　　学生基本信息表

姓名	性别	年龄
张三	男	19
李四	男	18
陈红	女	19
孙玉	女	19

表 4-3　　　　　　　　　　　　　　学生成绩表

姓名	学科	成绩
张三	语文	82
张三	数学	80
张三	英语	79
李四	语文	99
李四	数学	77
李四	英语	98
陈红	语文	98
陈红	数学	96
陈红	英语	83
孙玉	语文	95
孙玉	数学	94
孙玉	英语	84

解：选中两张表格，在【数据】选项卡中单击【从表格】按钮，如图 4-18 所示，分别将它们导入 Power Query 编辑器。

以学生基本信息表为左表，在 Power Query 编辑器的【开始】选项卡中，单击【合并查询】按钮，如图 4-19 所示。

图 4-18　单击【从表格】按钮　　　　　　　　图 4-19　单击【合并查询】按钮

在【合并】对话框中，分别选中表 1 和表 2 的【姓名】字段，连接方式选择左外部，如图 4-20 所示。

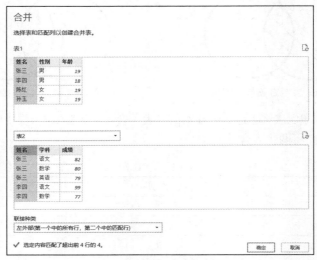

图 4-20 【合并】对话框

合并后展开表，可以看到【学科】与【成绩】字段。由于学生基本信息表中已经有【姓名】字段，因此取消勾选【姓名】选项，并且取消勾选【使用原始列名作为前缀】选项，如图 4-21 所示。展开后的表如图 4-22 所示。

图 4-21 展开数据表设置界面

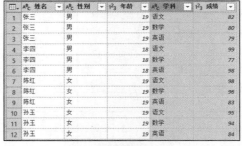

图 4-22 展开后的表

完全外部连接返回左表和右表的所有数据，如图 4-23 所示。

内部连接仅返回左表和右表匹配的所有数据，如图 4-24 所示。

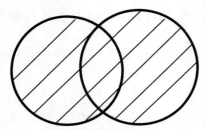

图 4-23 完全外部连接示意图

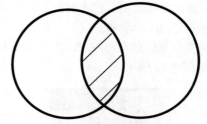

图 4-24 内部连接示意图

左反连接仅返回左表中未和右表匹配的数据，如图 4-25 所示。

右反连接仅返回右表中未和左表匹配的数据，如图 4-26 所示。

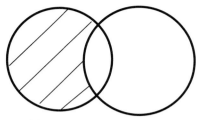

图 4-25　左反连接示意图

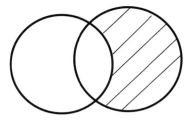

图 4-26　右反连接示意图

例 4-3：某企业针对老客户开展了赠品活动，已领取礼品的客户名单如表 4-4 所示，表 4-5 所示为所有客户的名单，需要排查未领礼品的客户。

表 4-4　　　　　　　　　　　　　　　　　已领礼品的客户名单

已领客户
张三
李四
王五
赵六

表 4-5　　　　　　　　　　　　　　　　　所有客户的名单

客户名单
张三
李四
王五
赵六
钱七
孙八

解：操作与例 4-2 相同，只是在【合并】对话框中选择连接方式为左反，如图 4-27 所示。

图 4-27　【合并】对话框

合并后，就可以找到没有领取礼品的客户，如图 4-28 所示。

图 4-28　合并后的名单

在【主页】选项卡中单击【关闭并上载】按钮，如图 4-29 所示，将数据导入 Excel，即可得到未领取礼品的客户名单，加载后的数据如图 4-30 所示。

图 4-29　单击【关闭并上载】按钮

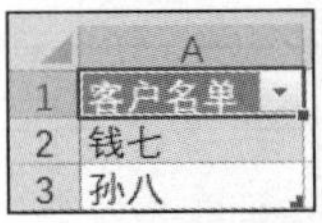

图 4-30　加载后的数据

4.2.3　数据分组

数据分组是根据某个维度以某种算术方法（如求和、计数等）对数据进行统计汇总。

数据分组

例 4-4：某班级学生各个学科的成绩如表 4-3 所示，老师想统计班级各个学科的平均分。

解：首先选中学生成绩表，在【数据】选项卡中单击【从表格】按钮，如图 4-31 所示，将表格导入 Power Query 编辑器。

然后选中【学科】列，在【开始】选项卡中单击【分组依据】按钮，对数据进行分组统计，如图 4-32 所示。

图 4-31　单击【从表格】按钮

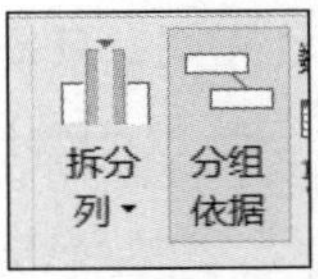

图 4-32　单击【分组依据】按钮

在【分组依据】对话框中进行设置，【操作】选择【平均值】，【柱】选择【成绩】，如图 4-33 所示。分组后的结果如图 4-34 所示。

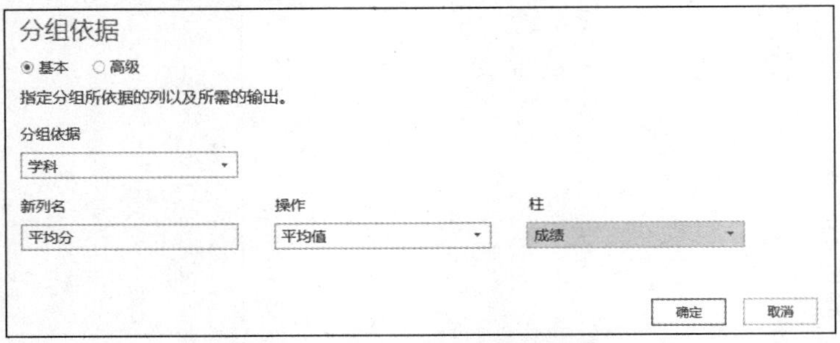

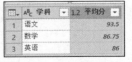

图 4-33　【分组依据】对话框

图 4-34　分组后的结果

4.3　数据变形

数据变形是指对数据的结构进行变换，如一维表转为二维表、二维表转为一维表，变换结构有助于开展后续的数据分析工作。

数据变形

4.3.1　数据透视

数据透视是将某维度的行转变成列，可实现数据的快速汇总和分类。

例 4-5：将表 4-3 转变成姓名和学科的二维表。

解：选中学生基本信息表和学生成绩表，在【数据】选项卡中单击【从表格】按钮，如图 4-35 所示，将它们导入 Power Query 编辑器。

在 Power Query 编辑器中，选中【学科】列，在【转换】选项卡中单击【透视列】按钮，如图 4-36 所示。

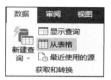

图 4-35　单击【从表格】按钮

图 4-36　单击【透视列】按钮

在【透视列】对话框中，设置【值列】为【成绩】，单击【确定】按钮，如图 4-37 所示。

图 4-37　【透视列】对话框

数据透视后的结果如图 4-38 所示。

	姓名	语文	数学	英语
1	孙玉	95	94	84
2	张三	82	80	79
3	李四	99	77	98
4	陈红	98	96	83

图 4-38　数据透视后的结果

4.3.2　数据逆透视

数据逆透视是将二维表转变为一维表。

例 4-6：将图 4-38 所示的表转变成一维表。

解：按住【Ctrl】键，同时选中【语文】、【数学】和【英语】3 列，如图 4-39 所示。在【转换】选项卡中单击【逆透视列】按钮，如图 4-40 所示。

	A^B_C 姓名 ▼	1^2_3 语文 ▼	1^2_3 数学 ▼	1^2_3 英语 ▼
1	孙玉	95	94	84
2	张三	82	80	79
3	李四	99	77	98
4	陈红	98	96	83

图 4-39　同时选中多列

图 4-40　单击【逆透视列】按钮

逆透视后的结果如图 4-41 所示。

	A^B_C 姓名 ▼	A^B_C 属性 ▼	1.2 值 ▼
1	孙玉	语文	95
2	孙玉	数学	94
3	孙玉	英语	84
4	张三	语文	82
5	张三	数学	80
6	张三	英语	79
7	李四	语文	99
8	李四	数学	77
9	李四	英语	98
10	陈红	语文	98
11	陈红	数学	96
12	陈红	英语	83

图 4-41　逆透视后的结果

4.4　本章小结

本章介绍了数据清洗的常用方法，在实际工作中还需要根据实际情况进一步学习数据清洗的其他技巧，只有经过严谨清洗的数据才是合格的数据分析原始材料。

4.5　习题

1. 使用数据清洗方法对从淘宝搜索采集的数据集（文件为"4.5 习题 1.xlsx"）进行数据规整。
2. 使用数据清洗方法对店铺数据集（文件为"4.5 习题 2-1.xlsx""4.5 习题 2-2.xlsx"）进行数据合并。
3. 使用数据清洗方法对从淘宝搜索采集的数据集（文件为"4.5 习题 1.xlsx"）进行数据分组和变形。

第三篇

应用场景

第5章
运营与数据分析平台

不管是运营人员还是数据分析人员，工作中都离不开数据分析平台。数据分析平台上有统计好的数据，做决策时还可参考这些数据。

本章介绍常用、公开、免费的数据分析平台，以及电商领域用户规模较大的数据分析平台——生意参谋。生意参谋由阿里巴巴出品，拥有大量的商家用户。

学习目标

- 了解百度指数的特点及使用方法。
- 了解阿里指数的特点及使用方法。
- 了解生意参谋的特点及使用方法。

5.1　百度指数

百度指数是以百度用户的搜索行为数据为基础的数据分析，是当前较为重要的数据分析平台，自发布之日起便成为众多企业营销决策的重要依据之一。图 5-1 所示为百度指数的首页搜索框。

图 5-1　百度指数的首页搜索框

百度指数主要基于关键词进行数据分析。在百度指数的搜索框中输入要分析的关键词，单击【开始探索】按钮即可。

5.1.1　趋势研究

在百度指数的搜索框输入关键词"拼多多"，单击【开始探索】按钮。从图 5-2 中可以看出拼多多平台的热度自 2016 年下半年开始暴涨，在 2017 年 1 月 23 日后便一路飙升，使得它成为大家熟知的购物 App。

分别单击 A 点和 B 点查看拼多多当时的资讯，如图 5-3 所示，可以发现，拼多多以 BD（商务公关）韩都衣舍、马克华菲等品牌为基础，提高了消费者对平台的认可度。

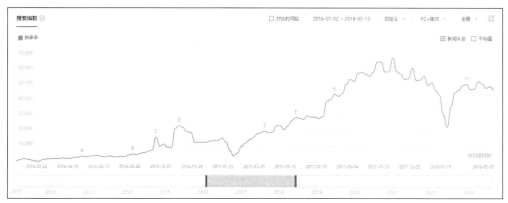

图 5-2　拼多多的搜索趋势

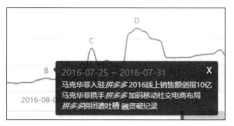

图 5-3　拼多多的重要资讯

5.1.2　需求图谱

切换到"需求图谱"页面，选择"最近 7 天"选项，可观察最近 7 天的关键词，发现最强相关且搜索指数最高的是"淘宝"，如图 5-4 所示。

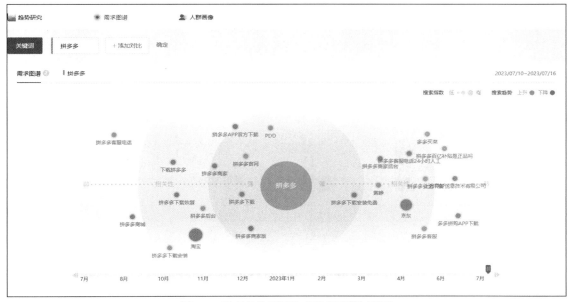

图 5-4　拼多多关键词的"需求图谱"页面

5.1.3 人群画像

切换到"人群画像"页面，选择"近 30 天"选项，可以发现，广东省关注拼多多的用户最多，整体人群以男性为主，并且 30 岁以上人群占比超 60%，如图 5-5 和图 5-6 所示。

图 5-5 搜索人群地域分布

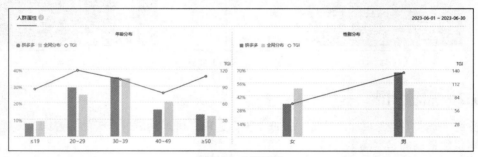

图 5-6 人群属性

将拼多多的人群属性和淘宝进行对比，可以发现两个平台用户的差异。淘宝中 40 岁及以上人群占比在 10% 左右，而拼多多中 40 岁及以上人群占比超 20%，如图 5-7 所示。

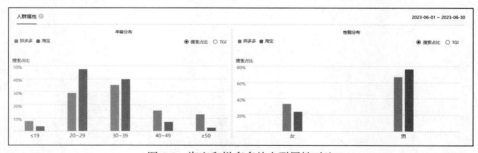

图 5-7 淘宝和拼多多的人群属性对比

5.2 阿里指数

阿里指数是定位于"观察市场"的数据分析平台，旨在帮助中小企业、业界媒体、市场研究人员了解阿里平台市场行情、查看热门行业、分析用户群体、研究产业基地等。其数据来源是 B2B 平台——1688。图 5-8 所示是阿里指数的首页搜索框。

图 5-8　阿里指数的首页搜索框

5.2.1　行业大盘

在阿里指数的首页选择【行业大盘】后，选择【我是 1688 供应商】选项，并设置相应分类可查看阿里指数趋势图，如图 5-9 所示。

图 5-9　选择用户身份

阿里指数提供了女装的 1688 采购指数和 1688 供应指数趋势图，如图 5-10 所示。

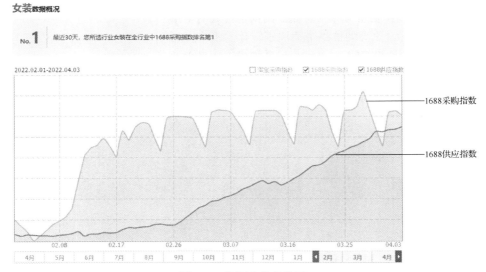

图 5-10　阿里指数趋势图

（1）1688 采购指数。根据 1688 市场所在行业的搜索频繁程度计算而成的综合数值，指数越大表示 1688 市场的采购量越多。

（2）1688 供应指数。根据 1688 市场所在行业已上网供应产品数计算而成的综合数值，指数越大表示 1688 市场的供应产品越多。

从图 5-10 所示的趋势可以看出，供应产品的涨幅远大于采购量的涨幅，市场竞争激烈。

选择"最近 30 天"选项，在女装相关行业中不难发现，采购女装的用户对日用百货的需求也很大，如图 5-11 所示，可以通过关联品类挖掘消费者需求，如日用百货的供应商和女装的供应商互换资源等。

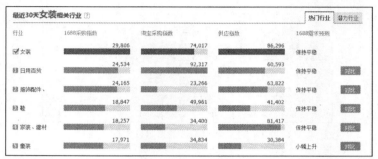

图 5-11 "热门行业"排行榜

5.2.2 属性细分

属性细分用于指导商家选品，统计的时间范围是 30 天。

在阿里指数中进入"属性细分"模块，"热门基础属性"页面如图 5-12 所示，选择"最近 30 天"选项，在连衣裙市场中，欧美和韩版风格的连衣裙的市场竞争力是最强的。

营销属性是商家在营销时贴的标签，从图 5-13 可以看出，最近 30 天内连衣裙市场的热门营销属性为新款、创意款、爆款、时尚潮人、风格款等，其中新款是最受欢迎的。

图 5-14 所示是"价格带分布"页面，浏览占比大的价格带适用于引流，交易占比大的价格带适用于转化。不难发现浏览和交易的价格带是相符的，54～80 元是规模占比最大的价格区间，因此商家在定价时可考虑这个价格区间。

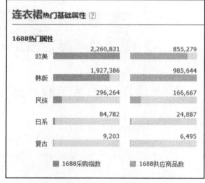

图 5-12 "热门基础属性"页面

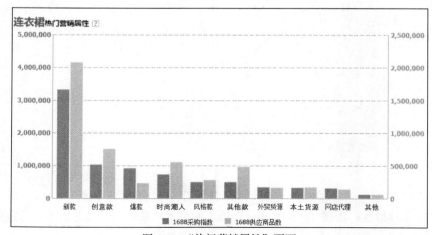

图 5-13 "热门营销属性"页面

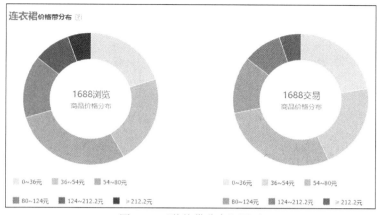

图 5-14　"价格带分布"页面

5.2.3　采购商素描

采购商素描是采购商的特征画像，便于商家了解用户画像。图 5-15 所示是"采购商身份"页面，一年内重复交易过的消费者定义为老采购商。阿里指数提供了数据的基本解读：最近 30 天，连衣裙行业新进入的采购商占比达到 45.72%；在老采购商中，超过 50% 的采购商最近一年采购次数在 24 次以上。最近 30 天，连衣裙行业的采购商中，淘宝店主的占比达到 39.18%；其中，钻级的淘宝店主采购最多。

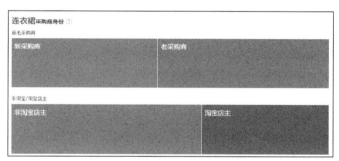

图 5-15　"采购商身份"页面

最近 30 天连衣裙采购客单价大部分大于 209 元，高质消费者的客单价大于 1609 元，如图 5-16 所示。

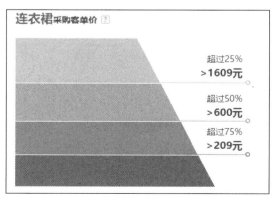

图 5-16　"采购客单价"页面

连衣裙的采购关联行业可指导品类布局，如图 5-17 所示，发现连衣裙可以和女式衬衫、女式 T 恤优先搭配在一起。

图 5-17 "采购关联行业"页面

5.2.4 阿里排行

阿里排行是阿里指数中非常重要的模块，通过排行榜可以快速了解行业、洞察需求的走向。

"搜索排行榜"页面可以使商家掌握用户的需求。上升榜展示最近爆发的需求，增速快的需求一般出现在季节性产品入季前或者新产品发布后；热搜榜展示需求量大的产品，如图 5-18 所示。

图 5-18 上升榜和热搜榜

转化率榜用于洞察高转化率产品的市场，新词榜用于挖掘潜力市场，如图 5-19 所示。

"产品排行榜"页面中的排行榜用于选款方面，使商家了解哪些产品在近期流量或交易中表现优秀，有助于对后期产品计划进行调整，如图 5-20 所示。

"公司排行榜"页面中的排行榜可作为寻找合作伙伴的参考依据，也可作为定位竞争对手的参考依据，如图 5-21 所示。

企业官网是指相对独立于 1688 的企业宣传和销售网站。"企业官网排行榜"页面用于帮助企业了解竞争对手的引流情况，如图 5-22 所示。

连衣裙 转化率榜				连衣裙 新词榜		
关键词	搜索转化率	全站商品数		关键词	搜索指数	全站商品数
1 米赫	93%	692		1 韩都衣舍女装旗舰店	920	19
2 吊带打底裙	92%	33122		2 免费代销一键铺货	493	49
3 碎花长裙	92%	112926		3 nvzhuang	264	12
4 1zy1081310	91%	2		4 欧媚娅服饰源头厂家	210	15
5 卿黛尊	90%	210		5 lianyiqun	196	16
6 熙尺缕	90%	221		6 办公室春装	191	14
7 夏季女装一件代发	90%	139352		7 1zy1080770	181	3
8 波西米亚沙滩裙	90%	21005		8 入形师	161	36
9 连衣裙网红	90%	40128		9 牛仔外套搭配连衣裙	161	35
10 迈和特	89%	1125		10 midi dress	156	22

图 5-19　转化率榜和新词榜

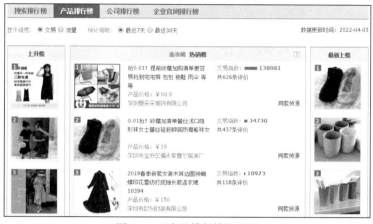

图 5-20　"产品排行榜"页面

图 5-21　"公司排行榜"页面

图 5-22　"企业官网排行榜"页面

5.3 生意参谋

生意参谋是阿里最为成熟的数据产品，也是阿里实现商家数据赋能的核心布局。生意参谋免费为商家提供自家店铺的数据，如果要看市场、竞品或者自家店铺更深层次的数据，就需要订购生意参谋对应的板块。

5.3.1 首页

生意参谋的首页是卖家每天必看的，而且查看的频率还比较高。在首页主要看店铺实时的业绩情况，如图 5-23 所示。

图 5-23 生意参谋首页

生意参谋一般每天 9 点会更新店铺昨天的数据，运营者不仅需要查看店铺实时指标还要查看核心指标的趋势，了解核心指标的波动情况。图 5-24 所示的店铺数据从 8 月 21 日开始持续增长，是对比法的典型应用，先是自己和不同时期自己的数据做对比（蓝色），可发现正在持续增长，再和同行（黄色和橙色）对比，自己已经在某个时期开始优于同行。

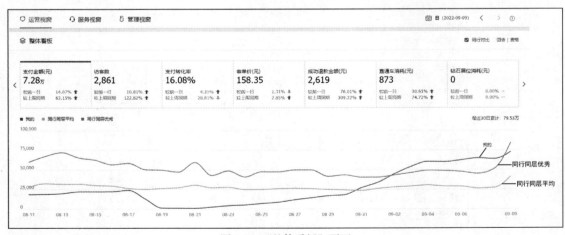

图 5-24 "整体看板"页面

跳失率、人均浏览量和平均停留时长都是评判流量质量的重要指标，如图 5-25 所示。跳失率是逆指标，即越小越好。此店铺的跳失率对比前一日略微有所上升，但影响不大。人均浏览量是正指标，此店铺的人均浏览量相比前一日有所下降，对比上周同期下降 11.22%，意味着这个情况需要引起重视。平均停留时长也是正指标，此店铺的平均停留时长相比前一日和上周同期都有一定幅度的上涨，如果期间做了页面优化，说明工作有一定的效果。

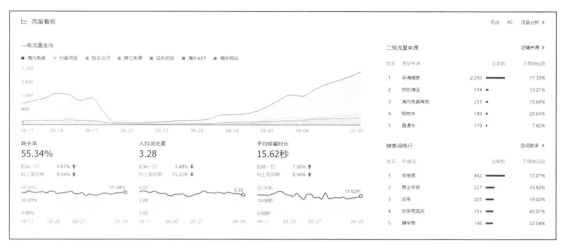

图 5-25　跳失率、人均浏览量和平均停留时长

"转化看板"页面展示昨天商品的汇总情况，如图 5-26 所示，此店铺昨天的收藏转化率和加购转化率相比前一日略微下降，但影响不大，没有出现大幅度下滑的现象。商品排行榜是排序法的典型应用。

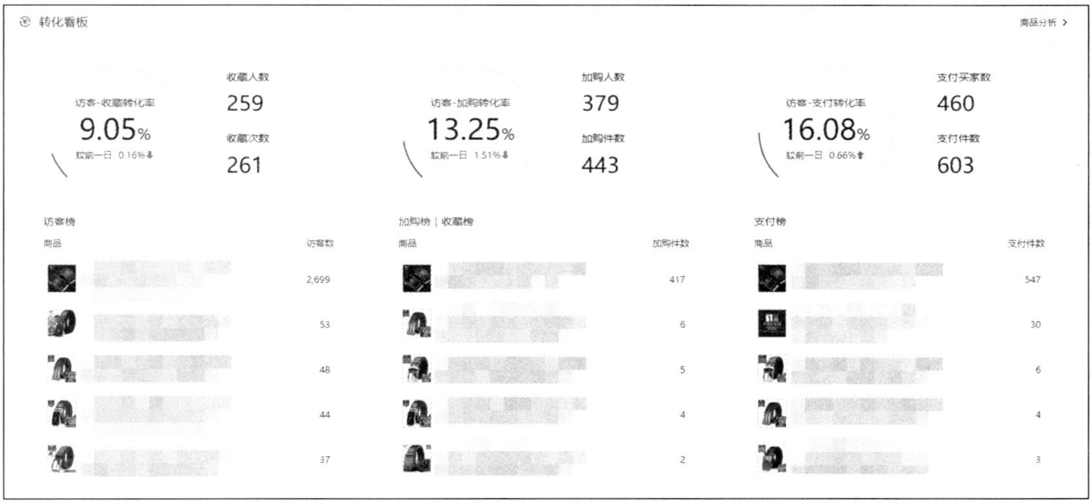

图 5-26　"转化看板"页面

客单价受商品件单价、人均支付件数和连带率影响。其中件单价是商品定价，也就是正常的销售价，人均支付件数=总支付件数/总支付消费者数，连带率=支付子订单数/支付父订单数。通过"客单看板"页面的数据可发现该店关联营销能力较为薄弱，如图 5-27 所示，需要在品类布局、商品布局方面改善店铺横向和纵向的商品结构，以及在页面关联销售和客服话术方面，提升连带率。

查看"评价看板"页面，和不同时期、同行对比，此店铺的售后服务数据没有大幅变动的情况，如图 5-28 所示。

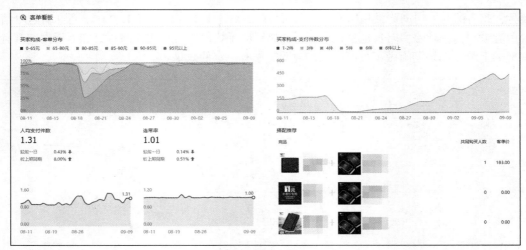

图 5-27　"客单看板"页面

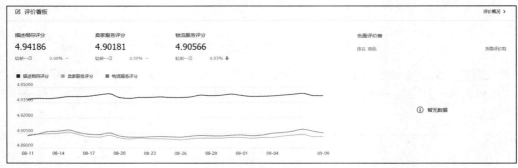

图 5-28　"评价看板"页面

5.3.2　实时数据

生意参谋的第二个板块是"实时"，在"实时概况"页面中可以看到自己店铺的实时排名，如图 5-29 所示。

图 5-29　"实时概况"页面

在"实时趋势"页面中可以看到店铺的实时数据，选择【分时段趋势图】选项，从支付金额、访客数、支付子订单数和支付买家数 4 个指标来对比今天跟昨天（也可以选择其他日期）的数据，此时不同时期的时间粒度是小时，如图 5-30 所示。从数据上来看，今日的数据表现极有可能比对比日好。

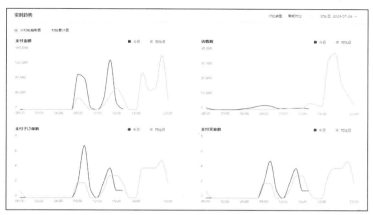

图 5-30　选择【分时段趋势图】选项

还可以选择【时段累计图】选项，观察累计数据的差异，如图 5-31 所示。

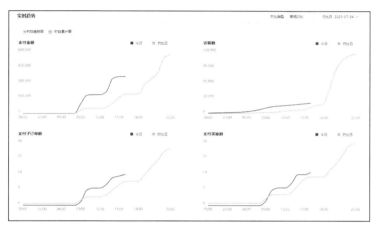

图 5-31　选择【时段累计图】选项

在"实时来源"页面中可以查看流量入口的情况，以及当天截至目前流量来源的分布，从而调整流量入口，如图 5-32 所示。可以看出该店铺主要的流量来源是无线端的广告流量。

图 5-32　"实时来源"页面

5.3.3　流量和品类

生意参谋中的"流量"和"品类"板块是用得最多的，因为可以通过这两个板块查看流量和爆款情况。"流量看板"页面如图 5-33 所示，可以看出实时数据相比前日有不同幅度的上涨。

图 5-33 "流量看板"页面

在"流量"板块中可以查看每个渠道的数据，与"实时来源"页面不同，在这里除了可以查看实时数据之外，还可以查看历史数据。"店铺来源"页面如图 5-34 所示，近期的淘内免费上升明显。

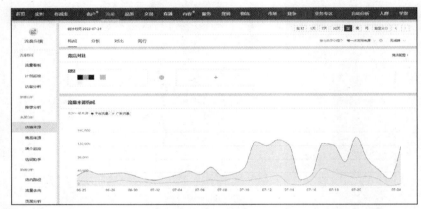

图 5-34 "店铺来源"页面

在"访客分析"页面中可以查看不同时段的访客情况，商家可以根据时段合理排班，如图 5-35 所示。19 点~21 点是访客数量较多的时段，这个时段必须安排客服值班，客服数量根据流量的大小来确定。

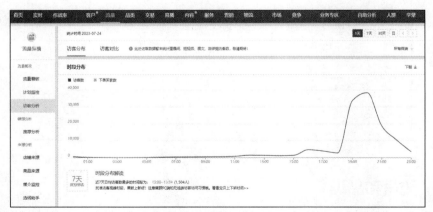

图 5-35 "访客分析"页面

"品类"板块的"商品排行"页面中有很多指标，比如支付金额、支付件数和支付买家数等，如图 5-36 所示。

图 5-36　"商品排行"页面（1）

指标下面是商品列表，在对应的单品后面单击【详情】，如图 5-37 所示，可跳转到"商品 360"页面，这是做商品或搜索优化必看的。

图 5-37　"商品排行"页面（2）

"商品 360"页面的"标题优化"页面如图 5-38 所示，每个关键词的数据都会在这里展现。可以看出现在长尾词的贡献度越来越高了，而且还有一些不相关的词也会带来流量。

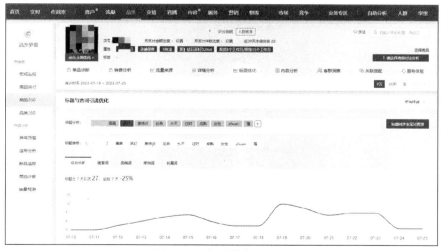

图 5-38　"标题优化"页面

如果订购了流量纵横服务，还可以在"流量来源"页面看到该商品的流量来源，如图 5-39 所示，从而针对商品的不同渠道进行优化。

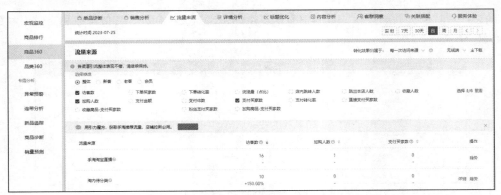

图 5-39 "流量来源"页面

5.3.4 交易和服务

"交易"板块主要用于分析全店的交易概况。图 5-40 所示是"交易概况"页面，其中显示了一个漏斗图，表示从访客到下单再到支付的过程。

图 5-40 "交易概况"页面

图 5-41 所示为"交易构成"页面的"终端构成"部分，其中展示了无线端和 PC 端的支付占比，可以看出这家店的无线端支付金额占比高达 100%。

图 5-41 "终端构成"部分

图 5-42 所示为"价格带构成"部分，可以看出该店以单价在 2000 元以上的商品为主。

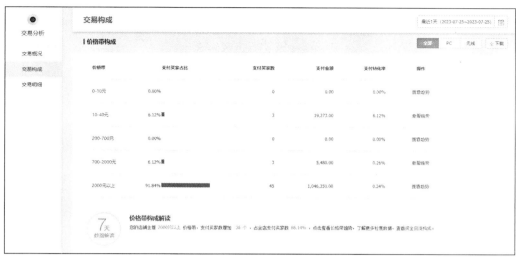

图 5-42　"价格带构成"部分

"资金回流构成"部分很重要，从中可以了解资金回流的周期，方便商家更好地安排资金。从图 5-43 可以看出，该店的买家确认收货时间段主要分布在 11 天以内。

未确认收货时长	支付金额占比	支付金额	支付商品数	支付买家数	操作
1-2天	17.40%	180,680.00	18	23	买家详情
3-5天	33.29%	345,719.00	20	31	买家详情
6-8天	19.62%	203,756.00	16	30	买家详情
9-11天	28.58%	296,813.00	24	26	买家详情
12天以上	1.10%	11,410.00	3	2	买家详情

图 5-43　"资金回流构成"部分

在"交易明细"页面中可以查看每一笔交易订单和配置成本的相关信息，如图 5-44 所示。

订单编号	订单创建时间	支付时间	支付金额	确认收货金额	商品成本	运费成本	操作
	2023-07-24 23:48:15	2023-07-24 23:48:24	6,280.00	--	配置	配置	详情
	2023-07-24 22:44:41	2023-07-24 22:49:05	42,800.00	--	配置	配置	详情
	2023-07-24 22:37:26	2023-07-24 22:39:10	20,000.00	--	配置	配置	详情
	2023-07-24 22:26:54	2023-07-24 22:27:22	26,800.00	--	配置	配置	详情
	2023-07-24 22:12:42	2023-07-24 22:13:17	26,800.00	--	配置	配置	详情
	2023-07-24 22:04:23	2023-07-24 22:04:56	29,800.00	--	配置	配置	详情

图 5-44　"交易明细"页面

在"服务"板块中可以查看与服务相关的指标，如图 5-45 所示。

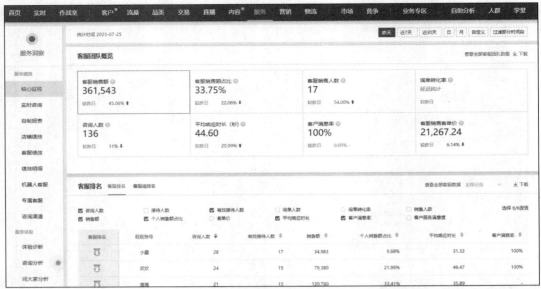

图 5-45 "服务"板块

图 5-46 所示为"售后维权（新）"页面，用于改善商品和服务质量。

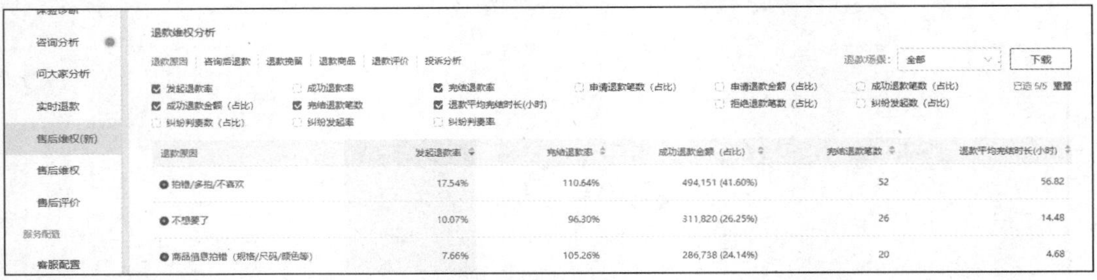

图 5-46 "售后维权（新）"页面

图 5-47 所示为"售后评价"页面，从中可以查看正面评价、负面评价，以帮助运营人员调整商品和服务策略。如果有负面评价，且围观人数较多，对转化率的影响会非常明显。

图 5-47 "售后评价"页面

5.3.5　市场数据

生意参谋的市场数据需要订购才可以使用，订购后生意参谋将提供淘系（包含淘宝和天猫）的详细市场数据，部分敏感数据会做指数化处理。图 5-48 所示是服饰配件类市场的访客数趋势。

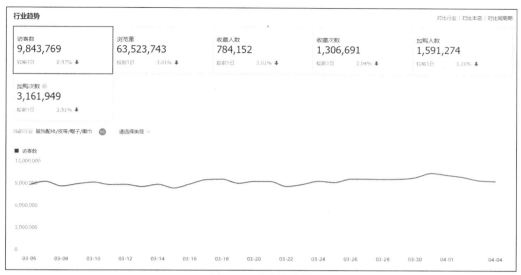

图 5-48　访客数趋势

在"行业构成"部分中可以查看子行业（类目）的规模，这对商家的运营战略的制订有重要的意义。帽子是在统计周期内份额最大的子行业，其次是腰带 / 皮带 / 腰链，如图 5-49 所示。

子行业	交易指数 ↓	交易增长幅度	支付金额较父行业占比	支付子订单数较父行业占比	操作
帽子 较前一日	831,844	-2.05%	36.14% +0.33%	28.58% -0.69%	趋势
腰带/皮带/腰链 较前一日	671,533	-4.79%	24.51% -0.47%	13.96% -0.44%	趋势
围巾/丝巾/披肩 较前一日	469,506	-3.31%	12.83% -0.05%	12.15% -0.36%	趋势
鞋包/皮带配件 较前一日	396,237	-7.68%	9.44% -0.48%	16.69% -0.50%	趋势
制衣面料 较前一日	302,645	-2.93%	5.81% +0.00%	6.20% -0.24%	趋势
手套 较前一日	229,787	+42.83%	3.54% +1.14%	7.17% +2.35%	趋势
其他配件 较前一日	222,200	-10.84%	3.34% -0.30%	7.69% -0.32%	趋势
领部配件 较前一日	194,512	-6.67%	2.63% -0.10%	2.82% -0.11%	趋势
婚纱礼服配件 较前一日	95,920	-5.20%	0.75% -0.02%	2.33% +0.41%	趋势
运动首饰 较前一日	60,272	+22.96%	0.33% +0.07%	0.13% +0.02%	趋势

图 5-49　"行业构成"部分

搜索词排行是非常重要的数据，通过这个数据可以掌握行业消费者的需求走势，一般认为搜索词数据是萌生需求的表现。在统计周期内，搜索人气排名第三的关键词是"帽子女韩版潮"，如图 5-50 所示，说明消费者的兴趣点在"韩版"和"潮"上面。

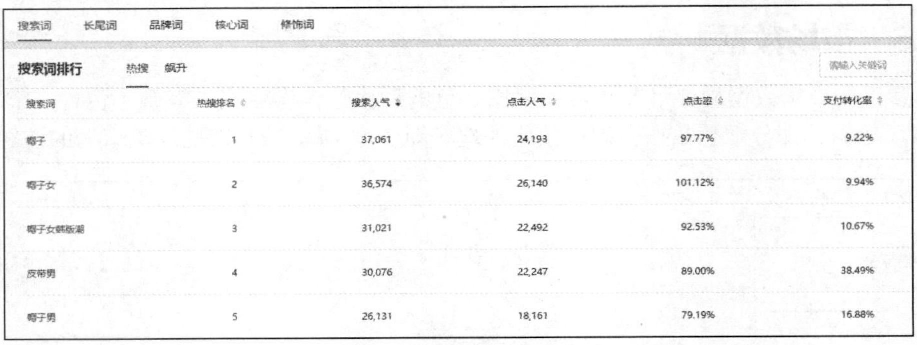

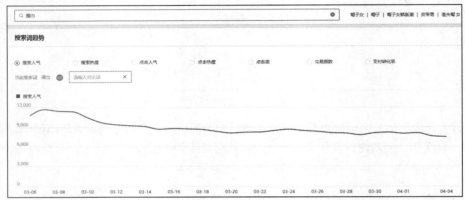

搜索词 长尾词 品牌词 核心词 修饰词
搜索词排行 热搜 飙升
请输入关键词
搜索词 热搜排名 搜索人气 点击人气 点击率 支付转化率
帽子 1 37,061 24,193 97.77% 9.22%
帽子女 2 36,574 26,140 101.12% 9.94%
帽子女韩版潮 3 31,021 22,492 92.53% 10.67%
皮带男 4 30,076 22,247 89.00% 38.49%
帽子男 5 26,131 18,161 79.19% 16.88%

图 5-50 “搜索词排行”页面

在“搜索词趋势”页面中可以研究关键词的趋势。从图 5-51 中可以看出关键词“围巾”的搜索人气在持续下降，如果市场大盘有研究围巾的市场趋势，可以知道围巾已经进入淡季，所以市场需求持续下降属于正常的情况。

围巾
帽子女 | 帽子 | 帽子女韩版潮 | 皮带男 | 渔夫帽女
搜索词趋势
搜索人气 搜索热度 点击人气 点击热度 点击率 交易指数 支付转化率
当前搜索词 围巾
请输入对比词
搜索人气
12,000
9,000
6,000
3,000
0
03-06 03-08 03-10 03-12 03-14 03-16 03-18 03-20 03-22 03-24 03-26 03-28 03-30 04-01 04-04

图 5-51 “搜索词趋势”页面

“相关词分析”页面如图 5-52 所示，数据表现好的搜索词可用作标题或搜索优化。

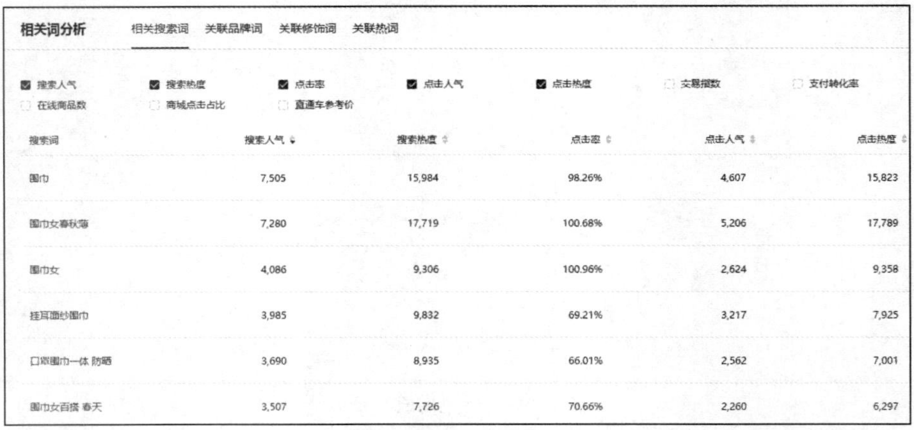

相关词分析 相关搜索词 关联品牌词 关联修饰词 关联热词
搜索人气 搜索热度 点击率 点击人气 点击热度 交易指数 支付转化率
在线商品数 商城点击占比 直通车参考价
搜索词 搜索人气 搜索热度 点击率 点击人气 点击热度
围巾 7,505 15,984 98.26% 4,607 15,823
围巾女春秋薄 7,280 17,719 100.68% 5,206 17,789
围巾女 4,086 9,306 100.96% 2,624 9,358
挂耳面纱围巾 3,985 9,832 69.21% 3,217 7,925
口罩围巾一体 防晒 3,690 8,935 66.01% 2,562 7,001
围巾女百搭 春天 3,507 7,726 70.66% 2,260 6,297

图 5-52 “相关词分析”页面

搜索人群画像是做关键词定位时必须研究的数据，只有掌握人群标签才可以精准定位。关键词“围巾”下的搜索人群以 35 岁以下的女性为主，如图 5-53 所示。

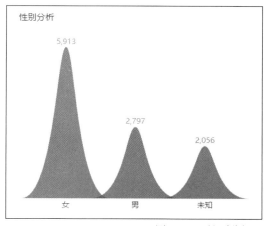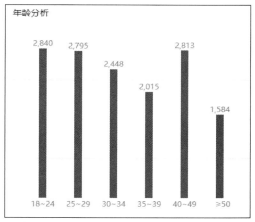

图 5-53　"性别分析"和"年龄分析"页面

"职业分析"和"TOP 省份"页面如图 5-54 所示，排除无职业人员，公司职员和个体经营/服务人员是最大的人群，浙江省、广东省和江苏省名列前茅。

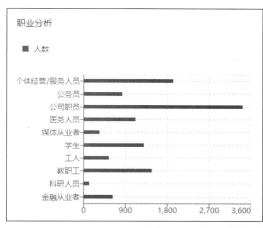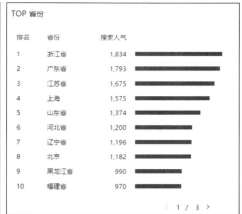

图 5-54　"职业分析"和"TOP 省份"页面

5.4　本章小结

本章介绍了运营过程中常用的数据分析平台，这些平台为运营人员提供了许多数据参考依据。数据是运营人员的眼睛，使用好数据分析平台非常重要。

5.5　习题

1. 用百度指数分析小红书平台。
2. 使用阿里指数分析包装行业。

第6章
运营诊断与复盘

运营诊断与复盘应用非常频繁，每周甚至每天都可能会用到。运营诊断是店铺运营人员必备的基本技能，运营人员要能够通过数据发现问题并找到产生问题的原因。复盘是定期对店铺运营人员工作效果的总结，是对工作过程的研究。

学习目标
- 掌握店铺诊断的方法。
- 能够对店铺阶段性的运营工作进行复盘。

6.1　店铺诊断

在运营的过程中，店铺的数据每时每刻都在变化。研究店铺数据的变化，有利于运营人员掌握运营规律，尽量满足店铺数据表现好的条件。店铺诊断常用的方法是杜邦分析法和相关性分析法。店铺诊断的数据主要为店铺的经营数据，也可以为市场行业的数据。

6.1.1　用杜邦分析法建模诊断

杜邦分析法特别适用于数据诊断，在电商领域应用广泛。杜邦分析法具有便捷、清晰的特点，可实时反映数据的情况，时间粒度可细化到小时，可帮助运营人员快速对店铺状态做出反应。

例6-1：某店铺发现业绩下滑，对比两个月的数据找出原因。

解：原始数据如表6-1所示，分别是店铺5月、6月的经营数据，在生意参谋的"取数"板块把月份作为时间粒度下载经营数据。

杜邦分析法建模

表6-1　　　　　　　　　　　　　店铺5月、6月经营数据

项目	5月	6月
支付金额/元	171697	29403
访客数/人	53596	10461
客单价/元/人	44.16	34.15
转化率	7.25%	8.23%
新访客数/人	48472	9407
老访客数/人	5124	1054

使用Excel计算6月的环比增幅，结果如表6-2所示。

表 6-2　　　　　　　　　　　　算出环比增幅后的店铺经营数据

项目	5 月	6 月	环比增幅
支付金额/元	171697	29403	−82.88%
访客数/人	53596	10461	−80.48%
客单价/元/人	44.16	34.15	−22.67%
转化率	7.25%	8.23%	13.52%
新访客数/人	48472	9407	−80.59%
老访客数/人	5124	1054	−79.43%

将数据按树状结构呈现出来，形成杜邦分析模型，如图 6-1 所示，可知支付金额的下跌主要是新访客数（拉新）环节出现了问题。

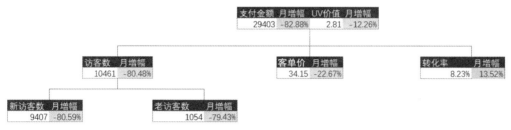

图 6-1　分析支付金额的杜邦分析模型

已知访客数这个数据存在问题后，需要从不同的视角观察访客数，从而找出出现问题的原因。将访客数的数据设计成杜邦分析模型，由图 6-2 可知付费流量下滑 54.57%。因为淘内免费是运营结果的反馈，所以排除淘内免费。付费流量是绝对值和相对幅度下降最严重的渠道，可推断是由于付费广告投放调整引起的连锁反应。从商品视角观察，大部分商品的月增幅都明显下降。

图 6-2　分析访客数的杜邦分析模型

通过杜邦分析法诊断店铺，能够更加清晰地观察到核心数据对问题的影响，可以让运营事半功倍。

例 6-2： 用 Excel 搭建具备自动刷新功能的杜邦分析模型。

解： 在 Excel 中可采用 Power Pivot 编辑器和数据透视表实现该模型。

由于此例的日期存在重复值，因此不能直接用事实表的日期字段作为日期表的字段，需要额外建立一张日历表，避免因为数据的重复导致模型出错。

（1）将数据导入数据模型（Power Pivot）。

打开工作簿"杜邦分析表源数据.xlsx"，如图 6-3 所示。

	A 统计日	B 访客	C 支付买家	D 客单	E 跳失	F 加购人	G 老访客
1							
2	2023/3/10	1,812	123	35.83	66.34%	173	153
3	2023/3/11	1,953	147	27.42	64.36%	204	143
4	2023/3/12	2,237	174	41.48	65.49%	204	188
5	2023/3/13	2,187	163	44.34	65.89%	208	186
6	2023/3/14	2,275	180	41.95	68.09%	200	200
7	2023/3/15	2,192	154	45.2	65.28%	198	163
8	2023/3/16	2,072	139	45.14	65.06%	173	195
9	2023/3/17	2,176	136	34.98	67.23%	187	181

图 6-3 "杜邦分析表源数据.xlsx"工作簿

选中 Excel 中的数据，单击【Power Pivot】选项卡中的【添加到数据模型】选项，如图 6-4 所示。

在弹出的【创建表】对话框中，勾选【我的表具有标题】选项，如图 6-5 所示，单击【确定】按钮进入 Power Pivot 编辑器。

图 6-4 单击【添加到数据模型】按钮

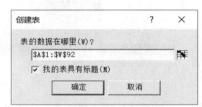

图 6-5 【创建表】对话框

同理，导入日历表，日历表是日期连续且唯一的特殊维度表。将日历表导入 Power Pivot 编辑器后，在 Power Pivot 编辑器的【设计】选项卡中，选择【标记为日期表】选项，如图 6-6 所示。

在【标记为日期表】下拉菜单中选择【标记为日期表】选项，如图 6-7 所示。

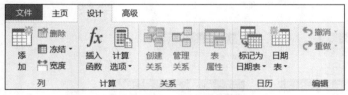

图 6-6 【标记为日期表】选项

图 6-7 【标记为日期表】下拉菜单

选择日期对应的字段名，注意此时选择的是日历表的统计日期，如图 6-8 所示。

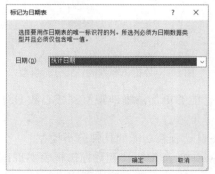

图 6-8 设置日期表的日期字段

（2）建立关系模型。

设置好日期表后，单击【开始】选项卡中的【关系图视图】按钮，如图 6-9 所示，进入关系图视图。

图 6-9 【开始】选项卡

在关系图视图中将日历表和事实表的统计日期连接（选中事实表的【统计日期】，按住鼠标左键不放，将其拖曳到日历表的【统计日期】上，松开鼠标左键），如图 6-10 所示。

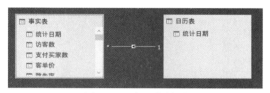

图 6-10 建立表关系

建立表关系后，单击【数据视图】按钮回到数据视图，如图 6-11 所示。

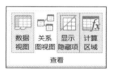

图 6-11 切换到数据视图

（3）计算度量值。

在度量值区域输入以下 3 个公式，计算度量值。

① 成交金额："=SUM([支付金额])"。

② 上个月的成交金额："=CALCULATE([成交金额],DATEADD("日历表" [统计日期],-1,MONTH))"。

③ 月增幅："=DIVIDE([成交金额]-[上个月的成交金额],[上个月的成交金额])"。

结果如图 6-12 所示。

（4）插入数据透视表。

计算度量值后，单击相应下拉按钮，选择【数据透视表】选项，如图 6-13 所示，创建数据透视表。

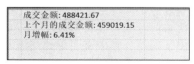

图 6-12 计算的度量值

图 6-13 创建数据透视表

将（3）中计算的度量值添加到数据透视表的值域，如图 6-14 所示。

（5）插入日程表。

选中数据透视表，在【数据透视表工具】的【分析】选项卡中，单击【插入日程表】按钮，如图 6-15 所示。

图 6-14　数据透视表字段设置　　　　　图 6-15　单击【插入日程表】按钮

在选择切片器字段时，切换到【全部】选项卡，勾选【日历表】下的【统计日期】字段，单击【确定】按钮，如图 6-16 所示。

设置完成后，就可以通过日程表控制统计的月份，分析时间数据的变化，如图 6-17 所示。

图 6-16　选择字段　　　　　　　　　　图 6-17　日程表效果

重复第三步和第四步操作，即可完成杜邦分析模型的构建。

6.1.2　用相关性分析法诊断

用相关性分析法诊断店铺最难的地方在于时间段的选择，要选择数据持续变化的时间段。相关性分析法具有滞后性，适合用于在问题发生后对问题进行研究。

例 6-3：表 6-3 所示为某店铺的经营数据，该店铺的流量（访客数）持续下降，通过数据找到问题并加以优化，数据采集自生意参谋的"取数"板块，把天作为时间粒度下载文件。

解：按 2.2.9 小节的步骤创建相关矩阵，如表 6-4 所示，与访客数的相关性大于 0.7 的有支付金额、支付买家数、支付子订单数、老访客数、新访客数、直通车消耗、正面评价数。其中，支付相关的数据和访客数有算术关系，可忽略不看，重点关注新访客数，二者相关性高达 0.99。新访客数和直通车消耗的相关性高达 0.94，可能是店铺拉新出了问题，其中直通车的调整可能是主要原因之一。正面评价数和访客数的相关性达到 0.71，也是强相关，应审视店铺的服务、消费者管理环节。老访客数和访客数的相关性达到 0.85，虽然也属于强相关，但老访客数和新访客数的相关性达 0.81，因此重点关注新访客数即可。

表 6-3　某店铺的经营数据

统计日期	访客数	平均停留时长	跳失率	支付金额	支付买家数	支付子订单数	支付件数	人均浏览量	支付转化率	客单价(元)	UV价值	老访客数	新访客数	直通车消耗	评价数	有图评价数	正面评价数	负面评价数	描述相符评分	物流服务评分	服务态度评分
2022/4/23	2430	45.89	66.71%	5651.03	136	197	578	2.26	5.60%	41.55	2.33	225	2205	733.69	52	0	25	2	4.89495	4.84539	4.85659
2022/4/24	2336	43.81	66.01%	6240.30	154	221	544	2.45	6.59%	40.52	2.67	258	2078	642.32	76	4	23	3	4.89385	4.84531	4.85688
2022/4/25	2131	48.22	66.59%	4966.40	142	194	484	2.22	6.66%	34.97	2.33	217	1914	597.95	56	2	25	6	4.89305	4.84499	4.85718
2022/4/26	2015	47.61	66.55%	4336.82	131	176	457	2.31	6.50%	33.11	2.15	209	1806	564.19	40	0	12	0	4.89292	4.84513	4.8573
2022/4/27	1987	43.96	66.73%	4158.20	115	158	349	2.32	5.79%	36.16	2.09	226	1761	555.25	51	1	14	1	4.89315	4.84587	4.85797
2022/4/28	1812	41.6	67.55%	3692.18	116	152	335	2.45	6.40%	31.83	2.04	194	1618	539.81	42	2	12	1	4.89456	4.8473	4.85889
2022/4/29	1529	36.11	67.63%	3985.40	90	136	348	2.5	5.89%	44.28	2.61	155	1374	449.31	44	2	12	1	4.89506	4.84615	4.85816
2022/4/30	1462	38.3	65.53%	2611.28	93	137	240	2.29	6.36%	28.08	1.79	160	1302	358.7	47	7	14	1	4.89366	4.84381	4.85667
2022/5/1	1592	36.67	66.08%	3171.58	111	159	277	2.47	6.97%	28.57	1.99	153	1439	449.31	59	2	11	1	4.89379	4.84574	4.85875
2022/5/2	1788	41.9	65.44%	4262.53	125	173	457	2.23	6.99%	34.1	2.38	152	1636	522.9	46	1	14	1	4.89499	4.84688	4.86072
2022/5/3	1878	41.94	66.83%	5178.19	131	184	530	2.25	6.98%	39.53	2.76	173	1705	501.68	54	0	13	1	4.89581	4.84687	4.86129
2022/5/4	1866	42.51	66.72%	4633.15	138	190	454	2.36	7.40%	33.57		189	1677	503.07	61	4	19	2	4.89597	4.84766	4.86202
2022/5/5	1861	39.44	67.92%	5824.28	119	173	624	2.14	6.39%	48.94	3.13	177	1684	547.36	37	2	19	2	4.89669	4.84797	4.86277
2022/5/6	1856	35.73	66.27%	5910.16	135	189	418	2.4	7.27%	43.78	3.18	186	1670	599.3	47	3	21	4	4.89764	4.84797	4.86337
2022/5/7	1878	44.64	65.65%	4922.19	130	181	452	2.42	6.92%	37.86	2.62	175	1703	570.13	52	4	18	1	4.89713	4.84698	4.86233
2022/5/8	1903	42.38	69.57%	4204.38	134	167	346	2.28	7.04%	31.38	2.21	163	1740	531.91	61	2	15	2	4.89591	4.84752	4.86108
2022/5/9	1793	45.1	65.92%	4881.11	133	183	449	2.33	7.42%	36.7	2.72	182	1611	495.09	46	3	18	2	4.89578	4.8458	4.85932

表 6-4 相关矩阵

	访客数	平均停留时长	跳失率	支付金额	支付买家数	支付子订单数	支付件数	人均浏览量	支付转化率	客单价/元	UV价值	老访客数	新访客数	直通车消耗	评价数	有图评价数	正面评价数	负面评价数	描述相符评分	物流服务评分	服务态度评分
访客数	1																				
平均停留时长	0.693387157	1																			
跳失率	0.041024404	-0.08321	1																		
支付金额	0.710078457	0.270174	0.02944	1																	
支付买家数	0.7906405	0.609583	-0.04803	0.73347	1																
支付子订单数	0.805343817	0.514766	-0.20923	0.831821	0.946492	1															
支付件数	0.68784316	0.438727	0.07602	0.87205	0.639064	0.748817	1														
人均浏览量	-0.023992156	-0.36037	-0.1379	-0.21754	-0.19154	-0.16354	-0.48609	1													
支付转化率	-0.23517565	-0.07144	-0.16316	0.090746	0.404952	0.30128	-0.01525	0.037503	1												
客单价	0.294177414	-0.14244	0.159327	0.7701	0.142339	0.316054	0.683702	-0.1312	-0.23597	1											
UV价值	0.162806215	-0.17782	0.049594	0.806817	0.358522	0.471889	0.653852	-0.11045	0.305352	0.8514	1										
老访客数	0.850083651	0.602372	-0.09378	0.53588	0.596758	0.637822	0.441526	0.00371	-0.3446	0.202929	0.029154	1									
新访客数	0.997506995	0.689925	0.058161	0.717386	0.798766	0.809605	0.705251	-0.2667	-0.2152	0.299761	0.177038	0.8108	1								
直通车消耗	0.93002144	0.529073	0.06163	0.761203	0.71683	0.737817	0.674723	-0.14447	-0.23935	0.441594	0.305945	0.728967	0.935961	1							
评价数	0.404565931	0.159087	-0.04731	0.214147	0.529574	0.540905	0.046882	0.266299	0.224846	-0.19415	-0.08124	0.387352	0.397737	0.224308	1						
有图评价数	-0.38191339	-0.302	-0.30985	-0.22873	-0.18094	-0.12329	-0.37333	0.26729	0.261062	-0.22791	-0.006845	-0.13764	-0.40602	-0.44002	0.222281	1					
正面评价数	0.709459295	0.384478	-0.12402	0.737945	0.66599	0.766473	0.62525	-0.26079	0.001434	0.428111	0.421985	0.590075	0.709436	0.705635	0.356186	0.128441	1				
负面评价数	0.399800146	0.162781	0.018461	0.498728	0.518802	0.535131	0.295771	-0.18043	0.196546	0.240981	0.350573	0.371222	0.394602	0.407461	0.334721	0.143806	0.784635	1			
描述相符评分	-0.13101696	-0.34483	0.170566	0.441044	0.154102	0.164196	0.291204	-0.01811	0.457456	0.504752	0.736776	-0.38105	-0.09456	0.078724	-0.14066	0.123447	0.184565	0.070228	1		
物流服务评分	-0.07824118	-0.29723	0.446106	0.339641	0.182635	0.088074	0.234651	-0.01625	0.405842	0.37135	0.57324	-0.28995	-0.04811	0.119075	-0.13232	-0.18574	-0.03885	0.010721	0.781113	1	
服务态度评分	-0.23523945	-0.33487	0.185443	0.306678	0.158616	0.102202	0.209388	-0.12018	0.607674	0.319873	0.638696	-0.44986	-0.20117	-0.06104	-0.14955	0.030241	-0.02056	0.026946	0.871886	0.892814	1

6.2　店铺复盘

复盘和总结不同，总结是得出结论，而复盘是一种学习过程，后续还需要提升并反馈。总结更多的是各自做各自的总结，复盘更多的是以团队为单位，以学习提升为导向。

网店的复盘从时间维度来看，粒度分为年、季、月、周、天。复盘几乎是每天都要做的事情，小到每日复盘，大到年度总结。而复盘最不能缺的就是数据，因为数据是客观事实的反映，更是运营人员的眼睛。尊重数据的客观事实是运营人员的基本素养。

网店的复盘从内容维度来看，可分为全面复盘、针对某个问题或者某个事件的复盘。全面复盘是通过多视角的分析，把事物看清楚；针对某个问题或者某个事件的复盘则要具体问题具体分析，旨在还原过程。

实现数据洞察需要整理数据和展现数据的技术功底，只有拥有良好的功底才可以制作出优秀的复盘报告。

6.2.1　复盘的步骤

复盘按以下 8 个步骤进行。

（1）回顾目标。

回顾复盘的目标或期望的结果，将目标明确地展现在团队所有人的面前。

（2）对比结果。

这个环节主要的工作是进行数据分析，将目标和结果进行对比，找到两者之间的差别，有以下 5 种可能产生的情况：

① 结果和目标一致，完成情况达到了所设定的目标；

② 结果超越目标，完成情况比设定的目标还好；

③ 结果不如目标，完成情况比设定的目标要差；

④ 结果中出现了目标中没有的项目，该项目是在分析过程中新添的；

⑤ 目标中有某个项目，但是结果中却没有该项目的完成情况，结果为 0。这也可以视为结果不如目标，但是出现这种情况的原因是根本没有行动，这与行动了却没有达到期望值不同。

对比结果的目的不是发现差距，而是发现问题。重点不是关注差距有多大，而是找到出现差距的原因。试着去提出疑问：为什么会有这样的差距？

（3）叙述过程。

叙述过程的目的是让参与复盘的所有人员都知道事件的过程，了解所有的细节，这样才能有共同讨论的基础，不会在信息层面上浪费时间。

（4）自我剖析。

自我剖析是一个自我成长的机会，对自己做过的事情进行反思和分析，通过数据报表看看有哪些问题或者成绩，并试着去找出原因、发现规律，以更好地优化运营策略。

（5）众人设问。

让复盘参与者针对某个人的剖析提出问题，旨在让对方有更全面的思考，突破个人见识的局限。设问要多探索可能性，考察每一种可能性的条件及其边界。当这些可能性被探讨清楚了，问题基本上也就清晰了。

（6）总结规律。

总结规律是复盘最重要的环节，上面所有的步骤都是为了得出一般性的规律，形成符合真相的认识。检验总结规律得出的结论是否正确的最好方法是实践。但是，进入实践阶段，则表示复盘工作已经结束，它不是在复盘时就能确定的。

（7）案例佐证。

为了验证规律的可信度，还应该用其他案例进行佐证。佐证应该选择同类型的、同行业的案例，不能选取与所复盘的事件无关的案例。

（8）复盘归档。

归档是指将复盘得到的认识转化成知识，更加方便传播和查阅，这让没有参与复盘的人也能掌握复盘得出的规律和结论，还可以让新人学习和参考，少走弯路。

6.2.2　全店复盘案例

全店数据复盘是复盘中的一个环节，从 5 个不同的视角观察数据：全店视角、流量渠道视角、品类视角、价格视角、单品视角。

复盘过程中使用的分析方法主要是对比法和拆分法。

例 6-4：对全店的运营情况进行复盘，利用全方位的视角还原运营过程。

以月为时间粒度，选取 2022 年 4 月到 2023 年 4 月共计 13 个月的数据。分析时必须选择连续的数据，因为通过连续的数据才可洞察事物的规律。

（1）全店视角。

首先是全店的核心指标，还原店铺的整体发展过程，如图 6-18 所示，图中有底色的单元格代表每个关系中数据表现最好的两个月。从趋势图中不难发现店铺的数据并不乐观，几乎都是持续下滑的趋势。此时，可想办法找到问题根源，不管是否来得及补救，都有必要了解是什么原因导致的。能补救固然好，补救不了也要提防下一次继续犯错。

日期	趋势	2022年4月	2022年5月	2022年6月	2022年7月	2022年8月	2022年9月	2022年10月	2022年11月	2022年12月	2023年1月	2023年2月	2023年3月	2023年4月
访客数		3033926	2047659	1761571	1945779	1670625	1894415	1572424	935117	1354137	1112965	1313653	1195385	
支付金额		5994545	6425492	6409239	5305479	3691867	4730459	4835552	4374195	3707076	2962393	1267290	3956692	3582129
支付件数		25405	26524	25310	20421	14131	18095	15698	16825	10362	4522	14584	13493	
下单金额		7858462	8575275	8561456	6801683	4742198	5909849	6016723	5508101	4608445	3783340	1765682	4999588	4515126
下单件数		32528	33267	31759	25811	17944	22265	19322	20234	16508	12941	6137	18050	16774
支付转化率		0.54%	0.81%	0.68%	0.56%	0.64%	0.66%	1.24%	0.87%	0.71%	0.74%			
支付子订单数		25180	26378	25076	20346	14025	17947	15546	16610	13488	10325	4506	14473	13359
支付买家数		16390	16541	15729	13267	9278	12182	10395	11611	9322	7398	3125	9361	8859
下单转化率		0.63%	0.92%	1.02%	0.79%	0.65%	0.73%	0.75%	1.36%	0.98%	0.63%	0.31%	0.81%	0.86%
下单-支付转化率		85.39%	87.38%	87.69%	86.68%	85.96%	87.67%	87.66%	91.02%	89.63%	86.10%	78.98%	87.73%	86.24%
退款率		48.95%	48.29%	52.38%	63.35%	49.87%	47.76%	36.56%	31.34%	42.72%	59.14%	45.91%	44.44%	52.17%
成功退货退款金额		2934393	3102917	3357226	3360866	1841245	2259206	1768033	1370689	1583665	1751869	581790	1758377	1869034
客单价		366	388	407	400	398	388	465	377	398	400	406	423	404
件单价		309	323	338	333	336	327	383	327	338	365	390	343	335
客单件		2	2	2	2	1	2	1	2	1	1	1	2	2
淘宝客佣金		61445	50274	29384	33384	27141	25974	30543	52137	39014	34887	12753	20527	28702
钻石展位消耗		53986	111262	152012	83944	65076	105267	20060	52223	24259	0			
直通车消耗		272716	228803	165077	175023	216451	219851	219431	221235	231288	222952	106102	149934	251130

（左侧纵栏自上而下为：交易关系、单价关系、推广关系）

图 6-18　全店核心指标变化

访客数的变化如图 6-19 所示，可发现 4 月同比下滑超过 60%，店铺的运作情况很不乐观。

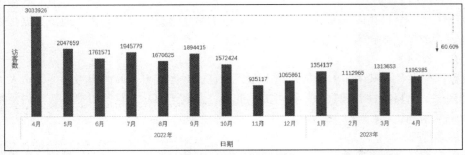

图 6-19　访客数的变化

（2）流量渠道视角。

流量来源渠道数据如图 6-20 所示，该图还原了流量的变化过程，可发现流量从 2022 年 8 月起开始下滑。

流量来源	2022年								2023年				总计	占比
	5月	6月	7月	8月	9月	10月	11月	12月	1月	2月	3月	4月		
直通车	6230	18996	31687	12372	3976	13278	10046	9158	15907	6944	17787	17205	163586	16.04%
淘宝站内其他	18909	21709	18565	15046	17728	13857	7400	6137	3827	2868	5326	4412	135784	13.32%
淘宝搜索	12044	13443	10555	7168	9053	9769	7241	11491	13399	7254	20682	9345	131444	12.89%
智钻	25142	39079	18456	10687	7844	1184	2194	2112	0	0	0	0	106698	10.46%
直接访问	16365	11027	8994	6337	6218	5728	5598	4574	5938	4320	7604	6026	88729	8.70%
购物车	13639	12927	9780	7162	7353	7678	7188	5090	4333	2444	4763	3979	86336	8.47%
店铺收藏	10711	9691	7695	7214	7591	7618	7271	5344	4511	2700	5827	4962	81135	7.96%
宝贝收藏	11446	9790	7800	6384	6051	5723	5197	3421	4510	3268	5421	3694	72705	7.13%
淘宝首页	6869	6483	5209	3925	3894	5291	2387	1872	3024	3270	5012	4371	51607	5.06%
淘宝客	6282	5202	4870	2089	2212	3071	2303	1853	1986	1484	2434	1456	35242	3.46%
聚划算	16195	6	9	5	3	4	625	344	1	1	1067	1	18261	1.79%
淘宝其他店铺	1997	1978	4645	1068	1272	1181	741	543	651	645	1313	1186	17220	1.69%
淘金币	538	1402	613	693	2236	1273	0	11	58	1	1		6826	0.67%
淘宝足迹	1349	1251	1046	712	661	530	478	138	158	71	161	111	6666	0.65%
我的淘宝首页	590	697	698	389	222	461	331	264	51	10	15	13	4001	0.39%
淘外流量其他	614	477	306	243	274	245	233	180	242	140	792	183	3929	0.39%
已买到商品	294	267	186	104	110	124	374	386	443	258	380	470	3396	0.33%
爱淘宝	255	525	698	280	94	289	149	136	233	118	317	230	3324	0.33%
淘宝海外	236	156	123	125	148	150	89	52	74	103	133	103	1492	0.15%
淘宝类目	1	2	147	262	169	104	41	51	117	103	254	150	1401	0.14%
总计	149706	155108	132082	82265	77369	77558	59886	53157	59463	36002	79289	57897	1019782	100%

图 6-20　流量来源渠道数据

（3）品类视角。

由图 6-21 可知该店铺的核心品类是连衣裙，其次是套装，下一步可重点分析这两个品类。

类目	宝贝数	ID平均销量	ID成交均价	支付金额	支付件数	销量占比	销售占比
连衣裙	3015	9	316	6917458	28088	49.41%	55.84%
套装	674	10	328	1714632	6833	12.02%	14.10%
衬衫	611	14	230	1404994	8535	15.01%	12.35%
西装	85	54	229	812557	4593	8.08%	6.60%
裤子	279	11	174	433416	3042	5.35%	3.33%
半身裙	126	19	218	435006	2426	4.27%	3.32%
毛针织衫	220	8	189	251989	1712	3.01%	2.03%
风衣	115	4	355	126713	430	0.76%	0.96%
短外套	97	3	303	70305	279	0.49%	0.53%
T恤	59	11	125	69451	656	1.15%	0.52%
卫衣	16	10	204	26259	154	0.27%	0.20%
低帮鞋	35	2	318	18138	72	0.13%	0.14%
马甲	15	2	482	8363	23	0.04%	0.07%
牛仔裤	13	0	216	1082	5	0.01%	0.01%
共计	5360	157	3687	12290363	56848	100.00%	100.00%

图 6-21　类目数据统计

品类流量变化趋势如图 6-22 所示，全店大多数品类的流量都在 2022 年 11 月、12 月开始下滑，所以不会是某个品类出现了问题而导致店铺流量异常下降。

图 6-23 所示为店铺各品类的商品 ID 数量趋势，还原了各品类的发展过程。可以看出连衣裙的商品 ID 数量同比增长将近 3000%，套装的商品 ID 数量同比增长 8400%。

（4）价格视角。

各品类的价格区间如图 6-24 所示，价格区间跨度太大，不利于消费者选购。以连衣裙为例，价格区间在 60～700 元及 700 元以上。

子类目	柱形图	2022年									2023年				总计
		4月	5月	6月	7月	8月	9月	10月	11月	12月	1月	2月	3月	4月	
T恤		0	1185	4251	3648	2506	948	433	677	646	3167	3524	10545	20222	51752
半身裙		21205	81208	64314	29088	10593	7780	2612	796	4562	10585	13353	62357	95140	403593
衬衫		5328	11792	40566	37357	47202	209898	71074	23276	56142	300965	379256	484244	254835	1921935
低帮鞋		856	5222	1423	1034	785	421	176	48	114	2156	1457	2594	1382	17668
短外套		1384	1071	1075	2061	5466	4646	3492	1729	507	178	990	13032	18389	54020
风衣		0	0	22	4577	55790	20267	6445	2178	1089	1873	3156	14118	25079	134572
裤子		566	8362	17581	29390	12397	28691	37017	13671	9261	37271	28711	59480	94611	377009
连衣裙		40267	68120	117885	192464	349780	520655	837802	508403	385261	905403	1112184	1702558	1176052	7916834
马甲		0	0	0	0	0	5452	5729	805	300	5	2	779	818	13890
毛针织衫		0	0	0	1300	18414	33019	27846	23899	28619	17264	7396	12471	14456	184684
牛仔裤		538	280	253	290	284	151	151	67	90	124	80	193	98	2599
套装		23311	62224	126462	123659	132006	222230	120102	51408	38443	77120	52580	211855	671552	1912952
卫衣		0	0	0	0	0	1783	794	141	1609	3551	3645	3934	2745	18202
西装		0	0	0	490	2635	4370	2402	798	1378	6625	13986	124143	551112	707939
总计		93455	239464	373810	425358	637858	1060311	1116075	627896	528021	1396287	1620320	2702303	2926491	13717649

图 6-22　品类流量变化趋势

子类目	柱形图	2022年									2023年				总计
		4月	5月	6月	7月	8月	9月	10月	11月	12月	1月	2月	3月	4月	
连衣裙		22	32	41	96	158	172	187	189	230	330	383	538	637	3015
套装		2	8	9	15	30	40	46	51	54	60	74	115	170	674
衬衫		5	7	8	12	18	20	23	24	43	82	93	129	147	611
裤子		1	2	6	6	11	15	17	16	23	33	33	47	65	279
毛针织衫		0	0	0	2	12	19	22	23	23	25	25	34	35	220
半身裙		4	4	4	4	4	6	6	7	9	14	16	20	28	126
风衣		0	0	0	4	10	11	11	11	11	11	9	17	20	115
短外套		0	0	0	4	6	7	8	7	7	7	8	17	19	97
西装		0	0	0	2	4	4	4	4	4	10	11	18	24	85
T恤		0	1	1	2	3	3	4	4	4	6	7	10	15	59
低帮鞋		2	2	2	2	2	2	2	2	2	2	4	5	5	35
卫衣		0	0	0	0	0	2	2	2	1	2	2	3	4	16
马甲		0	0	0	0	0	2	2	2	2	2	2	2	1	15
牛仔裤		1	1	1	1	1	1	1	1	1	1	1	1	1	13
总计		38	63	74	149	257	303	333	342	419	587	667	956	1172	5360

图 6-23　店铺各品类的商品 ID 数量趋势

行标签	0/20	20/40	40/60	60/80	80/100	100/120	120/140	140/160	160/180	180/200	200/220	220/240	240/260	260/280	280/300	300/320	320/340	340/360	360/380	380/400	400/420	420/440	440/460	460/480	480/500	500/520	520/540	540/560	560/580	580/600	600/620	620/640	640/660	660/680	680/700	>700	总计
T恤					252		48	227		7			3	8		2	11																				558
半身裙				27	7		145	193	106	11	1	953	456	39	7		38	11		19																	2013
衬衫				75	219	18	101	1337	448	1854	81	633	957	266	382	75	53	112	74	35	5	9	51											1			6786
低帮鞋					5							31			1						9	4		2	3	3											58
短外套								2	10		45	36	11	10	8	30	9	14	8	3	6	4															235
风衣										1	18	29	1	18	10	72	101	21	4	21	8		29	6	1	17				1						8	358
裤子		252	137	77	6		46	949	137	344	106	70	196	45	72	17	31	32	36				5													8	2567
连衣裙				164	1	26	3	14	6	565	579	847	5145	3044	2872	1865	964	747	906	624	541	370	962	917	357	206	136	126	73	38	14	22	34	3		32	22205
马甲													7	6									6														19
毛针织衫					73		6	160	710	274	23	175	13																								1434
牛仔裤								4	1																												5
套装										2	1	19	45	50	505	805	1130	1022	378	318	145	98	275	25	17	11	231	113	57	10	1	37	22	2	12	102	5434
卫衣									96			14		16										3													129
西装										1076	179	576	1671	15	24	2	1	9	6	7	1		7	1													3574
总计	0	252	137	343	558	44	351	2886	1524	4192	1041	3826	3318	4631	4420	2347	1487	1165	1180	977	608	420	1059	1167	476	281	146	126	74	75	38	24	46	3	3	150	45375

图 6-24　各品类的价格区间（单位：元）

（5）单品视角。

如图 6-25 所示的商品的份额变化趋势可以发现，9 月、10 月换季时，商家没有把握好运营节奏，出现了换季断层的情况。这是表面的原因，至于是什么具体原因导致换季断层，可从运营日志中查找。

季节	商品ID	迷你柱形图	2022年								2023年				总计
			5月	6月	7月	8月	9月	10月	11月	12月	1月	2月	3月	4月	
夏	551435		0.26%	5.80%	6.60%	2.33%	0.23%	0.03%	0.00%	0.00%	0.00%	0.02%	0.09%	0.16%	15.51%
春	565828		0.00%	0.00%	0.00%	0.00%	0.00%	0.00%	0.00%	0.00%	0.00%	0.00%	0.77%	12.61%	13.38%
秋	554036		0.00%	0.00%	7.01%	2.54%	0.10%	0.02%	0.00%	0.00%	0.00%	0.01%	0.12%	0.06%	9.88%
秋	557161		0.00%	0.00%	0.00%	1.22%	3.82%	0.72%	0.19%	0.18%	0.19%	0.21%	0.35%	0.37%	7.24%
秋	566554		0.00%	0.00%	0.00%	2.43%	3.60%	0.85%	0.08%	0.02%	0.00%	0.02%	0.04%	0.04%	7.05%
夏	549165		3.02%	0.92%	0.32%	0.29%	0.07%	0.02%	0.00%	0.00%	0.00%	0.02%	0.13%	0.21%	5.01%
夏	551132		0.17%	1.54%	0.86%	0.39%	0.25%	0.01%	0.01%	0.01%	0.00%	0.02%	0.02%	0.05%	3.35%
春	565829		0.00%	0.00%	0.00%	0.00%	0.00%	0.00%	0.00%	0.00%	0.00%	0.00%	0.95%	2.24%	3.18%
春	567929		0.00%	0.00%	0.00%	0.00%	0.00%	0.00%	0.00%	0.00%	0.00%	0.00%	0.00%	3.12%	3.12%
春	562939		0.00%	0.00%	0.00%	0.00%	0.00%	0.00%	0.00%	0.43%	2.34%	0.15%	0.04%	0.02%	2.99%
春	563530		0.00%	0.00%	0.00%	0.00%	0.00%	0.00%	0.00%	0.00%	0.70%	0.63%	1.14%	0.46%	2.94%
春	564902		0.00%	0.00%	0.00%	0.00%	0.00%	0.00%	0.00%	0.00%	0.00%	0.22%	1.53%	1.05%	2.80%
春	566251		0.00%	0.00%	0.00%	0.00%	0.00%	0.00%	0.00%	0.00%	0.00%	0.00%	0.42%	2.37%	2.79%
冬春	559458		0.00%	0.00%	0.00%	0.00%	0.00%	0.50%	0.34%	0.39%	0.48%	0.53%	0.17%	0.05%	2.47%
春	564938		0.00%	0.00%	0.00%	0.00%	0.00%	0.00%	0.00%	0.00%	0.00%	0.14%	0.58%	1.15%	1.86%
秋	557747		0.00%	0.00%	0.00%	0.00%	1.05%	0.51%	0.08%	0.02%	0.00%	0.00%	0.00%	0.04%	1.74%
春	567109		0.00%	0.00%	0.00%	0.00%	0.00%	0.00%	0.00%	0.00%	0.00%	0.00%	1.63%	0.00%	1.63%
春	567045		0.00%	0.00%	0.00%	0.00%	0.00%	0.00%	0.00%	0.00%	0.00%	0.00%	0.00%	1.47%	1.47%
秋	557514		0.00%	0.00%	0.00%	0.00%	0.24%	0.59%	0.24%	0.06%	0.00%	0.00%	0.02%	0.05%	1.23%
夏	551649		0.24%	0.32%	0.19%	0.09%	0.06%	0.00%	0.00%	0.00%	0.00%	0.01%	0.11%	0.18%	1.22%
夏	556599		0.00%	0.00%	0.72%	0.00%	0.24%	0.07%	0.02%	0.00%	0.00%	0.00%	0.00%	0.00%	1.10%
春	564997		0.00%	0.00%	0.00%	0.00%	0.00%	0.00%	0.00%	0.00%	0.00%	0.03%	0.50%	0.55%	1.08%
春	564945		0.00%	0.00%	0.00%	0.00%	0.00%	0.00%	0.00%	0.00%	0.00%	0.17%	0.55%	0.28%	0.99%
春	566253		0.00%	0.00%	0.00%	0.00%	0.00%	0.00%	0.00%	0.00%	0.00%	0.00%	0.14%	0.84%	0.98%
春	565683		0.00%	0.00%	0.00%	0.00%	0.00%	0.00%	0.00%	0.00%	0.00%	0.00%	0.43%	0.47%	0.91%
春	567889		0.00%	0.00%	0.00%	0.00%	0.00%	0.00%	0.00%	0.00%	0.00%	0.00%	0.00%	0.87%	0.87%
秋	557889		0.00%	0.00%	0.00%	0.02%	0.48%	0.18%	0.04%	0.01%	0.00%	0.00%	0.00%	0.00%	0.84%
春	565899		0.00%	0.00%	0.00%	0.00%	0.00%	0.00%	0.00%	0.00%	0.00%	0.21%	0.62%	0.00%	0.82%
春	566463		0.00%	0.00%	0.00%	0.00%	0.00%	0.00%	0.00%	0.00%	0.00%	0.16%	0.64%	0.00%	0.80%
秋	557545		0.00%	0.00%	0.00%	0.13%	0.27%	0.17%	0.01%	0.04%	0.00%	0.00%	0.00%	0.00%	0.75%
总计			3.70%	8.59%	14.98%	10.41%	10.74%	3.33%	0.92%	1.14%	3.73%	2.16%	8.50%	31.75%	100.00%

图 6-25　商品的份额变化趋势

运营日志是文本、图片数据，如果数据量很大，可通过技术对这类数据进行分析，看究竟是运营失误还是客观原因。

找到原因之后，就需要寻找解决问题的方案。团队首先要认可问题，然后通过集体的智慧共同解决问题。

6.2.3　利润与投产比复盘案例

利润与投产比复盘是复盘中的一个环节，是从赚钱的商业角度观察事件，从而发现问题。

例 6-5：对店铺近期运营的利润和投产比展开数据复盘。

解：（1）12 月毛利增幅突破 30%，超额完成目标。

2022 年 12 月店铺毛利相较于 11 月增长 32.08%，如图 6-26 所示；去除"双十一"与"双十二"的购物狂欢节对毛利的影响后，12 月毛利增幅为 65.5%，如图 6-27 所示。将毛利均摊到每天（剔除"双十一""双十二"），11 月毛利为 978.62 元/天，12 月毛利为 1565.7 元/天，12 月毛利相较 11 月毛利增长显著。

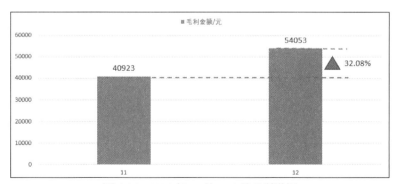

图 6-26　2022 年 11 月—12 月毛利增幅

（2）12 月净利润增幅为交易额增幅的 10 倍以上。

2022 年 12 月店铺交易额相较 11 月增幅为 6.38%，如图 6-28 所示；2022 年 12 月店铺净利润相较 11 月增幅为 70.62%，如图 6-29 所示。综合净利润与交易额分析，店铺 11 月净利润率为 7.6%、12 月净利润率为 12.2%，12 月净利润率相较 11 月增长显著。

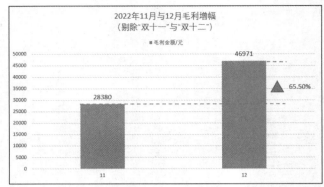

图 6-27 剔除"双十一""双十二"活动当天的毛利

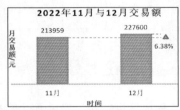

图 6-28 11 月与 12 月交易额

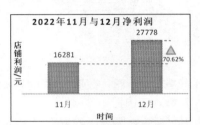

图 6-29 11 月与 12 月净利润

（3）12 月投资收益率涨至 0.88。

　　11 月和 12 月的投资收益对比如表 6-5 所示。2022 年 12 月店铺月平均客单价为 214.24 元，相较 11 月增长 13.15%；12 月投资收益率为 0.88，相较 11 月增长 252.00%，增长迅速。

表 6-5　　　　　　　　　　　　　11 月和 12 月的投资收益对比

项目	2022 年 11 月	2022 年 12 月
月平均客单价	189.35 元	214.24 元
投资收益率（ROI）	0.25	0.88
客单价增幅	—	13.15%
ROI 增幅	—	252%

6.3　本章小结

　　本章介绍了店铺诊断和店铺复盘的方法。店铺诊断的难点在于建模，建模成功后将节约许多时间。店铺复盘的难点是复盘的实际流程，落地层面需要团队积极参与。

6.4　习题

　　1. 使用杜邦分析法诊断店铺数据（文件为"6.4 习题 1.xlsx"）。
　　2. 使用相关性分析法诊断店铺数据（文件为"6.4 习题 1.xlsx"）。

第7章
宏观市场分析

市场分析是非常重要的一个环节，是做策划、定位的前道工序。决策者只有了解市场，才能做出准确、有效的决策。市场分析至少需要近两年的数据，如果太少则难以全面且准确地对市场做出预判。

本章介绍宏观市场分析，包含市场容量分析和市场趋势分析两个部分。

学习目标

- 掌握市场容量分析的思路和方法。
- 能通过市场趋势分析运营节奏。
- 能预测市场的发展趋势。

7.1　市场容量分析

市场容量也称为市场规模，是指某个市场在统计期间的需求总价值。市场容量分析是对市场规模的分析和判断，市场规模决定了企业发展的"天花板"。

市场容量分析

7.1.1　市场容量分析思路

市场容量的大小决定了市场的规模瓶颈，正常来讲市场容量越大规模瓶颈越大，分析时可用市场容量和头部企业来确定市场规模瓶颈。

举例：淘宝网某市场的规模是 10 亿元，那么对该市场内的店铺来讲，最大的容量便是 10 亿元，但从市场经济来讲是不可能的。假设市场由 20 家店铺瓜分 80%的份额，那么这 20 家店铺的规模瓶颈可能在 4000 万元左右。也可以将市场占有率第一的企业份额作为规模瓶颈，假设业内第一企业的规模是 6000 万元，那么 6000 万元就是当前市场的规模瓶颈。

分析时还可从多个指标来描述市场容量，比如销售额、流量、销售件数等。市场容量是评判行业的一个维度，但在分析时要注意不能单纯认为市场容量越大越好，市场容量的大小只是一种现状，选择市场或确定市场策略还需要结合企业的内外因素。

一般可以认为市场容量越大相对市场竞争就越大，需要的市场预算也就越多；市场容量越小相对市场竞争就越小，需要的市场预算也就越少。实力雄厚的企业应该选择市场容量大的市场，实力不足或新兴企业应选择市场容量相对较小的市场。

7.1.2　市场容量汇总

使用分组法汇总市场数据，可以帮助企业快速发现数据的特征。

例 7-1： 表 7-1 所示为利用生意参谋采集的运动服行业 2020—2022 年的市场数据，采集路径为【生意参谋】→【市场】→【行业大盘】，使用 Excel 汇总数据研究市场规模。

表 7-1 　　　　　　　　　　　　　　　　运动服行业数据

一级类目	二级类目	时间	成交金额/元	访客数/人	搜索人数/人
运动服/休闲服装	健身服装	2020/1/1	36911646	7061818	1721332
……	……	……	……	……	……
运动服/休闲服装	健身服装	2022/12/1	417274702	58199182.79	12550236
运动服/休闲服装	运动 POLO 衫	2020/1/1	3199318	1594406.037	200262
……	……	……	……	……	……

解： 创建数据透视表。选中 Excel 中的数据，在【插入】选项卡中单击【数据透视表】按钮，在弹出的【创建数据透视表】对话框中检查设置，若引用的数据是表格形式则无须检查。此处引用的数据是区域形式，所以需要检查区域范围是否正确，检查完毕后单击【确定】按钮，如图 7-1 所示。

图 7-1 　【创建数据透视表】对话框

设置数据透视表。在新建的数据透视表中设置字段，【行】设置为【二级类目】，【值】设置为【求和项:成交金额】【求和项:访客数】和【求和项:搜索人数】3 个字段，如图 7-2 所示。

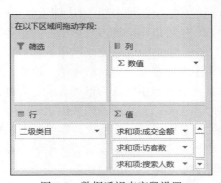

图 7-2 　数据透视表字段设置

汇总的类目数据如表 7-2 所示。完成对类目数据的汇总后，可以观察到运动裤、运动套装、运动 T 恤是一级类目下规模（成交金额）最大的二级类目。

表 7-2　　　　　　　　　　　　　　　汇总的类目数据

类目名称	成交金额/元	访客数/人	搜索人数/人
运动毛衣/线衫	179997033	59216904	9744993
运动马甲	484625658	131919075	26772136
运动球服	560760377	141104048	36683077
运动裙	746352241	219629695	46578966
运动 POLO 衫	811469140	214241982	37815355
运动风衣	868936827	317668539	69775322
运动内衣	1187649747	304726147	55652982
运动棉衣	1643226568	354046266	83589699
运动卫衣/套头衫	6191437958	1511147311	339615158
运动羽绒服	6426301916	777784166	223861335
健身服装	7992081278	1535044334	350444129
运动夹克/外套	10483607901	2109855081	539648894
运动 T 恤	14755391564	2946317927	731557767
运动套装	18896126707	2316398064	815678729
运动裤	24729732958	4036919024	1025469286
总计	95957697872	16976018563	4392887829

7.1.3　市场容量分析可视化

分析市场容量时，最终可呈现的可视化结果有饼图、环形图、柱形图、树状图等。

1. 饼图

饼图常用于统计学模块，在数据分析中常用于表达整体的一部分，在反映数据占比时应用广泛。饼图不属于坐标系图形，因为饼图并没有 x 轴和 y 轴，画出饼图仅需要一个维度字段和一个指标字段或度量值。

在 Excel 中制作饼图的操作步骤如下。

打开数据透视表（见表 7-2），选中数据透视表后，在【插入】选项卡中单击【饼图】按钮，如图 7-3 所示。

图 7-3　单击【饼图】按钮

在弹出的下拉菜单中选择【二维饼图】中的第一个饼图，即标准饼图，如图 7-4 所示。

数据透视表中有 3 个指标字段，但饼图只需一个指标字段，因此会默认只使用第一个指标字段，得到的效果如图 7-5 所示。饼图按照【成交金额】字段的占比进行划分，类别显得非常混乱，下面将使用排序法和图注提升饼图的阅读效果。

在数据透视表对应的【成交金额】字段中单击鼠标右键，在弹出的快捷菜单中选择【排序】→【升序】命令，如图 7-6 所示。

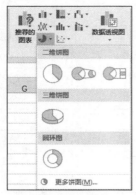

图 7-4　选择标准饼图

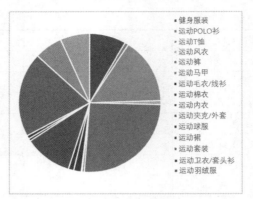

图 7-5　创建的饼图

图 7-6　选择【排序】→【升序】命令

设置好升序后，在图形上单击鼠标右键，在弹出的快捷菜单中选择【添加数据标签】→【添加数据标签】命令，如图 7-7 所示。

图 7-7　选择【添加数据标签】→【添加数据标签】命令

添加完数据标签后，在数据标签上单击鼠标右键，在弹出的快捷菜单中选择【设置数据标签格式】命令，将标签设置成【类别名称】和【百分比】，如图 7-8 所示。

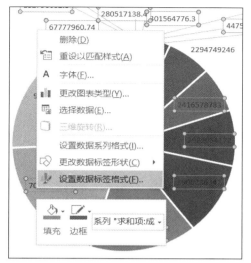

图 7-8　设置数据标签格式

设置好的饼图如图 7-9 所示，阅读效果相比设置前提高了许多。从图 7-9 中可以直观地看到 2020—2022 年运动裤、运动套装和运动 T 恤的市场规模占比较大（注：有时会看到 0% 的占比是因为进行了四舍五入，如果应用场景对数值有要求，可以设置标签的类型及小数点位数）。

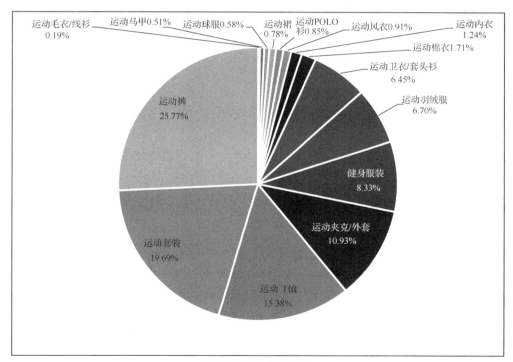

图 7-9　设置好的饼图

2. 环形图

环形图又称为圆环图，环形图是由两个及两个以上大小不一的饼图叠在一起，再挖去中间部分构成的图形。选择【圆环图】选项即可创建圆环图，如图 7-10 所示。

创建好的圆环图如图 7-11 所示，由内至外的 3 环分别是成交金额、访客数和搜索人数。虽然圆环图突破了饼图只能展现一个指标的限制，但从阅读角度来看，会因为指标过多而造成困扰。

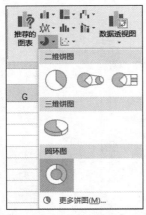

图 7-10　选择【圆环图】选项

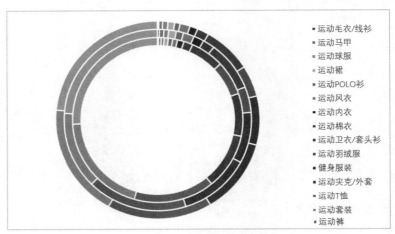

图 7-11　创建好的圆环图

右侧图例：
- 运动毛衣/线衫
- 运动马甲
- 运动球服
- 运动裙
- 运动POLO衫
- 运动风衣
- 运动内衣
- 运动棉衣
- 运动卫衣/套头衫
- 运动羽绒服
- 健身服装
- 运动夹克/外套
- 运动T恤
- 运动套装
- 运动裤

3. 柱形图

柱形图又称长条图、柱状图、条图、条形图、棒形图，是一种以矩形的长度为变量的统计图表。柱形图能用来比较两个或两个以上的数值（不同时间或者不同条件），它只有一个变量，通常用于较小数据集的分析。柱形图亦可横向排列，或用多维方式展现。单击【柱形图】按钮，如图 7-12 所示。

在弹出的下拉菜单中选择【二维柱形图】中的第一个簇状柱形图，即标准柱形图，如图 7-13 所示。

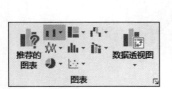

图 7-12　单击【柱形图】按钮

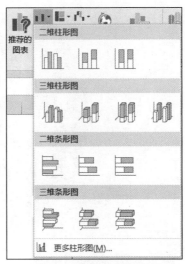

图 7-13　选择标准柱形图

创建的标准柱形图如图 7-14 所示。尽管柱形图可以支持多个指标或者度量，但由于指标的量纲不同，因此进行可视化之前需考虑量纲问题。在量纲差距较大的情况下，如果一定要在一个图形空间中展示数据，可使用数据归一化方法或熵值法处理数据。

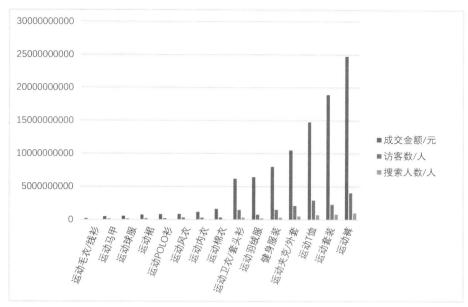

图 7-14　创建的标准柱形图

如果只是展示一个指标或者度量，柱形图的效果更佳，如图 7-15 所示。柱形图是有坐标轴的图形，y 轴显示的坐标轴标签采用科学记数法，"1E+09"表示将 1.0 的小数点向右移动 9 位，即 10 亿。

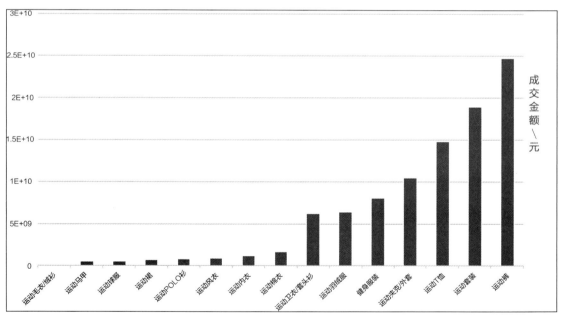

图 7-15　某指标的标准柱形图

4. 树状图

树状图亦称树枝状图。树状图以数据树的形式表示，以父子层次结构来组织对象，是对比规模最直观的图形。在 Excel 中，树状图不能在数据透视表中创建，但支持多个维度单个指标。

将数据从数据透视表复制到单元格区域中，如表 7-3 所示。

表 7-3　　　　　　　　　　　　　　　各类目的成交金额

类目名称	成交金额/元
运动毛衣/线衫	179997038
运动马甲	484625658
运动球服	560760377
运动裙	746352241
运动 POLO 衫	811469140
运动风衣	868936827
运动内衣	1187649747
运动棉衣	1643226568
运动卫衣/套头衫	6191437958
运动羽绒服	6426301916
健身服装	7992081278
运动夹克/外套	10483607901
运动 T 恤	14755391564
运动套装	18896126707
运动裤	24729732958

选中数据，单击【树状图】按钮，如图 7-16 所示。

在弹出的下拉菜单中选择【树状图】中的第一个选项，如图 7-17 所示。

图 7-16　单击【树状图】按钮

图 7-17　选择第一个选项

树状图根据矩形的面积表示不同类别占比大小，如图 7-18 所示。

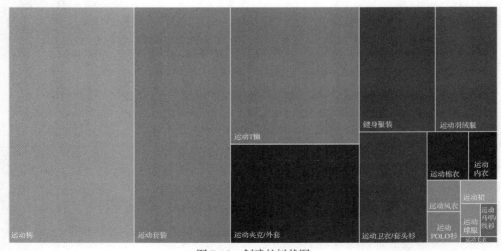

图 7-18　创建的树状图

7.2　市场趋势分析

市场趋势分析是指根据历史数据掌握市场需求随时间变化的情况，从而估计和预测市场未来的趋势。市场趋势分析在市场数据分析中占据十分重要的地位，企业都在探索如何准确预测市场趋势，因为利润从信息差中产生。信息差可分为企业和消费者之间的信息差、企业和企业之间的信息差两种。企业和消费者之间的信息差在一定程度上决定了商品的售价。例如，消费者通过企业购买一件商品的价格是 100 元，但消费者并不知道商品成本只有 18 元，因为消费者和企业之间存在较大的信息差，企业可以将商品以较高的价格销售给消费者来赚取利润。如果一个行业的价格变得透明了，也就意味着消费者了解商品的大概成本，此时消费者和企业之间的信息差就变小了。

企业和企业之间的信息差体现在企业的战略和战术上。例如，1972 年，法国人皮埃尔·瓦克预测了石油危机，让壳牌成为唯一一家能够抵挡这次危机的大石油公司。从此，壳牌公司从世界七大石油公司中最小的一个，一跃成为世界第二大石油公司。壳牌就是在其他企业不知道的前提下，优先调整了市场战略和战术。

7.2.1　市场趋势分析思路

市场趋势分析要解决以下两个问题。

（1）市场是否有潜力？企业在进入市场前或者在制订未来的发展规划时需要掌握市场趋势，市场趋势和企业的发展息息相关。发展趋势好的市场称为增量市场，又称为朝阳产业；发展趋势差的市场称为存量市场，又称为黄昏产业。分析市场趋势就是要辨别市场，如果连续两年增幅超过 15%则可判定为增量市场，如果没有超过 15%，则判定为存量市场。

（2）市场的运营节奏是什么样的？市场趋势可以根据市场需求的变化划分为导入期、上升期、爆发期、衰退期 4 个阶段，如图 7-19 所示。其中，导入期是指消费者开始产生需求的阶段，在导入期企业就要布局好商品，将其投入市场；上升期是指消费者需求开始增加的阶段，在此阶段企业要投入足够的市场预算抢占市场；爆发期是指消费者需求达到顶峰的阶段，在此阶段企业要尽量地促进销售；衰退期是指消费者需求开始减少的阶段，在此阶段企业要将库存清理到安全库存范围。

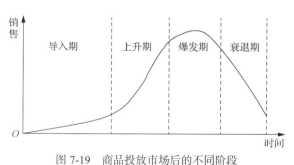

图 7-19　商品投放市场后的不同阶段

7.2.2　市场趋势分析可视化

折线图是分析市场趋势时常用的可视化对象，在某些数据工具中也称为时序图。折线图比表格形式更加直观，用户可以通过折线图观察数据的变化趋势。

市场趋势分析可视化

例 7-2： 根据表 7-1 中的市场数据，使用 Excel 汇总数据，研究市场趋势。

解： 选中 Excel 中的数据，在【插入】选项卡中单击【数据透视表】按钮，如图 7-20 所示。

图 7-20　单击【数据透视表】按钮

在弹出的【创建数据透视表】对话框中检查设置，若引用的数据是表格形式则无须检查。此处引用的数据是区域形式，则需要检查区域范围是否正确，检查完毕后单击【确定】按钮，如图 7-21 所示。

在新建的数据透视表中设置字段，【轴(类别)】设置为【年】【季度】【月份】字段，【值】设置为【求和项:成交金额】字段，如图 7-22 所示。数据透视表会自动识别日期格式的数据，将日期分成年、季度、月份 3 个组别。

图 7-21　【创建数据透视表】对话框

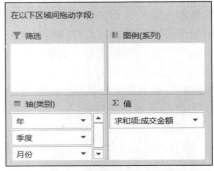

图 7-22　数据透视表字段设置

选中数据透视表，在【插入】选项卡中单击【折线图】按钮，如图 7-23 所示。

图 7-23　选择二维折线图

创建的二维折线图如图 7-24 所示，此时 x 轴标签默认是年份，可以发现该行业的成交金额在 2020—2022 年持续增长，特别是在 2021—2022 年增速明显。

单击右下角的【＋】按钮，展开 x 轴的字段，可以查看季度，明显观察到每一年都有着共同的趋势，行业旺季集中在第二季度和第四季度，如图 7-25 所示。

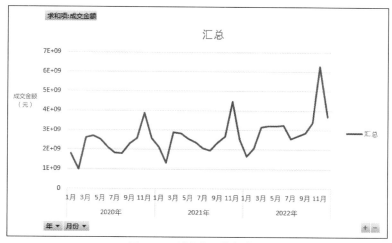

图 7-24　创建的二维折线图

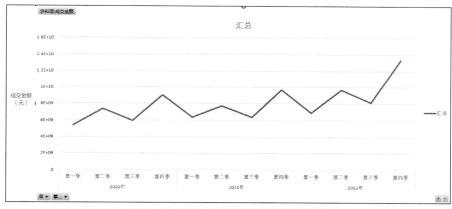

图 7-25　展开 x 轴字段后的二维折线图

再次单击右下角的【＋】按钮，可查看月份，如图 7-26 所示，明显观察到每年的波峰都在 11 月，这是受"双十一"购物节的影响。如果把 11 月看成和 10 月持平，可以观察到每年都有两个波峰、两个波谷，波峰分别是 3 月—5 月和 10 月—12 月，波谷分别是 1 月或 2 月和 7 月—9 月，其中 1 月或 2 月是受春节的影响，春节一般会在公历的 1 月或 2 月，因此波谷也会随着春节在公历月份的变动而变动。

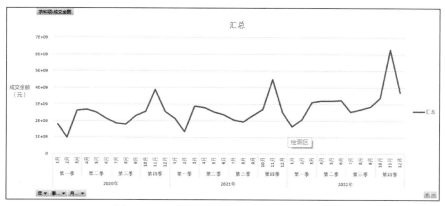

图 7-26　再次展开 x 轴字段后的二维折线图

7.2.3 同比和环比计算

同比和环比计算

趋势分析中常使用的同比和环比，通过这两个度量可以掌握趋势的变化情况。其中，环比看的是小趋势，同比看的是大趋势。时间粒度可以是年、季、月，时间粒度选择得越大，度量值能解释的趋势时间跨度就越长。

例 7-3：基于例 7-2 的数据计算行业的同比和环比。

解：在 Excel 中计算同比和环比可使用数据透视表。

创建数据透视表，字段设置如图 7-27 所示，【行】设置为【月份】字段，【值】设置为【求和项:成交金额】字段，且反复拖曳，直到【值】中显示 3 个成交金额为止。【行】默认会显示【年】、【季度】和【月份】3 个字段，现将【季度】从【行】中移除。

设置好字段后展开数据透视表的行标签，可以观察到数据透视表，如图 7-28 所示。

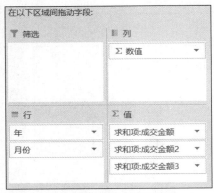

图 7-27　数据透视表字段设置

行标签	求和项:成交金额	求和项:成交金额2	求和项:成交金额3
⊟2020年	**27777849964**	**27777849964**	**27777849964**
1月	1795306667	1795306667	1795306667
2月	995305957	995305957	995305957
3月	2624040282	2624040282	2624040282
4月	2691438982	2691438982	2691438982
5月	2531644022	2531644022	2531644022
6月	2144212800	2144212800	2144212800
7月	1843308274	1843308274	1843308274
8月	1792076072	1792076072	1792076072
9月	2321317187	2321317187	2321317187
10月	2591806072	2591806072	2591806072
11月	3868285844	3868285844	3868285844
12月	2579107804	2579107804	2579107804
⊟2021年	**30137615078**	**30137615078**	**30137615078**
1月	2131688523	2131688523	2131688523
2月	1321684108	1321684108	1321684108
3月	2891208262	2891208262	2891208262
4月	2824871261	2824871261	2824871261
5月	2543766607	2543766607	2543766607

图 7-28　创建的数据透视表

计算环比，在【求和项:成交金额 2】处单击鼠标右键，在弹出的快捷菜单中选择【值显示方式】→【差异百分比】命令，将【基本字段】设置为【月份】，【基本项】设置为【（上一个）】，如图 7-29 所示。

把字段名称修改为"环比增幅"，如图 7-30 所示。

图 7-29　计算环比

行标签	求和项:成交金额	环比增幅	求和项:成交金额3
⊟2020年	**27777849964**		**27777849964**
1月	1795306667		1795306667
2月	995305957	-44.56%	995305957
3月	2624040282	163.64%	2624040282
4月	2691438982	2.57%	2691438982
5月	2531644022	-5.94%	2531644022
6月	2144212800	-15.30%	2144212800
7月	1843308274	-14.03%	1843308274
8月	1792076072	-2.78%	1792076072
9月	2321317187	29.53%	2321317187
10月	2591806072	11.65%	2591806072
11月	3868285844	49.25%	3868285844
12月	2579107804	-33.33%	2579107804
⊟2021年	**30137615078**		**30137615078**
1月	2131688523		2131688523
2月	1321684108	-38.00%	1321684108
3月	2891208262	118.75%	2891208262
4月	2824871261	-2.29%	2824871261
5月	2543766607	-9.95%	2543766607
6月	2367845327	-6.92%	2367845327
7月	2066567565	-12.72%	2066567565
8月	1955431155	-5.38%	1955431155
9月	2341636816	19.75%	2341636816
10月	2685147792	14.67%	2685147792
11月	4489597200	67.20%	4489597200
12月	2518170463	-43.91%	2518170463

图 7-30　修改字段名称为"环比增幅"

计算同比，在【求和项:成交金额 3】处单击鼠标右键，在弹出的快捷菜单中选择【值显示方式】→【差异百分比】命令，将【基本字段】设置为【年】,【基本项】设置为【（上一个）】，如图 7-31 所示。将字段名称修改为"同比增幅"，如图 7-32 所示。

图 7-31　计算同比

行标签	求和项:成交金额	环比增幅	同比增幅
⊟2020年	27777849964		
1月	1795306667		
2月	995305957	-44.56%	
3月	2624040282	163.64%	
4月	2691438982	2.57%	
5月	2531644022	-5.94%	
6月	2144212800	-15.30%	
7月	1843308274	-14.03%	
8月	1792076072	-2.78%	
9月	2321317187	29.53%	
10月	2591806072	11.65%	
11月	3868285844	49.25%	
12月	2579107804	-33.33%	
⊟2021年	30137615078		8.50%
1月	2131688523		18.74%
2月	1321684108	-38.00%	32.79%
3月	2891208262	118.75%	10.18%
4月	2824871261	-2.29%	4.96%
5月	2543766607	-9.95%	0.48%
6月	2367845327	-6.92%	10.43%
7月	2066567565	-12.72%	12.11%
8月	1955431155	-5.38%	9.12%
9月	2341636816	19.75%	0.88%
10月	2685147792	14.67%	3.60%

图 7-32　修改字段名称为"同比增幅"

至此，同比、环比就计算完毕了。数据透视表计算的机制是每年的 1 月不计算环比增幅，除第一年之外其余年份的 1 月计算同比增幅。

7.2.4　创建与设置组合图

在完成同比、环比的计算后，数据透视表的数据会有两个量纲，一个是金额，一个是百分比。这种情况如果直接绘图，小量纲的数据将无法阅读，如图 7-33 所示。

创建与设置组合图

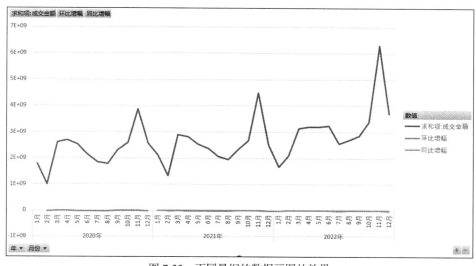

图 7-33　不同量纲的数据画图的效果

要在一张图中直观地展示所有数据，可使用组合图的功能。单击相应按钮，选择【创建自定义组合图】选项，如图 7-34 所示。

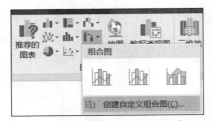

图 7-34 选择【创建自定义组合图】选项

在组合图设置界面中，按照图 7-35 所示的内容进行设置，环比增幅和同比增幅的图表类型设置为【折线图】，同时打开次坐标轴，用两个轴来分别支持两个量纲。

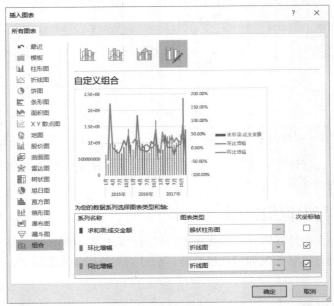

图 7-35 组合图设置界面

创建的组合图如图 7-36 所示，柱形图的数据对应左纵轴，折线图的数据对应右纵轴。

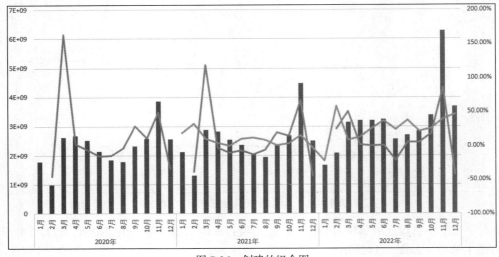

图 7-36 创建的组合图

7.2.5　创建预测工作表

预测工作表可以根据连续的时序数据预测未来 n 个时间单位的数据，使用的时序方法是指数平滑法。准备好连续的时序数据，选中数据，在【插入】选项卡中单击【表格】按钮，创建出表格，如图 7-37 所示。

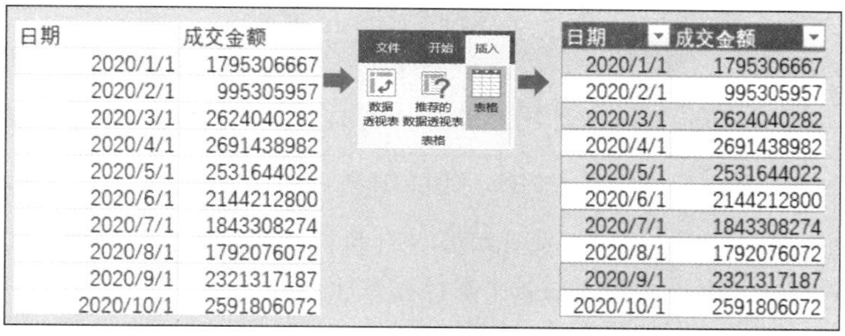

预测工作表

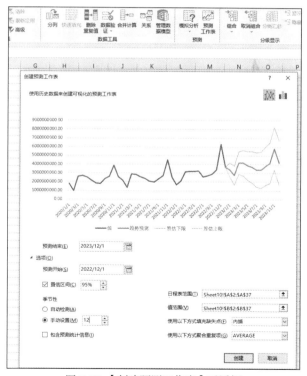

图 7-37　创建表格

选中前面创建好的工作表，在【数据】选项卡中单击【预测工作表】按钮，选择【季节性】中的【手动设置】选项，并设置值为"12"（一年），即可创建预测工作表，如图 7-38 所示。季节性也称为周期性，根据数据的趋势确定，电子商务中的行业季节性一般是 6 个月或 12 个月。

图 7-38　【创建预测工作表】对话框

基于历史 3 年（36 个月）的数据预测未来 1 年（12 个月）的成交金额，如图 7-39 所示。

程序给出预测的数据的同时也给出了置信下限和置信上限，表示预测的结果是在置信下限到置信上限之间，如果真实数据也落在这个区间，则表示预测结果准确。

	A	B	C	D	E
1	日期 ▼	成交金额 ▼	趋势预测(成交金额) ▼	置信下限(成交金额) ▼	置信上限(成交金额) ▼
37	2022/12/1	3696582967	3696582967	3696582967	3696582967
38	2023/1/1		3376553068	2576070689	4177035447
39	2023/2/1		2733680223	1656205665	3811154780
40	2023/3/1		4163337329	2866307601	5460367058
41	2023/4/1		4161274420	2676425133	5646123707
42	2023/5/1		3858513829	2206718875	5510308782
43	2023/6/1		3707012937	1903340326	5510685548
44	2023/7/1		3390424197	1446406799	5334441596
45	2023/8/1		3372154327	1296983461	5447325193
46	2023/9/1		3790508105	1591729443	5989286766
47	2023/10/1		4150928608	1834879675	6466978125
48	2023/11/1		5811069869	3383167752	8238971986
49	2023/12/1		4170686750	1635632735	6705740766

图 7-39　创建的预测工作表

置信区间（Confidence Interval）是指由样本统计量构造的总体参数的估计区间。在统计学中，一个概率样本的置信区间是这个样本对某个总体参数所做的区间估计。置信区间展现的是这个参数的真实值落在测量结果周围的概率（是指预测的值在置信下限和置信上限这个区间内的概率，一般默认为 95%），其给出的是被测量参数的测量值的可信程度，也就是前面所说的概率。

7.3　本章小结

本章介绍了宏观市场分析的内容，包含市场容量分析和市场趋势分析。读者需要重点掌握的知识有以下 6 点。

- 分析市场容量的思路。
- 汇总市场容量的方法。
- 增量市场和存量市场的定义。
- 同比和环比的计算方法。
- 创建组合图的操作。
- 创建预测工作表的操作。

7.4　习题

1. 分析女式围巾市场的规模、趋势和运营节奏。
2. 分析运动服市场的规模、趋势和运营节奏。

第**8**章

市场细分及竞争分析

市场细分是拆分市场的过程，其主要目的是帮助企业定位市场。定位市场之后才可以开展竞争分析的作业。

本章介绍市场细分、品牌分析和竞争分析。

学习目标

- 掌握市场细分的概念和方法。
- 掌握品牌集中度的计算方法。
- 掌握品牌矩阵的分析方法。
- 掌握竞争环境的分析方法。
- 掌握竞争对手的选择及分析方法。

8.1   市场细分

市场细分（Market Segmentation）就是企业按照某种标准将市场上的消费者划分成若干个消费者群，每个消费者群构成一个子市场，不同子市场之间的需求存在着明显差别。

市场细分是市场分析中的重要环节，需要基于市场属性或自然属性对市场进行细分，不可人为细分，需要遵循常识和自然规律。市场细分可基于消费者、产品、渠道等，详细说明如下。

8.1.1   基于消费者的市场细分

基于消费者的市场细分是根据消费者的特征（如人口总数、家庭户数、年龄、性别、职业、民族、文化、收入、地域等）细分市场。比如服装行业基于性别可以分为女性市场和男性市场，基于年龄可以分为婴幼儿市场、儿童市场、青少年市场、青中年市场和中老年市场。

消费者的市场细分

淘宝生意参谋基于消费者群提供的数据包含性别（男、女）、年龄（18～24岁、25～29岁、30～34岁、35～39岁、40～49岁、≥50岁）、职业（公司职员、个体经营/服务人员、教职工、医务人员、学生、公务员、金融从业者、工人、媒体从业者、科研人员等）。

基于消费者的市场细分重点在于研究该消费者的需求有没有被满足，以及该细分市场是否已经有龙头企业。

例 8-1：观察中国人口结构数据（采集自国家统计局）以及淘宝网围巾消费者数据（采集自生意参谋）。

解：从国家统计局采集的数据是2023年统计的结果，采集后对年龄进行处理，忽略死亡率

（2%～3%）。人口数据如图 8-1 所示，共 3 个字段，【年龄】是维度，【男】和【女】是度量，分别指具体年龄和性别的人口数量，数据需要经过统计分组处理成年龄段的形式。

由于生意参谋中年龄段的步长并不统一，因此不能使用数据透视表的组合方法（数据透视表的组间步长必须一致）。此时选择 VLOOKUP 函数可简单地解决这个问题。在 G 单元格处建立年龄分组字典表，如图 8-2 所示，建立 6 个和生意参谋对应的年龄段组。

年龄/岁	男/人	女/人
18	8271502	6940742
19	8383490	7048139
20	8053485	6824259
21	8874007	7566382
22	8736986	7516858
23	9061290	7906154
24	10197146	9044436
25	10486505	9571969
26	11520305	10656504
27	11502885	10652436
28	11861326	11134880

图 8-1 人口数据

G	H
组边界/岁	分组名称/岁
18	18～24
25	25～29
30	30～34
35	35～39
40	40～49
50	≥ 50

图 8-2 年龄分组字典表

在 D2 单元格中输入公式 "=VLOOKUP(A2,$G$2:$H$7,2,TRUE)"，将公式向下填充，并在 D1 单元格中输入 "年龄段/岁"，如图 8-3 所示。注意引用字典时必须使用绝对引用符号 "$"，表示固定引用，即不会随着填充或者剪切而改变引用范围。

	A	B	C	D	E	F	G	H
	年龄/岁	男/人	女/人	年龄段/岁			组边界/岁	分组名称/岁
2	18	7726203	6522622	18～24			18	18～24
3	19	7830808	6623549	18～24			25	25～29
4	20	7522558	6413156	18～24			30	30～34
5	21	8288987	7110572	18～24			35	35～39
6	22	8161000	7064032	18～24			40	40～49
7	23	8463924	7429876	18～24			50	≥ 50

D2 =VLOOKUP(A2,$G$2:$H$7,2,TRUE)

图 8-3 关联的年龄段

选中数据集，在【插入】选项卡中单击【数据透视表】按钮，打开【创建数据透视表】对话框，如图 8-4 所示，检查所选的区域是否正确。

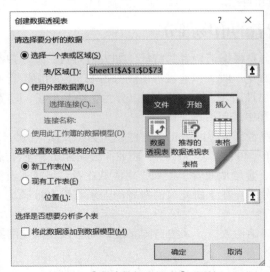

图 8-4 【创建数据透视表】对话框

　　创建数据透视表后，设置数据透视表字段，【行】设置为【年龄段/岁】，【值】设置为【求和项 : 男/人】和【求和项 : 女/人】，如图 8-5 所示。

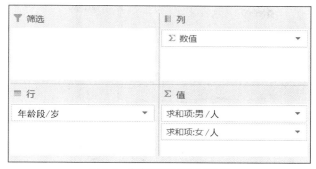

图 8-5　数据透视表字段设置

将数据透视表按年龄段排序，如图 8-6 所示。

行标签/岁	求和项:男/人	求和项:女/人
18-24	61577906	52846970
25-29	60574396	56727933
30-34	63996437	63358594
35-39	54033975	52712215
40-49	122368473	116340191
>=50	283510304	275112605
总计	646061491	617098508

图 8-6　按年龄段排序的数据透视表

　　选中数据透视表，插入柱形图，如图 8-7 所示，可以观察到年龄在 30～34 岁的人口基数大于年龄在 25～29 岁的人口基数，而年龄在 25～29 岁的人口基数大于年龄在 18～24 岁的人口基数。

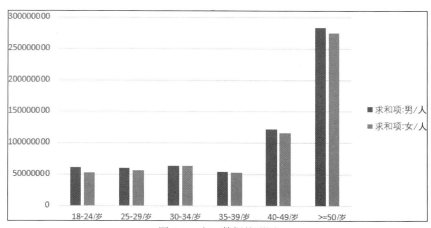

图 8-7　人口数据柱形图

　　生意参谋消费人群数据如图 8-8 所示，从市场消费人群来看，女性占大多数，而且越年轻消费群体越大；结合人口基数来看，市场并没有很好地满足 30～34 岁女性消费者的需求，缺乏领导品牌去服务目标消费群体的意识；大于等于 50 岁的消费者的消费习惯以线下为主，拼多多和淘宝的消费者年龄分布如图 8-9 所示。

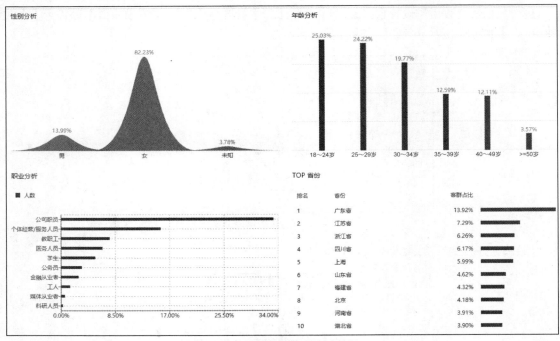

图 8-8　生意参谋消费人群数据

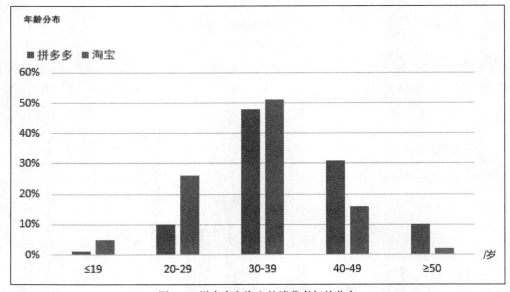

图 8-9　拼多多和淘宝的消费者年龄分布

8.1.2　基于产品的市场细分

基于产品的市场细分是根据产品的特征细分市场，不同的产品特征对应不同的消费者。

对产品特征的研究在浅层面上可以直接用平台提供的数据或者获取产品数据进行统计，如果要深入研究则需要先对产品进行精准的特征打标，再进行数据的统计分析。

产品的市场细分

例 8-2：从淘宝搜索采集数据后，按销量从高到低选出前 4400 个产品的数据，共 4400 个观测值，如图 8-10 所示，对产品的特征数据进行统计分析，最终结果以预估销售额为依据进行排序。

关键词	时间	页码	排名	宝贝ID	销量(人数)	售价	预估销售额	运费	评价人数	腰型	款式	裤长	材质	运动户外项目	功能	性别
健身裤	2023/4/25 14:54	1	2	564182152	18445	27.9	1106399.33	0	21225	高腰	直简裤	长裤	涤纶	瑜伽 器械健身	吸湿排汗 速	女
健身裤	2023/4/25 14:54	1	3	537260113	14731	59.9	1632437.93	0	61790	紧身裤	长裤	涤纶	瑜伽舞蹈器械健	吸湿排汗 速	女
健身裤	2023/4/25 14:54	1	4	523821663	12648	19.8	488350.86	0	302478	中腰	紧身裤	九分裤	涤纶	瑜伽舞蹈器械健	吸湿排汗 速	男
健身裤	2023/4/25 14:54	1	5	554522668	10581	55	1251167.78	0	57326	高腰	紧身裤	长裤	锦纶	瑜伽舞蹈器械健	吸湿排汗 速	女
健身裤	2023/4/25 14:54	1	6	560885777	9871	79	1442595.50	0	26272	中腰	紧身裤	长裤	锦纶	瑜伽 器械健身	吸湿 速	女
健身裤	2023/4/25 14:54	1	7	536671876	8880	29.9	504472.80	6	52311							女
健身裤	2023/4/25 14:54	1	8	563262105	7765	55	747400.50	0	17573	高腰	紧身裤	长裤	锦纶	瑜伽 器械健身		女
健身裤	2023/4/25 14:54	1	9	555511285	9653	79	1677604.50	0	13215	高腰	紧身裤	长裤	涤纶	瑜伽舞蹈器械健	吸湿排汗 速	女
健身裤	2023/4/25 14:54	1	10	125571466	9320	79	1619729.10	0	79903					涤纶	瑜伽	速	女
健身裤	2023/4/25 14:54	1	11	537182077	8411	69.8	1203472.75	0	43301	高腰	紧身裤	长裤	涤纶	瑜伽 舞蹈	速干 超强弹	女
健身裤	2023/4/25 14:54	1	12	559286958	7468	69	1159407.00	0	24655	高腰	紧身裤	九分裤		瑜伽 器械健身	吸湿 速	女
健身裤	2023/4/25 14:54	1	13	536248001	8215	19.38	342283.99	0	30283					涤纶	瑜伽	吸湿排汗 速	男
健身裤	2023/4/25 14:54	1	14	555442442	6424	39	438431.18	0	22189	高腰	紧身裤	长裤	涤纶	瑜伽 器械健身	吸湿排汗 速	女

图 8-10　4400 个产品样本数据

解：通过观察发现该数据集有缺失值和无用的字段，因此需要先对数据集进行缺失值处理，最简单的方法是用 Excel 的筛选功能去除空白的单元格。筛选后共有 2442 个观测值。根据例题中要求使用预估销售额作为排序依据，保留腰型、款式、裤长、材质、运动户外项目、功能和性别 7 个产品特征字段。先对数据集进行备份，再将其他字段直接删除。整理好的数据集如图 8-11 所示。

预估销售额	腰型	款式	裤长	材质	运动户外项目	功能	性别
1106399.33	高腰	直筒裤	长裤	涤纶	瑜伽 器械健身	吸湿排汗 速干 透气 超强弹性	女
1632437.93	紧身裤	长裤	涤纶	瑜伽舞蹈器械健身	吸湿排汗 速干 透气 超强弹性		女
488350.86	中腰	紧身裤	九分裤	涤纶	瑜伽舞蹈器械健身	吸湿排汗 速干 透气 超强弹性	男
1251167.78	高腰	紧身裤	长裤	锦纶	瑜伽舞蹈器械健身	吸湿排汗 速干 透气 超强弹性	女
1442595.50	中腰	紧身裤	长裤	锦纶	瑜伽 器械健身	吸湿排汗 速干 透气	女
747400.50	高腰	紧身裤	长裤	锦纶	瑜伽 器械健身	吸湿排汗 速干 透气 超强弹性	女
1677604.50	高腰	紧身裤	长裤	涤纶	瑜伽舞蹈器械健身	吸湿排汗 速干 透气 超强弹性	女
1203472.75	高腰	紧身裤	长裤	涤纶	瑜伽 舞蹈	速干 超强弹性	女
438431.18	高腰	紧身裤	长裤	涤纶	瑜伽 器械健身	吸湿排汗 速干 透气 超强弹性	女
4282213.53	中腰	紧身裤	九分裤	涤纶	瑜伽器械健身	吸湿排汗 速干 透气 超强弹性	女
999905.76	中腰	紧身裤	长裤	锦纶	瑜伽	超强弹性	女

图 8-11　整理好的数据集

选中数据集，在【插入】选项卡中单击【数据透视表】按钮，打开【创建数据透视表】对话框，如图 8-12 所示，检查所选的区域是否正确。

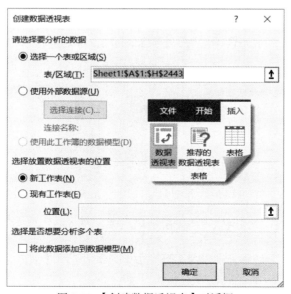

图 8-12　【创建数据透视表】对话框

设置数据透视表字段。【值】设置为【求和项:预估销售额】,【行】设置为【腰型】,如图 8-13所示。

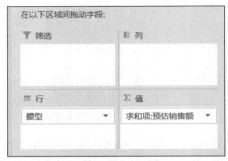

图 8-13　数据透视表字段设置（1）

设置数据透视表的排序规则。单击数据透视表的【行标签】,选择【其他排序选项】选项,在弹出的对话框中选择降序排序,并选择排序依据为【求和项:预估销售额】,如图 8-14 所示。

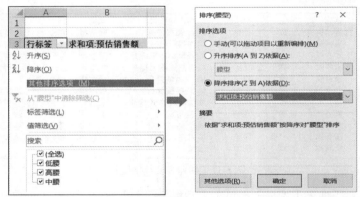

图 8-14　数据透视表行标签排序设置

排序后的数据透视表如图 8-15 所示,发现腰型标签里中腰的预估销售额最高。

同理,分别将【行】设置成不同的类别,结果如图 8-16 和图 8-17所示。

行标签 ↓↑	求和项:预估销售额
中腰	13490414.62
高腰	11312703.25
低腰	739104.27
总计	25542222.14

图 8-15　排序后的数据透视表

行标签 ↓↑	求和项:预估销售额
紧身裤	21473087.39
直筒裤	3063409.65
灯笼裤	919397.00
微喇裤	82564.10
连体	3764.00
总计	25542222.14

图 8-16　将【行】设置成【款式】

行标签 ↓↑	求和项:预估销售额
长裤	16972991.59
九分裤	5939326.19
七分裤	1549491.37
短裤	704549.85
五分裤	375863.14
总计	25542222.14

图 8-17　将【行】设置成【裤长】

如果锁定了某个类别,可以运用交叉法选择该类别下的其他类别进行交叉分析。如锁定了腰型为中腰,对款式和材质进行交叉分析。

设置数据透视表。将【筛选】设置为【腰型】,【列】设置为【款式】,【行】设置为【材质】,【值】设置为【求和项:预估销售额】,如图 8-18 所示。

图 8-18　数据透视表字段设置（2）

将【腰型】设置成【中腰】，会看到图 8-19 所示的数据透视表。从中可以发现，在符合中腰类别的前提下，涤纶材质的紧身裤的市场份额是最大的，同时也发现竹纤维材质的紧身裤是一个空白市场。

腰型	中腰					
求和项:预估销售额	列标签					
行标签	紧身裤	直筒裤	灯笼裤	微喇裤	连体	总计
涤纶	5793232.90	833826.37	275263.00	57098.00	1911.00	6961331.27
锦纶	3120456.98	459694.90	90002.50	9986.10		3680140.48
其他	759589.80	88827.84			1853.00	850270.64
氨纶	439439.50	136200.94	30388.00	1656.00		607684.44
棉	223788.72	362094.03	12246.00	4485.00		602613.75
LYCRA莱卡	316571.64	6589.27				323160.91
棉涤	46225.64	191210.10	3977.00			241412.74
有机棉	25587.40	131831.99	65415.00			222834.39
竹纤维		966.00				966.00
总计	10724892.58	2211241.44	477291.50	73225.10	3764.00	13490414.62

图 8-19　交叉分析的数据透视表

8.1.3　基于渠道的市场细分

渠道的市场细分

基于渠道的市场细分是根据不同渠道的特征细分市场，比如活动类的聚划算、广告类的直通车、站外的返利网，以及搜索引擎所带来的市场。不同的渠道具有不同的特定消费者群，同时也适合不同的产品。

例 8-3：采集聚划算产品样本数据和直通车 Top100 的产品数据，对产品特征数据进行统计分析，并分析不同渠道的人群对产品的偏好。

解：聚划算的数据集存在缺失值，如图 8-20 所示，在分析时要注意缺失值的影响。

商品ID	销量	评价数	月销	收藏	购物车	店铺名称	品牌	标题	售价	材质	材质成分
576027985474	190016	9727	220608	89002	220391	优衣库官方	Uniqlo/优	HEATTECH摇粒绒两翻领T恤（长袖）	69	锦纶	聚丙烯腈纤维
543544648408	136422	477877	258038	624390	2747113	比丽福旗舰店	比丽福	终身穿坏包换 加绒魔术裤升级	49.5		聚酯纤维87.
576562875416	79762	140121	501412	321598	984824	南极人映美官	南极人	南极人冬季加绒加厚光腿神器打底38-48		聚酯	
574945553198	77408	61306	186876	221916	145386	金缕梅旗舰店	金缕梅	光腿神器打底裤,秋冬也要穿短裙	34		聚酯纤维100
575873572347	70455	20116	83375	94772	94258	优衣库官方	Uniqlo/优女装	长绒摇粒绒拉链茄克（长袖）	129		聚丙烯腈纤维

图 8-20　聚划算的数据集

对产品的属性进行分析，首先把需要的数据整理到一个新的工作表中，选择【商品 ID】【月销】【材质】【适用年龄】这 4 个字段，并创建新字段【渠道名称】，生成一份新的数据集，如图 8-21 所示。然后选中数据集，在【插入】选项卡中单击【数据透视表】按钮，插入数据透视表。

设置数据透视表字段。将【列】设置为【渠道名称】，【行】设置为【材质】，【值】设置为【求和项:月销】，如图 8-22 所示。

渠道名称	商品ID	月销	材质	适用年龄
聚划算	576027985474	220608	锦纶	
聚划算	543544648408	258038		18-24岁
聚划算	576562875416	501412	聚酯	18-24岁
聚划算	574945553198	186876		
聚划算	575873572347	83375		
聚划算	574437710248	83700		18-24岁
聚划算	574058825703	69668		
聚划算	575873572347	74016	聚酯	18-24岁
聚划算	575738161772	256190	锦纶	18-24岁

图 8-21　整理的数据集

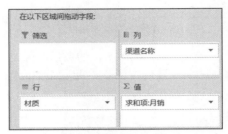

图 8-22　数据透视表字段设置

将数据透视表中【直通车】和【聚划算】两列数据的值显示方式都设置为【列汇总的百分比】，如图 8-23 所示。

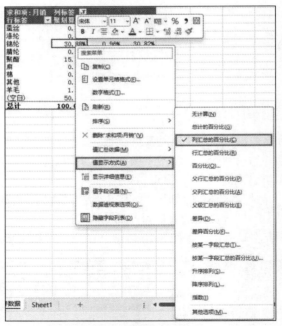

图 8-23　设置值显示方式

得到图 8-24 所示的数据透视表，从中可以发现锦纶材质的产品在聚划算活动中最受欢迎，几乎占据了一半的市场；聚划算在材质方面的无属性（空白）占了总体的一半。无属性是指该产品没有填写材质信息。

使用如上的方法再对消费者的年龄进行分组分析，结果如图 8-25 所示。参加聚划算活动对应的消费者年龄段中，18～24 岁最多，偏年轻化；参加直通车活动对应的消费者则是各个年龄段都有，25～29 岁占比最大，这是因为这个年龄段的消费者比 18～24 岁的消费者经济更加富余。

计数项:商品ID	列标签		
行标签	聚划算	直通车	总计
蚕丝	0.00%	5.00%	2.50%
涤纶	1.00%	35.00%	18.00%
锦纶	30.00%	3.00%	16.50%
腈纶	0.00%	1.00%	0.50%
聚酯	12.00%	0.00%	6.00%
麻	0.00%	1.00%	0.50%
棉	1.00%	13.00%	7.00%
其他	2.00%	13.00%	7.50%
羊毛	1.00%	2.00%	1.50%
(空白)	53.00%	27.00%	40.00%
总计	100.00%	100.00%	100.00%

图 8-24　不同渠道的商品材质对比

计数项:商品ID	列标签		
行标签	聚划算	直通车	总计
18-24岁	44.00%	14.00%	29.00%
18-25岁	0.00%	1.00%	0.50%
25-29岁	11.00%	34.00%	22.50%
30-34岁	1.00%	18.00%	9.50%
35-39岁	0.00%	6.00%	3.00%
40-49岁	0.00%	1.00%	0.50%
(空白)	44.00%	26.00%	35.00%
总计	100.00%	100.00%	100.00%

图 8-25　不同渠道的年龄段对比

8.2　品牌分析

品牌是市场的重要组成部分，成熟的市场由多个品牌构成，进入市场前，一定要做好充分的品牌分析。

8.2.1　品牌集中度

品牌集中度一般是指某一行业内规模最大的前几家企业的销售额占行业总销售额的比例。在电商行业中，品牌集中度用于反映某市场是否有利于品牌的发展。

品牌集中度

品牌集中度的计算步骤如下。

（1）采样市场排名前 N 的品牌市场份额。

（2）计算每个样本市场份额占采样总体的百分比。

（3）从大到小排序进行累加，超过80%份额的样本数 X，即在 TOP N 中的品牌集中度，表示在所采集的 N 个品牌中，市场主要被 X 个品牌垄断。如果在 X 内，有第 X_1 名是第 X_1+1 名的 2 倍，则取 X_1 为品牌集中度。

设 $X \div N \times 100\% = Y$，建议 $N \geqslant 30$。

$Y \in (0\%, 30\%]$，表示市场品牌高度集中，消费者对品牌具有高度认知，市场可能已经不适合其他品牌的发展。

$Y \in (30\%, 50\%]$，表示市场品牌轻度集中，消费者对品牌具有一定认知，其他品牌要从市场明星品牌中争夺市场份额相对较难。

$Y \in (50\%, 80\%]$，表示市场品牌没有集中，消费者并没有明显地倾向于某些品牌，该市场可以给其他品牌提供发展机会。

$Y \in (80\%, 100\%]$，表示消费者对品牌并不敏感，有没有品牌对消费者并没有影响，品牌市场可能比较混乱，甚至没有品牌市场。

例 8-4：通过生意参谋采集现有淘宝网（含天猫）健身裤销售前 30 名的品牌在 2021—2022 年的线上支付金额，如表 8-1 所示，求健身裤 TOP30 品牌的品牌集中度。

表 8-1　　　　　　　　　　　销售前 30 名的品牌及线上支付宝额

品牌	支付金额/元
N×××	75949515
迪×××	71851586
暴×××	62532963

续表

品牌	支付金额/元
安×××	44276941
a×××	27270691
马×××	22699043
的×××	19532152
李×××	16602824
M×××	14345311
S×××	14105607
范×××	14000486
L×××	13891595
宋×××	12214309
b×××	8278595
橘×××	8155037
阿×××	8106186
V×××	8028890
幻×××	7538318
A×××	7165428
X×××	6807134
P×××	6750260
兰×××	6745622
艾×××	6535291
E×××	5941264
H×××	5738072
K×××	4699791
悠×××	3956926
Q×××	3605674
肌×××	3578744
+sport	3436095
汇总	514340350

解： 首先求出各个品牌的排名和占比，然后将占比累加，参见前面品牌集中度的计算步骤。在表 8-2 中，排名第 14 的品牌累加占比超过了 80%，则市场份额集中在前 14 个品牌中，$14 \div 30 \times 100\% = 46.7\%$，表示市场品牌轻度集中，消费者对品牌具有一定认知，其他品牌要从市场明星品牌中争夺市场份额相对较难。

表 8-2   品牌市场占比和累加占比

排名	品牌	占比	累加占比
1	耐×××	13.85%	13.85%
2	迪×××	13.39%	27.24%
3	暴×××	10.99%	38.24%

续表

排名	品牌	占比	累加占比
4	安×××	7.28%	45.52%
5	a×××	6.96%	52.48%
6	马×××	4.58%	57.06%
7	的×××	3.66%	60.71%
8	S×××	3.53%	64.24%
9	范×××	3.41%	67.65%
10	李×××	3.39%	71.05%
11	L×××	2.95%	74.00%
12	M×××	2.75%	76.75%
13	宋×××	2.68%	79.43%
14	V×××	2.08%	81.50%
15	橘×××	1.63%	83.13%
16	b×××	1.58%	84.72%
17	P×××	1.38%	86.10%
18	兰×××	1.37%	87.47%
19	阿×××	1.28%	88.75%
20	A×××	1.26%	90.01%
21	H×××	1.17%	91.19%
22	X×××	1.11%	92.29%
23	幻×××	1.07%	93.37%
24	艾×××	1.06%	94.43%
25	悠×××	1.04%	95.47%
26	Q×××	0.97%	96.44%
27	E×××	0.91%	97.35%
28	K×××	0.89%	98.24%
29	肌×××	0.88%	99.12%
30	+sport	0.88%	100.00%

8.2.2　品牌矩阵分析

品牌矩阵分析是基于矩阵分析法的应用，将品牌基于某两个维度进行分类，在矩阵中可以清晰地看到各个品牌的优劣势。维度的选择非常重要，可根据自身可能的切入点或者认为的核心关键点选择维度。比如关心本土化市场和垂直市场，可以选择以下两个维度：品牌（国际品牌、本土品牌）、分类市场（男女市场、女性市场、男性市场）。

例 8-5：已知天猫健身裤品类在 2021—2022 年销售前 10 名的品牌有：耐×××、迪×××、暴×××、安×××、a×××、马×××、的×××、S×××、范×××、李×××，运用矩阵分析法对这 10 个品牌进行矩阵分析。

解：通过观察发现这些品牌有国际品牌和本土品牌之分，定位不同，消费者的性别、年龄也都不完全相同。先对这 10 个品牌打标，分别标注品牌定位和消费者定位，如表 8-3 所示。

表 8-3　　　　　　　　　　　　　运动品牌的定位

品牌	品牌定位	消费者定位
耐×××	国际品牌	男女市场
迪×××	国际品牌	男女市场
暴×××	本土品牌	女性市场
安×××	国际品牌	男女市场
a×××	本土品牌	女性市场
马×××	本土品牌	女性市场
的×××	本土品牌	男女市场
S×××	国际品牌	男女市场
范×××	本土品牌	男女市场
李×××	本土品牌	男女市场

　　建立的品牌矩阵如图 8-26 所示，可以明显发现国际品牌会覆盖男女两个人群，本土品牌除了定位男女市场外还定位女性市场。而男性市场还是空白市场，男性的健身裤需求主要是被市场中的品牌需求满足了，但男性市场是否没有发展空间还需要进一步研究。从本土品牌来看，马×××、暴×××及 a×××都是从女性市场发展起来的，它们能满足我国女性对健身裤的大部分需求。

```
        ┌──────────────────────┬──────────────────────┐
        │ 耐×××    安×××      │ 的×××    范×××       │
男女    │ 迪×××    S×××       │ 李×××                │
        ├──────────────────────┼──────────────────────┤
        │                      │                      │
男      │                      │                      │
        ├──────────────────────┼──────────────────────┤
        │                      │ 马×××      暴×××     │
女      │                      │ a×××                 │
        └──────────────────────┴──────────────────────┘
            国际品牌                    本土品牌
```

图 8-26　品牌矩阵

8.3　竞争分析

竞争分析是针对竞争环境和竞争对手开展的分析，可帮助企业更深入地了解市场和竞争对手。

8.3.1　竞争环境分析

　　企业的竞争环境是十分复杂的，进行商业活动时掌握复杂的市场竞争环境是非常重要的。

　　电商平台搜索是企业的重要流量渠道之一，搜索环境的竞争程度激烈与否将影响企业的生存环境。搜索环境分为搜索人数规模、搜索商品规模、搜索竞争度 3 个部分。

竞争环境分析

1. 搜索人数规模

搜索人数规模可在生意参谋的“搜索分析”页面中查询行业搜索关键词的搜索人气，时间粒度取 7 天或者 30 天，得到的点击人气是指数化后的结果，是使用自定义函数加密映射后的数据。因此将所有关键词（也可以选择前 100 个关键词）的点击人气还原成点击人数，再进行汇总，就可以得到总的点击人数。

例 8-6：从生意参谋采集搜索词（关键词）数据，如表 8-4 所示，将其中的点击人气还原成点击人数。数据采集路径：【生意参谋】→【市场】→【搜索分析】。

表 8-4　　　　搜索词数据

搜索词	搜索人气/人	点击人气/人	在线商品数/个
健身裤	27172	12531	6608908
健身裤女	26676	19312	10754176
健身裤男	18335	14667	1896920
健身裤女 弹力紧身	18315	10722	428889
蜜桃臀健身裤	16511	7223	53775
n×××健身裤	6841	3694	32993
健身裤女提臀	6576	5233	384798
网红健身裤	5255	4047	117283
耐×××健身裤女	5140	3542	27024

解：还原点击人数采用算法拟合的方法实现，会存在一定的误差。

点击人数算法（2022 年 2 月）：设点击人气为 x，点击人数为 y。

当 $x \leqslant 1000000$ 时，

$y=-0.005\times x^{1.682}+0.003\times x^{1.746}-0.006\times x^{1.663}+0.005\times x^{1.616}+0.006\times x^{1.613}$；

当 $x>1000000$ 或 $x \leqslant 3500000$ 时，

$y=-0.731\times x^{10.712}/x^{9.288}+(-0.685)\times x^{10.713}/x^{9.287}+(-0.801)\times x^{10.711}/x^{9.289}+0.607\times x^{10.747}/x^{9.253}+3.42\times x^{10.656}/x^{9.344}$；

当 $x>3500000$ 时，

$y=-73.145\times x^{10.613}/x^{9.387}+(-73.145)\times x^{10.613}/x^{9.387}+49.09\times x^{10.64}/x^{9.36}+194.962\times x^{10.561}/x^{9.439}$。

由于本例采用的数据中，点击人气的值小于等于 1000000，所以计算时采用第一个公式，如图 8-27 所示。

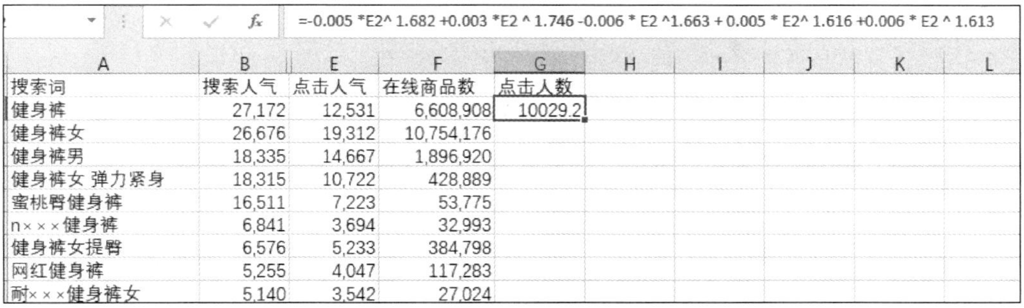

=-0.005 *E2^ 1.682 +0.003 *E2 ^ 1.746 -0.006 * E2 ^1.663 + 0.005 * E2^ 1.616 +0.006 * E2 ^ 1.613

A	B	E	F	G	H	I	J	K	L
搜索词	搜索人气	点击人气	在线商品数	点击人数					
健身裤	27,172	12,531	6,608,908	10029.2					
健身裤女	26,676	19,312	10,754,176						
健身裤男	18,335	14,667	1,896,920						
健身裤女 弹力紧身	18,315	10,722	428,889						
蜜桃臀健身裤	16,511	7,223	53,775						
n×××健身裤	6,841	3,694	32,993						
健身裤女提臀	6,576	5,233	384,798						
网红健身裤	5,255	4,047	117,283						
耐×××健身裤女	5,140	3,542	27,024						

图 8-27　还原点击人数的函数操作

把 x 的值更换为对应的点击人气即可得到图 8-28 所示的结果。

搜索词	搜索人气	点击人气	在线商品数	(指数还原) 点击人数
健身裤	27,172	12,531	6,608,908	10029.2
健身裤女	26,676	19,312	10,754,176	21206
健身裤男	18,335	14,667	1,896,920	13161
健身裤女 弹力紧身	18,315	10,722	428,889	7669
蜜桃臀健身裤	16,511	7,223	53,775	3901
n×××健身裤	6,841	3,694	32,993	1255
健身裤女提臀	6,576	5,233	384,798	2257
网红健身裤	5,255	4,047	117,283	1463
耐×××健身裤女	5,140	3,542	27,024	1170

图 8-28　还原的点击人数

2. 搜索商品规模

搜索商品规模可在生意参谋的"相关词分析"中查询行业搜索关键词的在线商品数，在线商品数越大代表竞争对手越多，竞争环境越激烈，如图 8-29 所示。

图 8-29　生意参谋中的在线商品数

3. 搜索竞争度

搜索竞争度有多种分析方法和技巧，下面主要讲解常用的几种。

（1）将搜索点击人数除以搜索商品规模就能得到平均商品的点击人数，以此作为竞争度的判断标准。此指标为正指标，指标越大代表竞争环境越好，指标越小代表竞争环境越激烈。

例 8-7：计算健身裤相关搜索词的搜索竞争度。

解：在图 8-30 所示的工作表中添加新的一列，列名设为"搜索竞争度"，输入公式"=G2/F2"。

搜索词	搜索人气	搜索热度	点击率	点击人气	在线商品数	(指数还原) 点击人数	搜索竞争度
健身裤	27,172	58,931	177.89%	12,531	6,608,908	10029	=G2/F2
健身裤女	26,676	64,872	194.78%	19,312	10,754,176	21206	
健身裤男	18,335	40,770	125.64%	14,667	1,896,920	13161	
健身裤女 弹力紧身	18,315	45,681	177.93%	10,722	428,889	7669	
蜜桃臀健身裤	16,511	33,195	193.38%	7,223	53,775	3901	
n×××健身裤	6,841	14,435	145.92%	3,694	32,993	1255	
健身裤女提臀	6,576	16,532	194.87%	5,233	384,798	2257	
网红健身裤	5,255	10,998	156.16%	4,047	117,283	1463	
耐×××健身裤女	5,140	12,935	153.94%	3,542	27,024	1170	

图 8-30　计算搜索竞争度

将公式向下填充，并按搜索竞争度（即每一个搜索词的竞争度）进行降序排序，如图 8-31 所示，观察发现蜜桃臀健身裤的搜索竞争度最大，代表竞争环境较好，表现为商家少、消费者多，可能存在供小于求的市场环境。

（2）分析的前 30 个关键词中，可将包含品牌关键词数量的比例作为品牌竞争度（搜索词中品牌词的数量，通过品牌竞争度可判断消费者对品牌的兴致如何）的判断标准。

[0%,20%)：说明该品类的消费者对品牌没有太高的认知度，没有产生依赖。

[20%,50%)：说明该品类的消费者对品牌有初步的认识。

[50%,80%)：说明该品类的消费者对品牌具有认知度。

[80%,100%]：说明该品类只有明星品牌才可以生存。

搜索词	搜索人气	搜索热度	点击率	点击人气	在线商品数	（指数还原）点击人数	搜索竞争度
健身裤	27,172	58,931	177.89%	12,531	6,608,908	10029	0.0015175
健身裤女	26,676	64,872	194.78%	19,312	10,754,176	21206	0.00197189
健身裤男	18,335	40,770	125.64%	14,667	1,896,920	13161	0.00693809
健身裤女 弹力紧身	18,315	45,681	177.93%	10,722	428,889	7669	0.01788108
蜜桃臀健身裤	16,511	33,195	193.38%	7,223	53,775	3901	0.072543
n×××健身裤	6,841	14,435	145.92%	3,694	32,993	1255	0.03803837
健身裤女提臀	6,576	16,532	194.87%	5,233	384,798	2257	0.00586542
网红健身裤	5,255	10,998	156.16%	4,047	117,283	1463	0.0124741
耐×××健身裤女	5,140	12,935	153.94%	3,542	27,024	1170	0.04329485

图 8-31　计算得出的搜索竞争度

例 8-8：分析健身裤相关搜索词的品牌竞争环境。

解：判断是否包含品牌关键词。在表中添加新字段"是否包含品牌词"，包含品牌词的关键词对应填写"是"，不包含的对应填写"否"，如图 8-32 所示。

搜索词	是否包含品牌词	搜索人气	搜索热度	点击率	点击人气	在线商品数	（指数还原）点击人数	搜索竞争度
健身裤	否	27,172	58,931	177.89%	12,531	6,608,908	10029	0.001517497
健身裤女	否	26,676	64,872	194.78%	19,312	10,754,176	21206	0.001971885
健身裤男	否	18,335	40,770	125.64%	14,667	1,896,920	13161	0.006938089
健身裤女 弹力紧身	否	18,315	45,681	177.93%	10,722	428,889	7669	0.017881083
蜜桃臀健身裤	否	16,511	33,195	193.38%	7,223	53,775	3901	0.072543003
n×××健身裤	是	6,841	14,435	145.92%	3,694	32,993	1255	0.038038372
健身裤女提臀	否	6,576	16,532	194.87%	5,233	384,798	2257	0.005865415
网红健身裤	否	5,255	10,998	156.16%	4,047	117,283	1463	0.012474101
耐×××健身裤女	是	5,140	12,935	153.94%	3,542	27,024	1170	0.043294849

图 8-32　判断健身裤关键词中是否包含品牌词

添加数据透视表算出百分比。在【插入】选项卡中单击【数据透视表】按钮，打开【来自表格或区域的数据透视表】对话框，如图 8-33 所示，单击【确定】按钮。

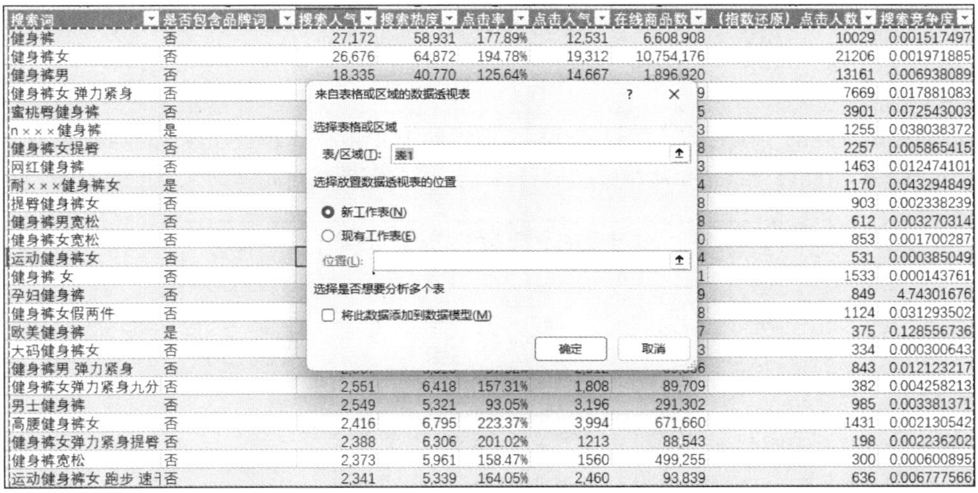

图 8-33　【来自表格或区域的数据透视表】对话框

将【行】设置为【是否包含品牌词】,【列】字段需要设置计数值和百分比，如图 8-34 所示。设置完成后，再将【计数项:搜索词】拖曳到【列】中。

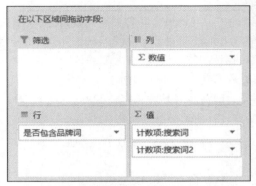

图 8-34 数据透视表字段设置界面

在第二个计数项上单击鼠标右键，在弹出的快捷菜单中选择【值显示方式】→【总计的百分比】命令，如图 8-35 所示。

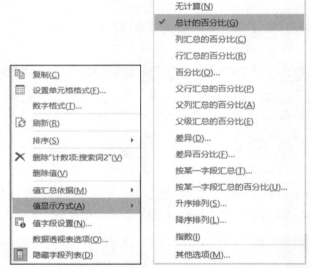

图 8-35 选择【总计的百分比】命令

修改数据透视表的字段名称，在健身裤相关搜索词 TOP30 中，包含品牌关键词的只有 16.67%，如图 8-36 所示，由此可见，消费者搜索"健身裤"这个关键词时对品牌的关注度并不高。

行标签 ▼	计数项:搜索词	计数项:搜索词2
否	25	83.33%
是	5	16.67%
总计	30	100.00%

图 8-36 健身裤品牌关键词占比

例 8-9: 分析火锅底料相关搜索词的品牌竞争环境。

解: 同例 8-8，先手动判断搜索词中是否包含品牌关键词，如图 8-37 所示。

	搜索词 ▼	是否包含品牌关键词 ▼	搜索人气 ▼	点击人气 ▼	搜索人数 ▼	点击人数 ▼
1						
2	火锅底料	否	198887	145370	1350331	771107
3	海底捞	是	134685	74228	672936	233489
4	海底捞火锅底料	是	100528	69080	399815	205611
5	火锅蘸料	否	65711	47515	188220	106283
6	重庆火锅底料	否	59133	44625	156239	95185
7	桥头火锅底料	是	51784	37302	123655	69504
8	麻辣烫底料	否	48423	32269	109881	53937
9	火锅料	否	45043	26401	96757	38004
10	麻辣烫	否	44341	27038	94123	39616
11	火锅底料清汤	否	42521	30194	87445	48026

图 8-37　判断搜索词中是否包含品牌关键词

添加数据透视表算出百分比，结果如图 8-38 所示。

是否包含品牌关键词 ▼	数量	百分比
否	18	60.00%
是	12	40.00%
总计	30	100.00%

图 8-38　火锅底料是否包含品牌关键词的占比

由图可以分析出火锅底料的消费者比较在意品牌，对品牌具有认知度。

（3）观察关键词的搜索人气的集中情况，如果第 N 个是第 $N+1$ 个的 2 倍，则取 N 为搜索关键词的集中度。

$N \leqslant 3$，表示流量高度集中，竞争也高度集中在这 N 个关键词中，竞争激烈。

$10 \geqslant N > 3$，表示流量相对集中。

$N \geqslant 10$，表示流量不集中，可细分的市场较多，相应的市场机会也较多。

例如，算出第 N 个和第 $N+1$ 个的倍数，如图 8-39 所示，发现第 5 个关键词的搜索人气是第 6 个的 2 倍，由此得出竞争高度集中在这 5 个关键词中，流量相对集中。

搜索词	倍数	搜索人气	搜索热度	点击率	点击人气
健身裤	1	27172	58931	1.7789	12531
健身裤女	1	26676	64872	1.9478	19312
健身裤男	1	18335	40770	1.2564	14667
健身裤女 弹力紧身	1	18315	45681	1.7793	10722
蜜桃臀健身裤	2	16511	33195	1.9338	7223
n×××健身裤	1	6841	14435	1.4592	3694
健身裤女提臀	1	6576	16532	1.9487	5233
网红健身裤	1	5255	10998	1.5616	4047
耐×××健身裤女	1	5140	12935	1.5394	3542

图 8-39　搜索词搜索人气倍数

8.3.2　市场售价分析

市场售价分析

市场售价分析一般在设置价格区间后进行，设置价格区间的步长需要遵循以下规则。

（1）根据消费者的心理区间设置步长。例如企业以销售价格在 20 元左右的产品为主，价格区间步长可设置为 5 元。如果企业以销售价格在 200 元左右的产品为主，价格区间步长可设置为 10 元。

（2）价格区间的步长要一致，除了价格区间的两端，在价格跨度较大时可以将数据统一汇总起来。例如，企业销售的产品价格范围为 10～1000 元，如果售价在 200 元以下的产品份额很少，可以对售价在 200 元以下的产品数据进行汇总；如果售价在 500 元以上的产品份额很少，可以对售价在 500 元以上的数据进行汇总；售价在 200～500 元的产品份额按相等步长切分。

市场售价分析的是产品的销售价格，产品销售价格和销售额及利润息息相关。如果售价定高了，利润得以保证，但是销量及销售额难以提高，总的利润也不会太理想。如果售价低了，销量可能会比较可观，但利润难以保证。一般情况下，利润和价格的关系如图 8-40 所示。

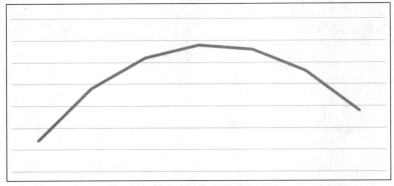

图 8-40 利润和价格的关系

图 8-40 所示的利润和价格的关系是大多数产品会呈现的模型，分析市场售价时可采集大量有销量的产品数据作为分析的样本，分析时可依据以下两个思路。

（1）将采集的样本根据价格段进行划分，然后汇总数据，观察不同价格段的市场规模。

例 8-10：采集淘宝搜索中按销量排在前 100 页的产品数据，共计 4400 个样本，以这些样本为市场抽样样式，分析市场的价格段。

第一步：插入数据透视表。

选中数据，在【插入】选项卡中单击【数据透视表】按钮，弹出【创建数据透视表】对话框，如图 8-41 所示；在【数据透视表字段】窗格中，将【行】设置为【折后价】，【值】设置为【求和项:销售额】，如图 8-42 所示。

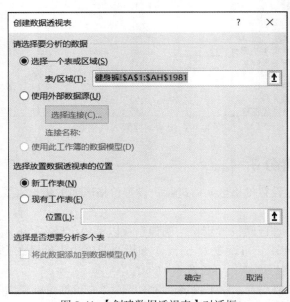

图 8-41 【创建数据透视表】对话框

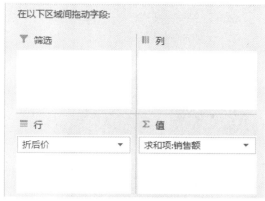

图 8-42 【数据透视表字段】窗格

第二步：设置价格区间。

在行标签上单击鼠标右键，在弹出的快捷菜单中选择【组合】命令，设置【步长】为"50"（元），如图 8-43 所示。在 Excel 中，组合功能是根据区间的上限值来划分区间，比如价格为 50 元的销售额会统计在 50～100 元的区间内。

不难发现，50～100 元是销售额最高的价格区间，如图 8-44 所示。

图 8-43 设置价格区间

行标签 ▼	求和项：销售额
0-50	2538457.28
50-100	7705156.12
100-150	2565120.34
150-200	1541673.1
200-250	359548
250-300	356487.76
300-350	138204
350-400	245078.6
400-450	110341
450-500	171358
550-600	66374
600-650	20768
650-700	74193
700-750	28360
750-800	25014
850-900	25665
950-1000	23976
总计	15995774.2

图 8-44 价格区间分析

第三步：数据可视化。

在【插入】选项卡中单击【饼图】按钮，在下拉菜单中选择一个饼图，得到图 8-45 所示的结果，通过此图可以更直观地观察数据。

（2）从采集的样本中筛选出同款产品，并预估成本，确认筛选出的产品中是否存在不同的价格区间，分析产品不同价格区间的差异。

例 8-11：分析罗技鼠标 M170Z 的价格区间，将在淘宝网采集的搜索结果作为分析数据集。

解：选中数据，在【插入】选项卡中单击【数据透视表】按钮，将【行】设置为【折后价】，【值】设置为【求和项:销售额】，如图 8-46 所示。

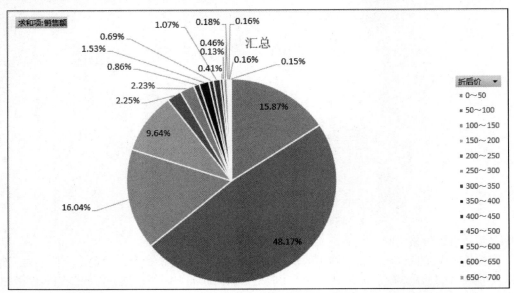

图 8-45　价格区间饼图

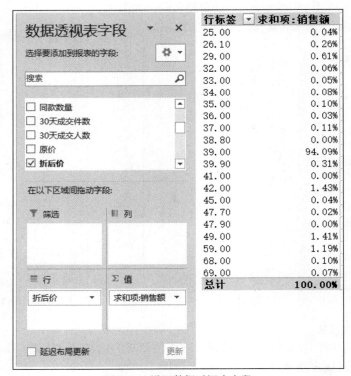

行标签	求和项:销售额
25.00	0.04%
26.10	0.26%
29.00	0.61%
32.00	0.06%
33.00	0.05%
34.00	0.08%
35.00	0.10%
36.00	0.03%
37.00	0.11%
38.80	0.00%
39.00	94.09%
39.90	0.31%
41.00	0.00%
42.00	1.43%
45.00	0.04%
47.70	0.02%
47.90	0.00%
49.00	1.41%
59.00	1.19%
68.00	0.10%
69.00	0.07%
总计	100.00%

图 8-46　设置数据透视表字段

　　这款无线鼠标的价格集中在 39 元。按地域细分售价为 39 元的产品，将【筛选】设置为【折后价】，筛选的价格为 39 元；将【行】设置为【地区】，【值】设置为【求和项:销售额】，如图 8-47所示。

　　由图 8-47 可以观察到售价在 39 元的产品的销售额 90% 以上是在上海地区。罗技是知名品牌，只有被授权的店铺才可以出售该品牌的产品，并且由罗技的总经销商仓库统一发货。

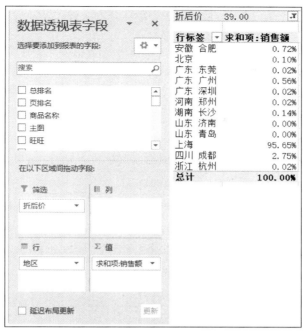

图 8-47　按地域汇总售价为 39 元的产品

例 8-12：分析牛肉酱的价格区间，将从淘宝和天猫平台采集到的搜索结果作为分析的数据集。

解：对数据进行清洗和处理后，算出不同平台不同价格区间的产品近 30 天的销售额，使用交叉法得到天猫和淘宝平台不同价格区间的销售额占比，如图 8-48 所示。

价格区间/元	天猫	淘宝
0 ~ 20	15%	8%
21 ~ 40	57%	34%
41 ~ 60	9%	16%
61 ~ 80	8%	7%
81 ~ 100	1%	11%
>100	10%	24%

图 8-48　天猫和淘宝平台不同价格区间的销售额占比

可以发现，牛肉酱最受欢迎的价格区间为 21～40 元，并且是在天猫平台，主力产品在 40 元以下；价格在 100 元以上的产品也占有一定的份额。

8.3.3　竞争对手的选择

竞争对手的选择是非常重要的，选好了赛道就要选择竞争的对手，目标是胜过竞争对手，重点是向竞争对手学习的过程。如果没有竞争的对手，就会容易陷入无方向的状况。

1．竞争对手分类矩阵

在选择竞争对手前，需要将竞争对手分类，基于分类再挑选合适的竞争对手。在不同的阶段需要向不同的竞争对手学习，竞争对手分类矩阵的作用就是帮助企业在各个阶段精准选择竞争对手。竞争对手的分类维度可基于实际情况进行设定，也可参考 8.2.2 小节介绍的品牌矩阵。参考的维度有价格定位（高端、中端、低端）、销量层级（头部、腰部、普通）和产品结构（单一、多样、全面）。

例 8-13：现有七匹狼品牌 TOP 20 店铺，运用矩阵分析法对这 20 个店铺进行矩阵分析。数据采集路径：【生意参谋】→【市场】→【排行榜】。

解：通过对交易额累计百分比的计算，把占总销售额前30%的品牌定为头部、占 31%～70%的品牌定为腰部、占 71%～100%的品牌定为普通。对 TOP 20 店铺进行分类，店铺的产品结构不同，定位的人群、年龄也不完全相同。先对这 20 个店铺打标，分别标注销量层级和产品结构，如表 8-5 所示。

表 8-5　　七匹狼品牌 TOP 店铺

排名	店铺名称	交易额（指数还原）/元	累计百分比	销量层级	产品架构
1	七匹狼箱包旗舰店	3632030.53	19%	头部	多样
2	七匹狼晏×××专卖店	2473930.57	32%	头部	多样
3	七匹狼励×××专卖店	2470871.79	44%	腰部	多样
4	彦×××专卖店	1282200.7	51%	腰部	多样
5	七匹狼都×××专卖店	1182683.91	57%	腰部	多样
6	七匹狼官方旗舰店	1108779.72	63%	腰部	全面
7	七匹狼卓×××专卖店	1035618.64	68%	腰部	多样
8	七匹狼励×××专卖店	729526.31	72%	普通	多样
9	七匹狼雅×××专卖店	713609.85	76%	普通	多样
10	七匹狼简×××专卖店	686951.05	79%	普通	多样
11	七匹狼君×××专卖店	667946.59	83%	普通	多样
12	七匹狼戈×××专卖店	618561.42	86%	普通	多样
13	七匹狼品×××专卖店	530346.19	89%	普通	多样
14	七匹狼毓×××专卖店	430918.92	91%	普通	多样
15	七匹狼欧×××专卖店	361384.33	93%	普通	多样
16	七匹狼晟×××专卖店	347026.98	95%	普通	多样
17	唯×××配饰皮具直卖店	327352.85	96%	普通	多样
18	七匹狼天×××专卖店	298177.14	98%	普通	多样
19	七匹狼悠×××专卖店	268459.81	99%	普通	多样
20	赤×××专卖店	168488.62	100%	普通	多样

建立矩阵，如图 8-49 所示，可以发现产品架构比较全面的七匹狼官方旗舰店处于销量层级的腰部，大部分七匹狼店铺是多产品架构，销量集中在少数店铺。想要经营该品牌，需要具体分析一下自己的资源渠道，在这个市场是否有优势。

	多样	全面
头部	箱包旗舰店 晏××× 专卖店	
腰部	励××× 彦××× 都××× 卓×××	官方旗舰店
普通	励××× 雅××× 简××× 君××× 戈××× 品××× 毓××× 欧××× 晟××× 唯××× 天××× 悠××× 赤×××	

图 8-49　竞争对手矩阵

2. 竞争对手的确认

如前文所说，在不同的阶段需要不同的竞争对手，竞争对手的选择需要遵循以下 3 条原则。

① 比自己优秀。

② 可在中短期内超越对方。

③ 与自己定位相近的同行。

依据以上 3 条原则，如果现在企业营业额是 1000 万元，那么应该对标营业额在 3000 万元～5000 万元的竞争对手。

8.3.4　竞争对手数据跟踪

竞争对手数据跟踪是一件非常重要且烦琐的工作，需要不断记录竞争对手的数据，甚至连对方的页面、海报、样品等信息也需要保留下来，便于后期对对方的运营决策过程进行很好的还原。现在有部分平台提供了竞品数据记录跟踪的服务，也有许多第三方工具提供了相似的服务。

1. 竞争对手数据跟踪原则

在跟踪竞争对手数据时，需要遵循以下基本原则。

（1）保证每天更新，如果是手动记录数据，需要在凌晨更新数据；如果是使用工具自动采集，则需要在第二天将数据下载到本地。

（2）收集的数据类型必须丰富，除了文本、数字类型的数据之外，还需要商品页面以及部分核心商品的样品、推文、视频等类型的数据，否则难以还原对方的运营决策过程。部分数据无须每日更新，如商品页面、商品的样品等。

2. 竞争对手数据收集

竞争对手的数据收集一般需要借助工具实现，如淘宝的生意参谋，它可以提供相对详细的数据，包括流量情况、销售情况、商品情况等，但生意参谋提供的分析方法是固定的，而且在观察连续的数据变化时，生意参谋并不能很好地满足需求。因此，通过工具记录竞争对手数据后，一般还会进行二次采集，就是将工具记录的数据下载到本地，通过 Excel 或 BI 等工具再进行分析。

8.3.5　竞争对手分析

竞争对手分析可以是片面的，也可以是全面的。片面的分析是针对某个维度调查清楚竞争对手在这个维度中的归属问题，比如人群、渠道。全面的分析是还原竞争对手的运营决策过程，比如优化图片、商品打造等过程。竞争对手分析最重要的方法是对比法，通过对比找到差异。

1. 竞争对手人群分析

竞争对手的人群数据的获取是最难的，对普通的店铺来说，他们只能通过对方的商品及商品定价推断出主要的人群。

在平台数据方面，阿里巴巴的生意参谋提供了品牌的客群数据，如果竞争对手的粒度是品牌，可以把搜索关键词的人群数据作为分析的数据源。但这属于付费内容，只有订购相应的功能才可以查看这两种数据。

例 8-14：花花公子、金利来和卡帝乐鳄鱼是竞争品牌，在生意参谋中可查看品牌 30 天累积的客群分布数据，通过对比、分析数据可以清晰了解在平台竞争层面品牌的人群差异。数据采集路径：【生意参谋】→【市场】→【搜索人群】。

解：对品牌人群进行性别分析，发现花花公子和卡帝乐鳄鱼的消费人群以男性为主，金利来的消费人群以女性为主，因此可得出女性购买送给男性的比例较高的结论，当然，也不排除刷单导致出现这样的人群分布结构，如图 8-50 所示。

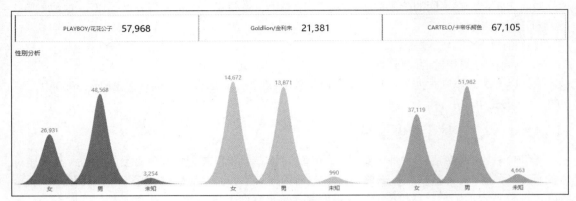

图 8-50　品牌人群性别分析

对品牌人群进行年龄分析，发现花花公子更受年轻人青睐，金利来和卡帝乐鳄鱼的人群分布相对较为平均，如图 8-51 所示。

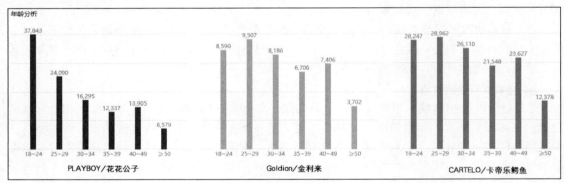

图 8-51　品牌人群年龄分析

例 8-15：通过生意参谋分析某品牌的搜索人群。

解：搜索人群是基于关键词搜索的人群数据，图 8-52 所示为某品牌 30 天的搜索人群数据。可以发现年轻的男性是关注该品牌的主流人群。

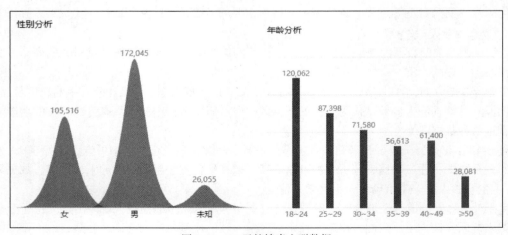

图 8-52　30 天的搜索人群数据

2. 竞争对手产品分析

对竞争对手的产品数据进行跟踪之后，对获取到的数据进行分析，分析的维度主要有产品的销售额、访客数、关键词、渠道，通过和自己店铺的数据进行对比找到差异。

竞争对手产品分析

例 8-16：对比竞争对手和自己店铺的主推产品在一周的销售额、访客数、关键词和渠道等数据，数据采集路径：【生意参谋】→【竞争】→【竞品分析】。

解：

（1）分析思路。

① 根据竞争对手的关键词数据选词、用词，优化搜索流量。

② 通过与竞争对手产品流量数据进行对比，优化自身产品整体流量渠道结构。

③ 通过分析竞品详情、价格、主图、风格、评价，综合制订产品优化策略。

本例所使用的数据主要来源于淘宝官方工具——生意参谋专业版，具体操作如下。

- 选择【生意参谋】→【竞争】→【竞争商品】→【竞品识别】→【顾客流失竞品推荐】选项。
- 选择【生意参谋】→【品类罗盘】→【产品洞察】→【商品 360】→【竞品】选项。

注："商品 360"和"竞品识别"的结果页面是一样的，不同的地方是在"商品 360"页面和竞品进行对比前，需要在【竞争商品】→【监控商品】中加入竞品，才能获取到竞品信息。

（2）竞品识别。

选择【生意参谋】→【竞争】→【竞争商品】→【竞品识别】→【顾客流失竞品推荐】选项，查找流失竞品，如图 8-53 所示。

图 8-53　生意参谋竞品识别

注：统计时间有实时、最近 7 天、最近 30 天、自然日、自然周和自然月，可以根据实际需求选择。

单击竞品标题，进入竞品详情页面，查看价格、主图、风格、描述、标题等信息，判断该竞品是否和自己店铺形成直接竞争，如图 8-54 所示。

找到流失指数与流失人气相对较高，和自己店铺产品价格、销量、规格等参数差距不大的产品。

将确定的竞品添加监控商品，如图 8-55 所示，路径为【竞争】→【竞争商品】→【监控商品】→【竞品列表】。

（3）数据获取。

在竞品对比中，加入本店产品（设为产品 A）和步骤（2）配置的竞争对手产品。这里考虑到后续数据累积分析操作，时间粒度选择单个自然日，如图 8-56 所示。

图 8-54　竞品详情页面

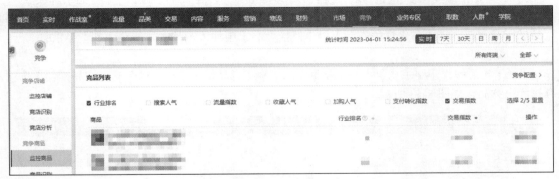

图 8-55　添加竞品到监控商品

图 8-56　"竞品分析"页面（1）

下滑生意参谋页面，可以看到本店产品与竞品的流量指数对比，以及入店搜索词，包括本店的和竞争对手店铺的引流关键词与成交关键词，如图 8-57 所示。

继续下滑页面还可以看到入店来源，有"访客数""客群指数""支付转化指数""交易指数"4 个指标，分别单击这些指标，会出现本店产品与竞争对手店铺产品相应的对比数据，如图 8-58 所示。

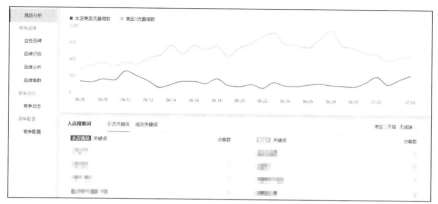

图 8-57　"竞品分析"页面（2）

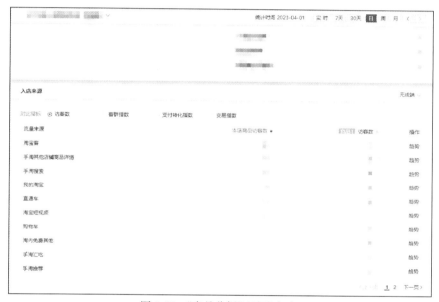

图 8-58　"竞品分析"页面（3）

（4）数据采集。

生意参谋不支持直接下载竞品数据，商家需要手动将数据复制到 Excel 中，并按日汇总到文件夹，最后通过 Excel 生成表格进行建模分析。建模分析过程如下。

从页面第一部分【关键指标对比】开始，该对比有"流量指数""交易指数""搜索人气""收藏人气""加购人气""转化指数"6 个指标，如图 8-59 所示。

图 8-59　"竞品分析"页面（4）

选择 PC 端或无线端，将数据复制到 Excel 中，表格格式如图 8-60 所示。

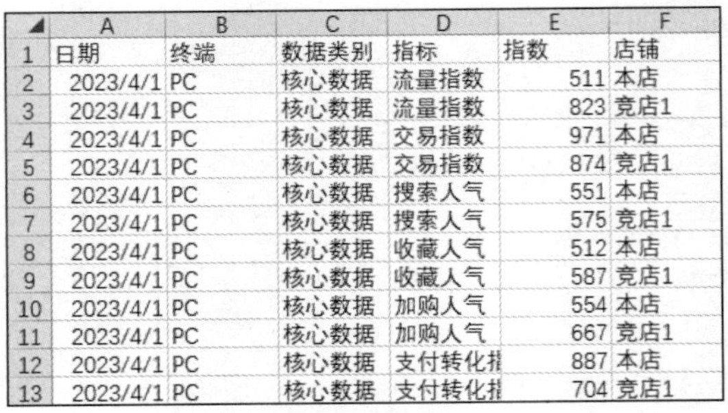

	A	B	C	D	E	F
1	日期	终端	数据类别	指标	指数	店铺
2	2023/4/1	PC	核心数据	流量指数	511	本店
3	2023/4/1	PC	核心数据	流量指数	823	竞店1
4	2023/4/1	PC	核心数据	交易指数	971	本店
5	2023/4/1	PC	核心数据	交易指数	874	竞店1
6	2023/4/1	PC	核心数据	搜索人气	551	本店
7	2023/4/1	PC	核心数据	搜索人气	575	竞店1
8	2023/4/1	PC	核心数据	收藏人气	512	本店
9	2023/4/1	PC	核心数据	收藏人气	587	竞店1
10	2023/4/1	PC	核心数据	加购人气	554	本店
11	2023/4/1	PC	核心数据	加购人气	667	竞店1
12	2023/4/1	PC	核心数据	支付转化批	887	本店
13	2023/4/1	PC	核心数据	支付转化批	704	竞店1

图 8-60　表格格式

单击任意有数据的单元格，在 Excel 中单击【插入】→【表格】按钮，勾选【表包含标题】选项，单击【确定】按钮，如图 8-61 所示，创建完成的表如图 8-62 所示。

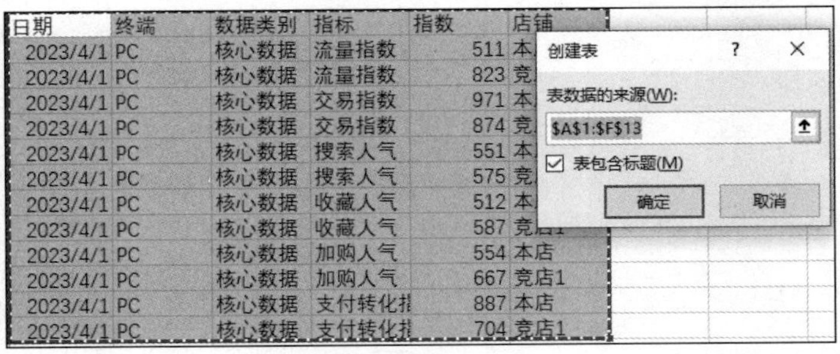

图 8-61　创建表操作

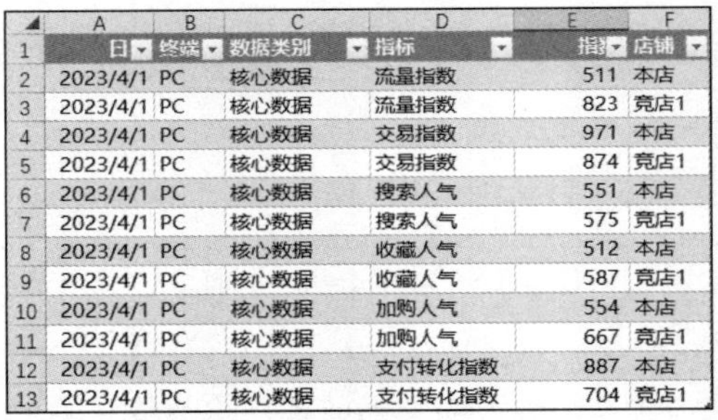

	A	B	C	D	E	F
1	日	终端	数据类别	指标	指	店铺
2	2023/4/1	PC	核心数据	流量指数	511	本店
3	2023/4/1	PC	核心数据	流量指数	823	竞店1
4	2023/4/1	PC	核心数据	交易指数	971	本店
5	2023/4/1	PC	核心数据	交易指数	874	竞店1
6	2023/4/1	PC	核心数据	搜索人气	551	本店
7	2023/4/1	PC	核心数据	搜索人气	575	竞店1
8	2023/4/1	PC	核心数据	收藏人气	512	本店
9	2023/4/1	PC	核心数据	收藏人气	587	竞店1
10	2023/4/1	PC	核心数据	加购人气	554	本店
11	2023/4/1	PC	核心数据	加购人气	667	竞店1
12	2023/4/1	PC	核心数据	支付转化指数	887	本店
13	2023/4/1	PC	核心数据	支付转化指数	704	竞店1

图 8-62　创建完成的表

生意参谋对核心指标数据进行了指数化处理，因此需要参考例 8-6 对指数进行还原，再将还原后的数据添加到表格中。

分别对最近 7 天的核心指标数据进行整理，如图 8-63 所示，将数据分类汇总到文件夹，继续采集下一个部分的数据，最终整理成 3 个文件夹，如图 8-64 所示。

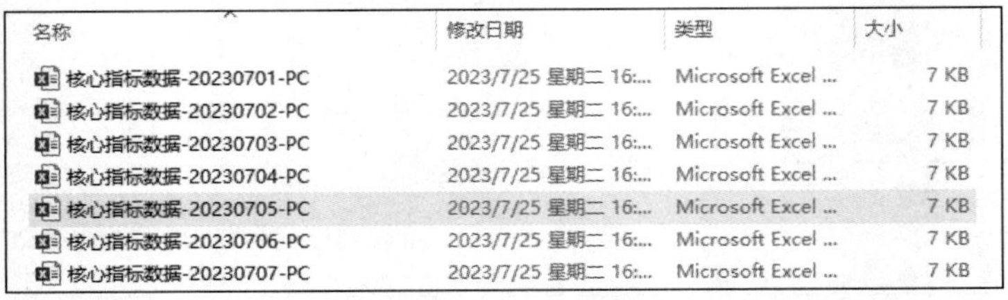

名称	修改日期	类型	大小
核心指标数据-20230701-PC	2023/7/25 星期二 16:...	Microsoft Excel ...	7 KB
核心指标数据-20230702-PC	2023/7/25 星期二 16:...	Microsoft Excel ...	7 KB
核心指标数据-20230703-PC	2023/7/25 星期二 16:...	Microsoft Excel ...	7 KB
核心指标数据-20230704-PC	2023/7/25 星期二 16:...	Microsoft Excel ...	7 KB
核心指标数据-20230705-PC	2023/7/25 星期二 16:...	Microsoft Excel ...	7 KB
核心指标数据-20230706-PC	2023/7/25 星期二 16:...	Microsoft Excel ...	7 KB
核心指标数据-20230707-PC	2023/7/25 星期二 16:...	Microsoft Excel ...	7 KB

图 8-63　收集整理的数据文件

名称	修改日期	类型	大小
核心指标数据	2023/8/1 15:45	文件夹	
流量来源	2023/8/1 15:45	文件夹	
入店关键词	2023/8/1 15:45	文件夹	

图 8-64　整理的文件夹

在生意参谋中，入店关键词包括引流关键词和成交关键词两部分，可以通过 Power Query 编辑器将它们合并为一个表格并构建模型。后续随时间变化，加入当天更新的数据，该模型可以实现数据自动更新。

（5）导入数据。

首先创建一个新的 Excel 表格，选择【数据】→【新建查询】→【从文件】→【从文件夹】选项，如图 8-65 所示，再选择上文整理好的"成交关键词"文件夹，参考 4.2.1 小节中的纵向合并数据操作。（其他文件也可以使用同样的方法进行合并。）

图 8-65　导入文件夹

分别合并"成交关键词"和"引流关键词"两个文件夹后，还需要对合并好的两张表进行纵向合并。选择【追加查询】→【将查询追加为新查询】选项，将"引流关键词"表格和"成交关键词"表格合并，如图 8-66 所示。

图 8-66　合并两张表

（6）创建维度表。

在生意参谋中，"竞品分析"页面中提供的入店来源数据为二级数据，需要另外创建一个具有一级分类及终端的维度表，方便查看整体流量来源结构。

生意参谋流量来源结构可以通过选择【生意参谋】→【学院】→【帮助中心】→【来源注释】选项获取，并用相应的来源注释查看相关流量渠道的详细说明，如图 8-67 所示。

图 8-67　生意参谋帮助中心来源注释

另外，根据表格中的"终端""日期表""核心指标""店铺""入店关键词"分别建立维度表，这里只需要把对应数据复制到新的工作表中。再单击【数据】→【删除重复值】按钮，删除重复值，如图 8-68 所示。

图 8-68　【删除重复值】对话框

最终建立了"终端&流量来源""终端""日期表""核心指标""店铺""入店关键词"6 个维度表，如图 8-69 所示。

图 8-69　创建的维度表

（7）建模。

完成"关键指标对比""入店搜索词""入店来源"部分中的数据整理后，开始进行数据建模。打开一张新的 Excel 表格，单击【Power Pivot】选项卡中的【管理】按钮，如图 8-70 所示，进入 Power Pivot 编辑器。

图 8-70　单击【管理】按钮

将准备好的数据源表格分别导入 Power Pivot，单击【主页】→【从其他源】按钮，选择【Excel 文件】选项，单击【下一步】按钮，如图 8-71 所示。

勾选【使用第一行作为列标题】选项，将所有数据导入 Power Pivot，如图 8-72 所示。

单击【关系图视图】按钮，将各张表对应的字段连接起来，建立表关系，如图 8-73 所示。

由于流量来源数据表中的数据来源是流量渠道的二级分类，而不同终端的二级分类是重复的，因此需要手动添加一张来源分类表，将"终端"和"来源明细"两个字段合并在一起，合并结果如图 8-74 所示。

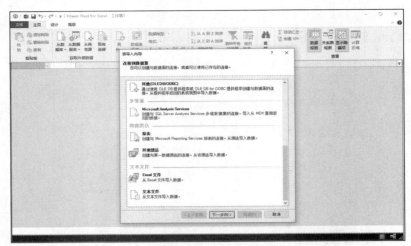

图 8-71　导入数据源表格

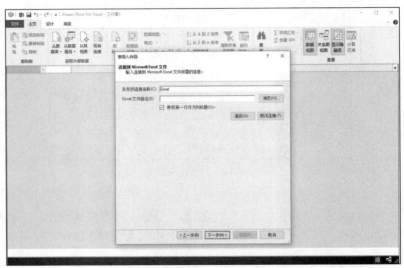

图 8-72　【表导入向导】对话框

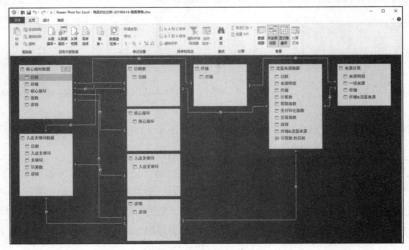

图 8-73　关系的建立

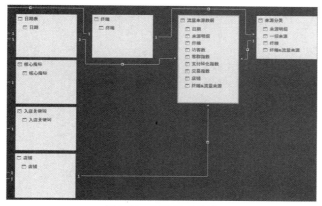

图 8-74　来源分类表

将"日期"连接到"日期"，将"终端"连接到"终端"，依此类推，连接好所有的表关系，得到的结果如图 8-75 所示。

图 8-75　创建的表关系

创建好表关系后，就可以进行数据分析了。在【主页】选项卡中单击【数据透视表】按钮，创建数据透视表，如图 8-76 所示。

图 8-76　创建数据透视表

将相应的字段拖入数据透视表，插入切片器，如图 8-77 所示。单击切片器可以看到本店产品与竞品 1 不同指标趋势的对比，效果如图 8-78 所示。

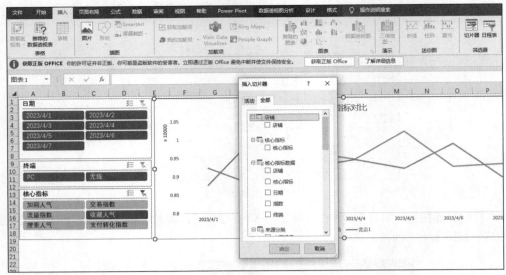

图 8-77　插入切片器

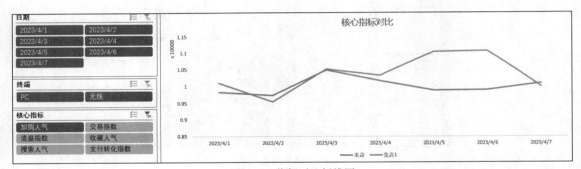

图 8-78　指标对比折线图

对数据进行核心指标对比分析，通过图 8-78 可以看出，竞品 1 最近 7 天加购人气大体呈上升趋势，而本店的产品 A 的加购人气则明显下降。

其中，关键词核心指标计算公式如下。

- 流量×支付转化率=每日支付订单数。
- PC/（PC+无线）=PC 端流量占比。
- 加购人气/流量指数≈加购比。
- 收藏人气/流量指数≈收藏比。

创建入店关键词数据透视图，通过"TOP 关键词"条形图可以查看主要引流的关键词，添加度量值：关键词成交转化率=成交关键词访客数/引流关键词访客数。通过引流关键词计数，对比两个产品的关键词流量入口，还可以对比本店产品和竞品 1 的不同关键词最近 7 天的流量情况，如图 8-79 所示。

通过图 8-79 可以直观地看到，最近 7 天在"引流关键词"指标中，竞品 1 比本店多了 21 个关键词流量入口，说明产品 A 在转化上与竞品 1 明显存在差距。

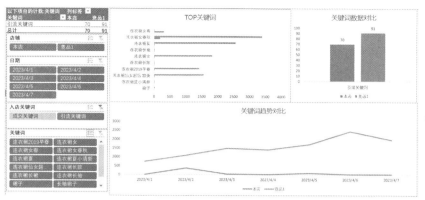

图 8-79　关键词核心指标数据对比

本店主要引流关键词为"连衣裙女春"，竞品 1 主要引流关键词为"连衣裙女春秋"，且竞品 1 的"连衣裙女春秋"关键词最近 7 天的流量呈现上升趋势，可能是受季节影响。

分析流量来源，将相应字段拖入数据透视表，可以分别看到本店产品流量渠道与竞品 1 整体流量占比情况和细分流量占比情况，如图 8-80 所示。

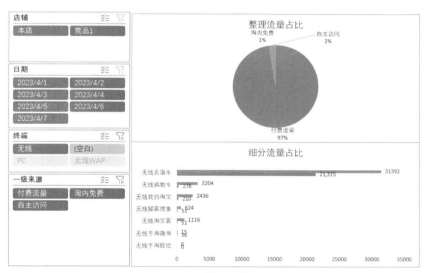

图 8-80　流量来源分析

利用店铺切片器筛选本店数据，可以看到本店淘内免费流量主要来源为无线手淘搜索，如图 8-81 所示。

利用店铺切片器筛选竞品 1 数据，可以看到竞品 1 淘内免费流量主要来源为无线猫客搜索，如图 8-82 所示。

（8）优化策略。

① 通过关键词流量数据对比，本店可以将关键词"连衣裙女春"替换为"连衣裙女春秋"，优化产品标题，并检查页面与关键词的匹配度。

② 通过产品来源对比，竞品 1 在微淘维护方面比较薄弱，店铺可以巩固自身优势，继续进行深入的微淘粉丝维护和引流。

③ 假如竞品 1 在直通车、购物车等推广方面有较大的投入，店铺可以根据实际情况跟踪和记录竞品的营销记录，使用钻展设置定向引流。

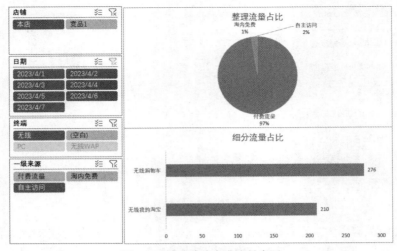

图 8-81　本店淘内免费流量来源

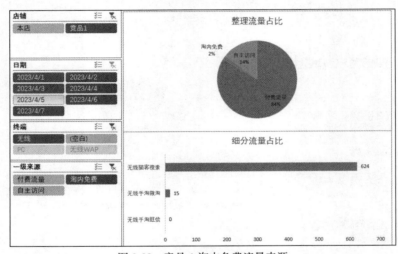

图 8-82　竞品 1 淘内免费流量来源

3. 竞争对手趋势分析

掌握竞争对手的发展趋势能及时调整战略，通过和竞争对手的发展趋势对比可以分析运营策略的实施效果，如果此消彼长，则说明运营策略很理想。

竞争对手趋势分析

例 8-17：对竞争对手的流量指数、支付转化率和搜索人气数据进行分析。

解：得到数据时，首先需要对数据进行简单的清洗和处理，便于后续使用，如图 8-83 所示。

日期	商品id	收藏人气	支付转化率	搜索人气	流量指数	交易指数
2022/12/1	566942669827	1931	1771	14157	15380	92465
2022/12/1	570451461866	4264	2506	21040	22361	133943
2022/12/1	19847908526	1483	1332	8682	12920	44698
2022/12/1	40119495813	1841	2269	14134	16449	63509
2022/12/1	572152593840	2130	1948	9348	11645	48335
2022/12/1	578412556641	5237	1345	25186	28084	50442
2022/12/1	566658254820	718	1198	4292	4646	24715
2022/12/1	575739308617	2644	1406	9816	10726	34661
2022/12/1	539379090121	678	1337	5748	6274	30167
2022/12/1	554832508436	3279	673	17437	24362	39098

图 8-83　清洗和处理后的竞品数据集

选中数据，在【插入】选项卡中单击【数据透视表】按钮，如图 8-84 所示。

将【筛选】设置为【商品 id】，【行】设置为【日期】，【值】设置为【求和项:流量指数】，如图 8-85 所示。

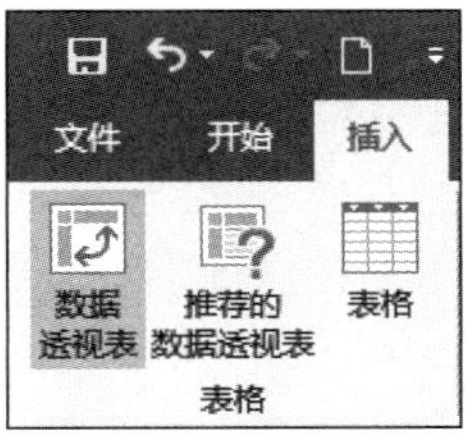

图 8-84　单击【数据透视表】按钮

图 8-85　数据透视表字段设置及结果展示

为了更直观地观察 2022 年 12 月这款产品的流量变化情况，插入一张折线图，便于决策，如图 8-86 所示。

要想看到其他产品的数据，可以在筛选位置更换"商品 id"，如图 8-87 所示。

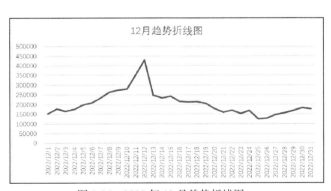

图 8-86　2022 年 12 月趋势折线图

图 8-87　更换"商品 id"

更换后，折线图会随之改变，通过观察，不难发现"双十二"活动之后许多产品的流量都下降了。

8.4　本章小结

本章介绍了市场细分及竞争分析的内容，包含市场细分、品牌分析和竞争分析。读者要掌握的知识为以下 6 点。

- 市场细分的思路和方法。
- 品牌集中度的计算方法。
- 品牌矩阵的分析方法。
- 竞争环境的分析思路和方法。
- 竞争对手的选择思路。
- 竞争对手的分析思路和方法。

8.5　习题

1. 分析女式围巾市场的细分市场、品牌、竞争环境和竞争对手。
2. 分析运动服市场的细分市场、品牌、竞争环境和竞争对手。

第9章
流量运营分析

流量运营分析是运营过程中为提高引流效果而开展的分析活动，是运营过程中必不可少的工作，也是数据化运营的基础。在运营过程中基于数据做决策，能避免经验主义，具备可复制性。

学习目标

- 掌握渠道分析的思路和方法。
- 掌握关键词分析的思路和方法。
- 掌握活动分析的思路和方法。
- 掌握广告分析的思路和方法。

9.1 渠道分析

电商的渠道是指流量入口，流量是电商的命脉，电商企业如果没有流量那么一切都是空谈。电商的渠道可分为传统流量渠道和内容渠道。

9.1.1 传统流量渠道分析

电商的传统流量渠道具备很强的可控性，电商企业的传统流量主要分为免费流量和付费流量。

1. 渠道分析

以淘宝网的流量渠道为例，电商企业需要重点关注以下两类流量渠道入口。

（1）免费端口：搜索流量、首页流量等。

（2）付费端口：直通车、钻展、淘宝客等。

如果是分析自己网店的数据，可以用生意参谋的"流量"板块查看免费渠道和付费渠道的流量来源构成，如图9-1所示。

由图9-1可以看到某网店无线端口的数据（电商的流量主要来自手机端，PC端的流量现在一般不做分析），发现淘内免费、付费流量都有大幅度下降的趋势。掌握了这个信息就可以进行详细的分析，了解是哪一个板块出现了问题，导致网店的整体数据下降，有了数据的支撑才能有针对性地做出决策。

单击名称前的【+】展开明细，发现手淘搜索、淘内免费其他、手淘首页和猫客搜索的数据都呈下降趋势，如图9-2所示。通过数据看到了问题所在，就可以对网店进行调整。调整网店时要做好操作记录，然后观察数据变化，便于下一步的调整。

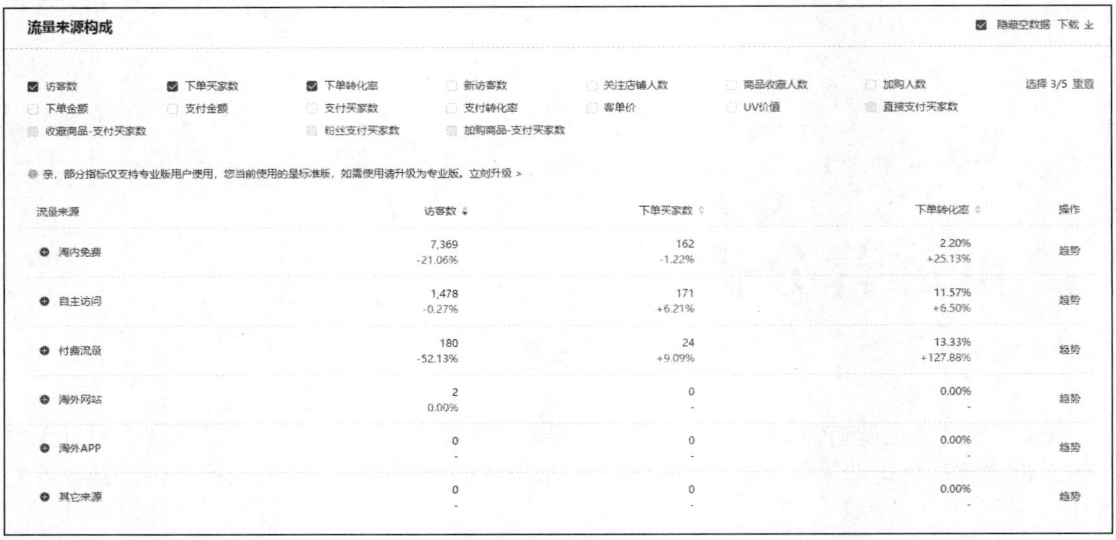

流量来源	访客数	下单买家数	下单转化率	操作
淘内免费	7,369 -21.06%	162 -1.22%	2.20% +25.13%	趋势
自主访问	1,478 -0.27%	171 +6.21%	11.57% +6.50%	趋势
付费流量	180 -52.13%	24 +9.09%	13.33% +127.88%	趋势
淘外网站	2 0.00%	0 -	0.00% -	趋势
淘外APP	0 -	0 -	0.00% -	趋势
其它来源	0 -	0 -	0.00% -	趋势

图 9-1　生意参谋中的流量来源构成

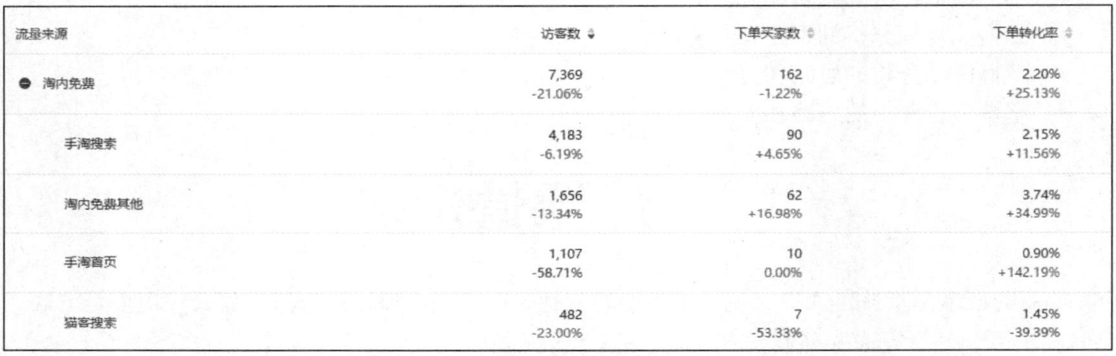

流量来源	访客数	下单买家数	下单转化率
淘内免费	7,369 -21.06%	162 -1.22%	2.20% +25.13%
手淘搜索	4,183 -6.19%	90 +4.65%	2.15% +11.56%
淘内免费其他	1,656 -13.34%	62 +16.98%	3.74% +34.99%
手淘首页	1,107 -58.71%	10 0.00%	0.90% +142.19%
猫客搜索	482 -23.00%	7 -53.33%	1.45% -39.39%

图 9-2　淘内免费流量来源明细

直通车是一个操作相对比较多的付费端口，如果直通车的数据出现问题，就需要查看是哪个端口出现了问题，根据问题对定价、地域、时间段等做出调整，同上述操作一样，要对数据的调整做好记录；如果是钻展的数据出现问题，则需要查看投放计划的展现量、点击率、出价排名等指标，也需要花时间去优化。

2. 关键词分析

关键词分析

搜索是消费者常用的方式，也是卖家最喜欢的流量入口，因为它免费、流量巨大，而且搜索流量的转化率仅次于活动入口。商家可以通过营销手段实现搜索的优化。

例 9-1： 分析某产品搜索关键词数据，为优化标题提供决策依据。数据采集路径：【生意参谋】→【商品】→【商品分析】。

解： 分析思路如下。

（1）将关键词数据都转换为词根数据。

（2）看每个词根在自家店铺产品与竞品上的表现，以及在行业中的表现，综合考虑。

在生意参谋的【商品】→【商品分析】页面中下载 7～14 天的数据。图 9-3 所示为合并好的“宝贝关键词数据”数据集，时间宽度为 8 天，将此表命名为“单品”。

渠道	日期	关键词	平均搜索排名	曝光量	点击次数	点击转化率	浏览量	访客数	人均浏览量	跳失率	支付买家数	支付商品件数	支付金额	支付转化率
WIRELESS	2023/5/28	diy永生花	-	-	-	-	1	1	1.00	100.00%	1	1	299.00	100.00%
WIRELESS	2023/5/28	保鲜花	-	-	-	-	1	1	1.00	100.00%	0	0	0.00	0.00%
WIRELESS	2023/5/28	安睡鲜鲜花	-	-	-	-	1	1	1.00	100.00%	0	0	0.00	0.00%
WIRELESS	2023/5/28	干玫瑰花	-	-	-	-	1	1	1.00	100.00%	0	0	0.00	0.00%
WIRELESS	2023/5/28	干花仿真玫瑰	-	-	-	-	1	1	1.00	100.00%	0	0	0.00	0.00%
WIRELESS	2023/5/28	干花保鲜瓶	-	-	-	-	1	1	1.00	100.00%	0	0	0.00	0.00%
WIRELESS	2023/5/28	干花礼盒 生日	-	-	-	-	1	1	1.00	100.00%	0	0	0.00	0.00%
WIRELESS	2023/5/28	成年礼物18岁女鲜花	-	-	-	-	1	1	1.00	100.00%	0	0	0.00	0.00%
WIRELESS	2023/5/28	永生花玫瑰花束	-	-	-	-	1	1	1.00	100.00%	0	0	0.00	0.00%
WIRELESS	2023/5/28	永生花玻璃	-	-	-	-	1	1	1.00	0.00%	0	0	0.00	0.00%
WIRELESS	2023/5/28	永生花 生日 送女友	-	-	-	-	3	1	3.00	0.00%	0	0	0.00	0.00%
WIRELESS	2023/5/28	永生花音乐盒玻璃罩	-	-	-	-	1	1	1.00	100.00%	0	0	0.00	0.00%
WIRELESS	2023/5/28	玫瑰　永生花	-	-	-	-	1	1	1.00	100.00%	0	0	0.00	0.00%
WIRELESS	2023/5/28	玫瑰 送女友 生日	-	-	-	-	1	1	1.00	100.00%	0	0	0.00	0.00%
WIRELESS	2023/5/28	玻璃瓶永生花	-	-	-	-	1	1	1.00	100.00%	0	0	0.00	0.00%
WIRELESS	2023/5/28	玻璃罩 diy	-	-	-	-	1	1	1.00	100.00%	0	0	0.00	0.00%
WIRELESS	2023/5/28	玻璃罩 飞马	-	-	-	-	1	1	1.00	100.00%	0	0	0.00	0.00%
WIRELESS	2023/5/28	生日礼物 花	-	-	-	-	1	1	1.00	100.00%	0	0	0.00	0.00%
WIRELESS	2023/5/28	生日礼物花	-	-	-	-	1	1	1.00	100.00%	0	0	0.00	0.00%

图 9-3　合并好的关键词数据集

此外，还需要准备词根、相关搜索词和竞品关键词这 3 份数据集，且数据必须是在同一时间宽度中。

① 词根：词根是最小的标题粒度，商家可以根据自己的标题来设置，如"连衣裙"，不可以再分为"连衣""衣裙"，这些词在消费者搜索行为中不具备意义，因此"连衣裙"就是词根。

② 相关搜索词：所在行业主要的搜索关键词，将此表命名为"行业"。

③ 竞品关键词：竞品产生流量和销售的主要关键词，商家需订购生意参谋"竞品"板块才有权限查看并下载数据，将此表命名为"竞品"。

分析产品搜索关键词的具体操作如下。

（1）将数据加载到 Power Query 编辑器。单击【数据】选项卡中的【从表格】按钮，把 4 张数据表分别加载到 Power Query 编辑器中，如图 9-4 所示。前一张表格加载到 Power Query 编辑器后，需要选择【关闭并上载至】选项，才可以将后一张表格加载到 Power Query 编辑器。由于新导入的数据并不是最终结果，因此在【导入数据】对话框中可选择【仅创建连接】选项，如图 9-5 所示。

图 9-4　加载数据表

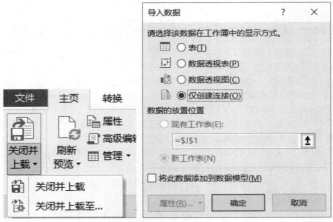

图 9-5　关闭并上载至操作及设置界面

（2）添加自定义列将词根导入关键词数据。在名称为"宝贝关键词数据"的查询（导入 Power Query 编辑器的表都统一称为查询）中导入"词根"表。

在 Power Query 编辑器的【添加列】选项卡中，单击【自定义列】按钮，命名为"词根"，同时在【自定义列公式】文本框中输入"词根"表的名字即可引用"词根"表，如图 9-6 和图 9-7 所示。"词根"是前面准备好的"词根"表，此时要注意查看表名称，如果命名规则不同，需要引用实际的名称。

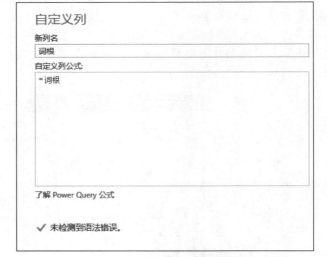

图 9-6　添加自定义列操作界面　　　　图 9-7　添加自定义列编辑界面（1）

展开添加的列，不要勾选【使用原始列名作为前缀】选项，如图 9-8 所示。

接下来判断关键词中是否包含词根。修改新列名为"是否包含词根"，在【自定义列公式】文本框中输入"=Text.Contains([关键词],[词根])"，如图 9-9 所示。如果被匹配文本包含词根则会返回 TRUE，否则返回 FALSE。

筛选添加的自定义列【是否包含词根】，如图 9-10 所示，勾选【TRUE】选项以保留包含词根的关键词数据，删除不包含词根的关键词数据。

其他表的操作步骤相同，设置好后选择【关闭并上载至】选项，返回操作界面，如图 9-11 所示。

图 9-8　展开添加的列

图 9-9　添加自定义列编辑界面（2）

图 9-10　筛选器操作界面

图 9-11　选择【关闭并上载至】选项

在【导入数据】对话框中，选择【仅创建连接】选项和勾选【将此数据添加到数据模型】选项，如图 9-12 所示，将数据导入 Power Pivot 编辑器，3 张表均进行同样的操作。

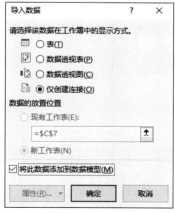

图 9-12　将数据添加到数据模型的设置界面

（3）建立关系模型。在 Excel 的【Power Pivot】选项卡中单击【管理】按钮，如图 9-13 所示，进入 Power Pivot 编辑器。

图 9-13　进入 Power Pivot 编辑器

在 Power Pivot 编辑器中，在【开始】选项卡中单击【关系图视图】按钮，如图 9-14 所示，拖曳鼠标把"词根"表的"词根"字段和其他 3 张表的"词根"字段进行关联，如图 9-15 所示。此时"词根"表为维度表，其他 3 张表为事实表。

图 9-14　切换到关系图视图

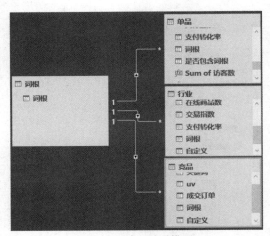

图 9-15　建立关系模型

（4）创建度量值。关系连接好后，返回数据视图，添加度量值，度量值的名称可以自由设定，如图 9-16 所示。输入以下公式。

$$总访客数 := SUM([访客数])$$
$$总支付买家数 := SUM([支付买家数])$$
$$平均转化率 := [总支付买家数]/[总访客数]$$

[访客数]	▼	f_x 总访客数:=SUM([访客数])						
渠道	日期	关键词	平均搜索排名	曝光量	点击次数	点击转化率	浏览量	访客数
1 WIRELESS	2023/5/28...	保鲜花	-	-	-	-	1	1
2 WIRELESS	2023/5/28...	保鲜花	-	-	-	-	1	1
3 WIRELESS	2023/5/28...	安瓿瓶鲜花	-	-	-	-	1	1
4 WIRELESS	2023/5/28...	干玫瑰花	-	-	-	-	1	1
5 WIRELESS	2023/5/28...	干花仿真玫瑰	-	-	-	-	1	1
6 WIRELESS	2023/5/28...	干花仿真玫瑰	-	-	-	-	1	1
7 WIRELESS	2023/5/28...	干花保鲜瓶	-	-	-	-	1	1
8 WIRELESS	2023/5/28...	干花保鲜瓶	-	-	-	-	1	1
9 WIRELESS	2023/5/28...	干花礼盒 生日	-	-	-	-	1	1
10 WIRELESS	2023/5/28...	干花礼盒 生日	-	-	-	-	1	1
11 WIRELESS	2023/5/28	干花礼盒 生日						

总访客数: 1756

图 9-16　创建度量值

（5）创建数据透视表。模型建立好之后就可以进行数据分析了，在【主页】选项卡中单击【数据透视表】按钮来创建数据透视表，如图 9-17 所示。

图 9-17　创建数据透视表

观察"单品"表中的"访客数""支付买家数""支付金额""平均转化率","竞品"表中的"uv"和"成交订单","行业"表中的"搜索人气""交易指数""在线商品数""支付转化率"。把这些指标设置为数据透视表的【值】,"词根"设置为数据透视表的【行】,可以发现"情人节""手工""友情"这 3 个词根共 7 个字没有任何访客的引入,浪费了标题 20%的资源,同时在竞品上的表现也不佳;在行业表现中,"手工"词根的支付转化率为 0%,"友情"词根的搜索人气最低,可以考虑换成其他表现更佳的词根,如图 9-18 所示。

行标签	访客数	支付买家数	支付金额	平均转化率	uv	成交订单	搜索人气	交易指数	在线商品数	支付转化率
diy	64	2	488	3.13%	290	3	35827	74717	200830	6.25%
保鲜	36	1	378	2.78%	6	1	7254	19297	45803	6.25%
玻璃	262	4	945	1.53%	1462	36	31842	89940	237750	12.50%
干花	125	2	567	1.60%	1251	6	23154	33837	501827	6.25%
礼盒	107	2	488	1.87%	1362	35	22963	91006	330924	6.25%
礼物	18	0	0	0.00%	46	0	10115	24763	254886	6.25%
玫瑰	137	3	677	2.19%	421	21	24492	68265	491668	6.25%
情人节	0	0	0	0.00%	19	0	2759	9548	92016	6.25%
生日	32	0	0	0.00%	113	11	7875	29196	257692	6.25%
手工	0	0	0	0.00%	0	0	5086	6653	17578	0.00%
鲜花	43	1	378	2.33%	17	1	7127	13451	45647	0.00%
永生花	645	12	3337	1.86%	11175	276	315519	821800	3231113	18.75%
友情	0	0	0	0.00%	0	0	1552	10184	2644	6.25%
长生花	98	0	0	0.00%	0	0	1947	3297	1079	0.00%
罩	189	2	378	1.06%	1443	36	27763	83599	172651	12.50%
总计	1756	29	7636	1.65%	17605	426	525275	1379553	5884108	100.00%

图 9-18　创建的数据透视表

(6)创建数据透视图。此时需要的数据都已经被展现出来,为了能更直观地看到数据的变化趋势,可以插入数据透视图。

以"单品"表词根的访客数趋势变化为例,在【主页】选项卡中选择【数据透视表】→【数据透视图】选项,如图 9-19 所示。

图 9-19　创建数据透视图

在【创建数据透视图】对话框中,勾选【现有工作表】(选择【新工作表】选项也可以,可根据具体需求设置)选项,选择单元格位置,如图 9-20 所示。

插入数据透视图后，将【轴(类别)】设置为【日期】，【值】设置字段为【以下项目的总和:访客数】，如图 9-21 所示，得到的效果如图 9-22 所示。

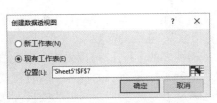

图 9-20 【创建数据透视图】对话框

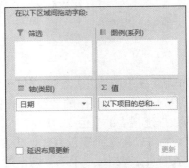

图 9-21 数据透视图字段设置

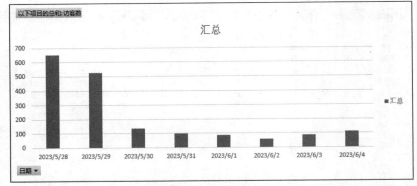

图 9-22 创建的数据透视图

（7）添加切片器。选中数据透视图，在 Excel 的【插入】选项卡中单击【切片器】按钮，如图 9-23 所示。

添加"词根"切片器。切片器一般使用维度表的字段，因此需要调用的是"词根"表的"词根"字段。插入切片器后选择词根逐一观察，可以看到"diy"词根的访客数下降明显，如图 9-24 所示。

图 9-23 单击【切片器】按钮

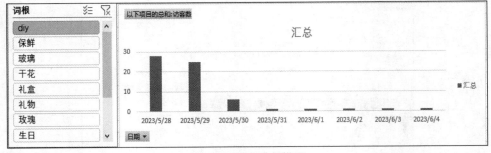

图 9-24 词根分析模型

以上操作实现了词根的趋势分析，在实际的应用中，商家可以根据需求建立或调整分析模型。

9.1.2 内容渠道分析

社交已经成为现有电商的重要渠道，内容是社交的载体，因此社交和内容分不开。例如淘宝直播，主播的直播过程就是将内容传播给粉丝的过程，主播和粉丝的互动就是一种社交关系。

1. 渠道分析

淘宝生意参谋的"内容"板块有完整的内容渠道分析功能。图 9-25 所示为某网店的内容渠道数据，可以看出手淘淘宝直播的互动次数是最多的，是最具备社交属性的渠道。手淘有好货的内容是导购，是引导进店次数最多的，是该店引流效果最好的内容渠道。

渠道名称	浏览次数 ≑	浏览人数 ≑	互动次数 ≑	引导进店次数 ≑	引导进店人数 ≑
手淘微淘 较前30日	3,706 -1.07%	1,347 -0.74%	2 0.00%	458 +0.22%	125 0.00%
手淘淘宝头条 较前30日	25 -3.85%	16 -5.88%	0 -	0 -	0 -
手淘有好货 较前30日	6,353 -1.90%	3,633 -1.73%	0 -	2,513 -1.10%	1,081 -1.55%
手淘必买清单 较前30日	193 -4.46%	122 -4.69%	0 -	2 0.00%	2 0.00%
手淘哇喔视频 较前30日	5 -91.07%	4 -85.71%	0 -	0 -100.00%	0 -100.00%
手淘淘宝直播 较前30日	1,821 +0.44%	1,144 +0.44%	4,314 0.00%	268 -3.25%	87 +1.16%

图 9-25　内容渠道数据

2. 用户分析

做内容运营最重要的就是用户数据，了解粉丝用户画像，可以更精准地设计内容，如图 9-26 所示。

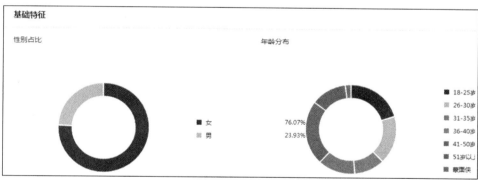

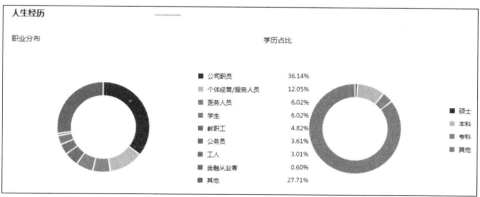

图 9-26　粉丝用户画像

3. 内容分析

内容分析是针对已发布的内容进行数据分析，通过内容分析可以了解哪些内容比较受用户的欢迎，如图 9-27 所示。

排名	文章/发布时间/作者	合作方式 ⇅	浏览次数 ⇅	浏览人数 ⇅	互动次数 ⇅	引导进店次数 ⇅	引导进店人数 ⇅
1	亲，下面是我家新品，欢迎选购，… 2022-03-15 15:43:23	自制	522	253	1	9	6
2	遇见樱花雨 樱花手帕纸上市了 2022-03-20 19:50:38	自制	468	247	0	29	17

图 9-27　内容数据

4. AIPL 模型

AIPL 模型重新定义了消费者链路概念。A 是指认知（Awareness），I 是指兴趣（Interest），P 是指购买（Purchase），L 是指忠诚（Loyalty）。

以淘宝上发布的一条导购的图文内容为例，用户在看到这条图文的标题时对其内容产生了认知；点击进入后阅读了产品信息，并对产品产生了兴趣；通过图文的内容，用户购买了某件产品；等待一段时间后收到了该产品，并对该产品感到满意，便会对内容发布者产生信任，于是就会复购，也就产生了忠诚度。

9.2　活动及广告分析

活动和广告都属于流量渠道，也是运营人员运营流量的重要手段，对活动和广告进行深度分析是运营人员的必修课之一。

9.2.1　活动分析

电商平台一般都离不开活动，特别是在新项目启动时，几乎每天都会有活动。活动分为 S、A、B、C 这 4 个营销等级，不同等级的活动有不同程度的资源导入支撑。

活动分析

1. 活动效果预测

淘宝有聚划算、淘抢购、天天特价等常规活动，还有"双十一""双十二"这些大型活动。参加活动时要保证库存、客服人员充足，因此就需要提前对活动的效果进行预测，以免措手不及。

例 9-2： 采集了一份女式裤子参加聚划算活动的数据，筛选出类似商品的数据作为数据集，预测 129 元的商品参加该活动的效果。数据采集自生意参谋。

解： 数据中有两个变量，"价格"是自变量，"销量"是因变量，如图 9-28 所示。

在 Excel 的【插入】选项卡中，选择【散点图】选项，创建散点图，如图 9-29 所示。

单击散点图，在其右上角的下拉列表中设置趋势线（可任意选择一种算法），如图 9-30 所示。

在趋势线上单击鼠标右键，在弹出的快捷菜单中选择【设置趋势线格式】命令，勾选【显示公式】和【显示 R 平方值】选项，如图 9-31 所示。

商品	销量	价格
A	6710	68.00
B	5770	78.00
C	5716	78.00
D	5945	79.00
E	6245	79.00
F	6065	79.00
G	4908	89.00
H	2732	149.00
I	2526	179.00
J	2123	199.00
K	1903	199.00

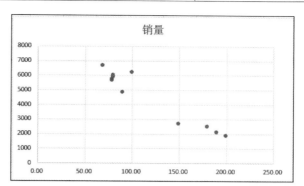

图 9-28　参加聚划算活动的商品数据

图 9-29　创建的散点图

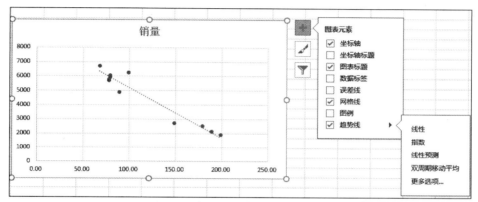

图 9-30　添加趋势线

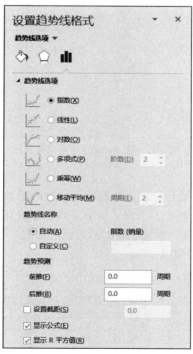

图 9-31　趋势线设置

显示的是回归方程，通过该方程可计算相应数值，R^2 的值代表方程的拟合情况，可以表示预测的精确程度，R^2 值越接近 1，拟合度就越高，说明这个方程的预测结果比较精准。在实际的应用中，R^2 值一般要大于 0.6。

对比不同算法的 R^2 值，R^2 值最高是 0.9616，采用此值来进行计算，如图 9-32 所示。

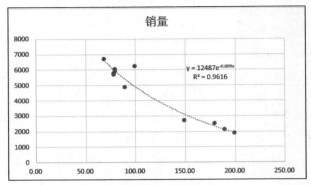

图 9-32　高 R^2 值的趋势线

拟合方程为

$$y=12487e^{-0.009x}$$

用此方程计算出价格为 129 元的商品在聚划算活动中的销量约为 3910 件，如图 9-33 所示。一般预测的误差在 ±10%以内属于正常。根据图 9-33 中预测的结果，可以提前安排客服、仓库、快递等工作。

	A	B	C	D
1	商品	价格	销量	品名
2	A	68	6710	裤子
3	B	78	5770	牛仔长裤
4	C	78	5716	牛仔长裤
5	D	79	5945	牛仔长裤
6	E	79	6065	裤子
7	F	89	4908	裤子
8	G	99	6245	裤子
9	H	149	2732	裤子
10	I	179	2526	牛仔长裤
11	J	189	2123	裤子
12	K	199	1903	裤子
13		129	=12487*EXP(-0.009*129)	

图 9-33　在 Excel 中应用预测方程

2. 活动效果分析

活动效果分析是对活动效果进行对比，从流量、新增消费者数和销售额等方面进行日销数据的对比，或者和其他同类活动做对比，从而了解活动效果的好坏，并对活动做出调整。

例 9-3：从生意参谋的"取数"板块中取出网店经营数据，如图 9-34 所示，分析"双十一""双十二"和 11 月、12 月日销的数据。

	A	B	C	D	E	F	G
1	统计日期	访客数	支付金额	支付买家数	支付老买家数	支付商品数	客单价
2	2022/11/1	900	10754	63	6	7	170.7
3	2022/11/2	929	9864	61	0	10	161.7
4	2022/11/3	973	10105	64	1	9	157.89
5	2022/11/4	1230	10480	65	1	13	161.23
6	2022/11/5	1531	11086	64	3	7	173.22

图 9-34　网店经营数据

解：将"双十一"和"双十二"的数据单独提取出来，如图 9-35 所示。

统计日期	访客数	支付金额	支付买家数	支付老买家数	支付商品数	客单价
2022/11/11	6349	114334.23	570	26	29	200.59
2022/12/12	2225	35783	159	8	19	225.05

图 9-35 "双十一"和"双十二"的数据

计算活动拉新的实际效果（支付新买家数），支付新买家数=支付买家数–支付老买家数，如图 9-36 所示。

统计日期	访客数	支付金额	支付买家数	支付老买家数	支付商品数	客单价	支付新买家数
2022/11/11	6349	114334.23	570	26	29	200.59	544
2022/12/12	2225	35783	159	8	19	225.05	151

图 9-36 计算支付新买家数

使用数据透视表将过滤"双十一"和"双十二"后的数据进行汇总，并求平均值，如图 9-37 所示。

行标签	平均值项:访客数	平均值项:支付金额	平均值项:支付买家数	平均值项:支付老买家数	平均值项:支付商品数	平均值项:客单价
⊞11月	1469.79	11027.69	57.93	3.79	7.00	190.34
⊞12月	1483.57	12767.80	59.43	6.10	7.40	216.13

图 9-37 过滤大促后 11 月和 12 月的平均数据

将数据整理在一张表格上进行分析。"双十一"活动当天的支付金额、支付买家数和支付新买家数大约是平时的 10 倍，支付商品数大约是平时的 4 倍，这说明活动对拉新和动销而言有实质性的促进作用。活动当天的客单价要比平均日销略高，这是由消费者的凑单行为引起的数据变化，如图 9-38 所示。

统计日期	访客数	支付金额	支付买家数	支付老买家数	支付商品数	客单价	支付新买家数
双十一当天	6349	114334	570	26	29	200.59	544
11月日销平均	1470	11028	58	4	7	190.34	54
双十二当天	2225	35783	159	8	19	225.05	151
12月日销平均	1484	12768	59	6	7	216.13	53

图 9-38 大促和当月平均日销的数据对比

9.2.2 广告分析

广告分析

俗话说"酒香不怕巷子深"，但在互联网时代，不懂得营销，再好的"酒"也难销售出去。广告是营销重要的媒介，互联网的广告分为 CPS（Cost Per Sales）、CPM（Cost Per Mille）、CPC（Cost Per Click）3 种计费模式。CPS 是指按效果付费的广告计费模式，该模式的广告商为转化负责。CPM 是指按展现量付费的广告计费模式，该模式不为效果负责。CPC 是指按点击量付费的广告计费模式，该模式介于 CPM 和 CPS 之间，只为点击率负责，不为最终转化负责。以 CPC 模式为例，电商行业中份额最大的是淘宝的直通车。最常用的广告分析是关键词效果分析和地域效果分析。

1. 关键词效果分析

关键词推广是直通车的重点模式之一，关键词的效果分析是推广的核心工作之一。

例 9-4：采集直通车内某个商品推广单元的关键词数据，对直通车近期的关键词数据进行分析，并提出调整方向，如图 9-39 所示。

解：选中数据集，在【插入】选项卡中单击【数据透视表】按钮，创建数据透视表时检查所选的区域是否正确，如图 9-40 所示。

终端	日期	关键词	点击量	点击率	总花费	平均排名	总成交金额	总收藏数	总购物车数	综合质量得分
Mobile	2023/6/1	凳 家用成人	1	5	1.38	5				9
Mobile	2023/6/1	凳 矮凳	6	7.59	7.19	8		1		10
Mobile	2023/6/1	沙发凳子创意 懒人	0	0		1				9
Mobile	2023/6/1	沙发凳	0	0		9				10
Mobile	2023/6/1	凳子时尚 创意 沙发凳	30	6.24	37.69	8	295.63	2		9
Mobile	2023/6/1	小凳子 家用	1	2.86	0.83	5				10

图 9-39　直通车推广关键词数据

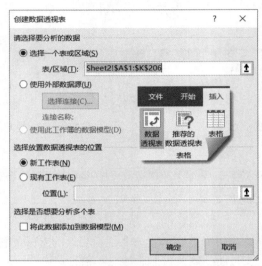

图 9-40　【创建数据透视表】对话框

创建好数据透视表后，设置数据透视表字段，将【行】设置为【日期】,【值】设置为【求和项:点击量】，如图 9-41 所示。

选中数据透视表，在【插入】选项卡下选择【簇状柱形图】选项，创建柱形图，如图 9-42 所示。

图 9-41　数据透视表字段设置

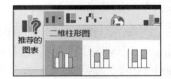

图 9-42　创建柱形图

选中柱形图，在【分析】选项卡中单击【插入切片器】按钮，如图 9-43 所示。

图 9-43　创建切片器

在弹出的【插入切片器】对话框中，勾选【关键词】选项，如图 9-44 所示。

图 9-44　【插入切片器】对话框

通过切片器加柱形图的方式，观察关键词的指标趋势，发现关键词的点击量波动较大，主推关键词有下降的趋势，应通过调整预算等方式保持直通车点击数的平稳或者使其增长，如图 9-45 所示。

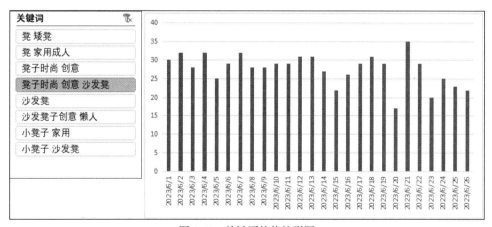

图 9-45　关键词趋势柱形图

2. 地域效果分析

直通车可以设置地域投放，因此分析地域的效果可以为广告投放提供参考依据。

例 9-5： 下载直通车的地域报表数据进行分析，如图 9-46 所示。

日期	省市	展现量	点击量	花费	平均点击花费	总成交金额	投入产出	总成交笔数	总购物车	总收藏数
2023/6/26	北京	70	7	8.35	1.19	0	0	0	0	0
2023/6/26	福建	24	1	0.67	0.67	0	0	0	0	0
2023/6/26	甘肃	14	5	6.82	1.36	0	0	0	0	1
2023/6/26	广东	78	2	2.59	1.29	0	0	0	0	0
2023/6/26	海南	5	0	0	0	0	0	0	0	0

图 9-46　直通车地域报表数据

解： 选中数据集，在【插入】选项卡中单击【数据透视表】按钮，创建数据透视表时检查所选的区域是否正确，如图 9-47 所示。

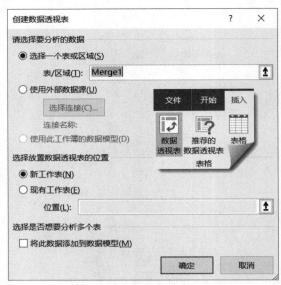

图 9-47　【创建数据透视表】对话框

创建完数据透视表后，设置数据透视表字段，将【行】设置为【省市】，【值】设置为【求和项:点击量】，如图 9-48 所示。

在【求和项:点击量】上单击鼠标右键，在弹出的快捷菜单中选择【排序】→【降序】命令，如图 9-49 所示。

图 9-48　数据透视表字段设置

图 9-49　数据透视表排序设置

排序完毕后，可以看出浙江省是直通车投放点击效果最好的省份，如图 9-50 所示。

在数据透视表中添加字段【求和项:花费】和【求和项:总成交金额】，对投放广告效果做进一步分析。一般看重基础权重分的操作方式不会太介意 ROI（Return On Investment，投资回报率），也就是说是否产生成交金额并不是分析的重点，重点是点击量的稳定或者增长。如果是以 ROI 为主的操作方式，则要计算 ROI，没有产出的地域或关键词可以关停，重点优化 ROI 高的地域或关键词。从图 9-51 可以看出山西省的花费仅 45.7 元，产生的交易金额为 506 元，ROI 在 10 以上。如果 ROI 稳定，广告投放预算不需要上限，因为只要能投放基本就是赚钱的。但考虑到此时数据基数较小，还需要增加数据量加以测试，测试出 ROI 的波动范围，再重点加大投放力度。

行标签	求和项:点击量
浙江	102
上海	96
北京	91
广东	85
山东	66
江苏	64
辽宁	63
河北	50
四川	43
福建	36
山西	35
陕西	34
天津	27
黑龙江	27
吉林	25
宁夏	22
甘肃	21
湖南	21
湖北	19
青海	16
重庆	14
海南	3
总计	960

图 9-50　地域效果排行榜

行标签	求和项:点击量	求和项:花费	求和项:总成交金额
浙江	102	141.44	0
上海	96	130.26	0
北京	91	122.4	358
广东	85	116	299
山东	66	91.84	296
江苏	64	81.96	0
辽宁	63	83.91	0
河北	50	63.87	485
四川	43	53.48	0
福建	36	50.75	0
山西	35	45.7	506
陕西	34	45.85	0
天津	27	38.28	0
黑龙江	27	36.2	0
吉林	25	35.17	0
宁夏	22	25.35	0
甘肃	21	31.72	0
湖南	21	31.48	0
湖北	19	25.68	0
青海	16	21.82	0
重庆	14	17.56	0
海南	3	3.74	0
总计	960	1294.46	1944

图 9-51　地域推广效果

9.3　本章小结

本章介绍了流量运营分析的内容，包含渠道分析和活动及广告分析。读者要重点掌握的知识为以下 4 点。

- 关键词分析的方法。
- 内容渠道分析的思路。
- 活动分析的思路和方法。
- 广告分析的思路和方法。

9.4　习题

1. 建立搜索关键词词根效果分析模型（文件为"9.4 习题 1.xlsx"）。
2. 建立广告分析模型（文件为"9.4 习题 2.xlsx"）。

第10章
产品运营分析

产品运营分析是运营过程中为优化产品策略开展的分析活动，是产品运营中必不可少的工作，也是数据化运营的基础。在运营时基于数据做决策，更能提炼知识、积累经验，具备可复制性。

学习目标

- 掌握产品结构分析的思路和方法。
- 掌握产品矩阵分析的思路和方法。
- 掌握产品生命周期分析的思路和方法。
- 掌握产品销售分析的思路和方法。
- 掌握库存绩效分析的思路和方法。
- 掌握补货模型的创建思路和方法。

10.1 产品分析

产品分析是指对企业产品结构和销售情况等指标进行细致的分析。通过对这些指标进行深入分析，为企业提供调整产品结构和运营策略的指导，从而增强所经营产品的竞争力和合理配置资源。

10.1.1 产品结构分析

产品结构分析是针对产品的价格、品类结构以及销售情况的分析，通过产品结构分析可以了解企业的产品策略是否正确。

产品结构分析

1. 产品价格区间分析

分析产品在不同价格区间的数量、销售额以及利润，为运营人员调整产品运营方向提供数据参考。产品的数量和销售额可以在电商平台上直接导出，但统计数据时会有一定的误差。如果要获得准确的数据，需要在订单中进行数据整理，或者通过 ERP 软件提取数据。

例 10-1：在订单中整理出产品的销售数据，并按价格进行分组分析。

解：数据下载自淘宝卖家后台的订单报表和宝贝报表，以及自己整理的成本表。统计周期根据实际需求进行调整。数据采集路径：【商家中心】→【已卖出的宝贝】。

分析的思路如下。

① 通过合并订单报表和宝贝报表，了解每一笔订单的商品、价格和数量。

② 通过合并上一步合并的报表与成本表，了解每一个商品的进价。

③ 计算出每个商品占订单的比例，基于比例将订单的金额分配到每个商品，计算出毛利润。

④ 对价格进行分组，观察不同价格段的商品数量、销售额和毛利润。

图 10-1　导入文件夹

在【数据】选项卡中，选择【获取数据】→【自文件】→【从文件夹】选项，如图 10-1 所示，将数据导入 Power Query 编辑器。

在【浏览】对话框中，选择数据源所在的文件夹，单击右下角的【打开】按钮，如图 10-2 所示。

图 10-2　【浏览】对话框

在弹出的文件列表界面中单击右下角的【转换数据】按钮，如图 10-3 所示。

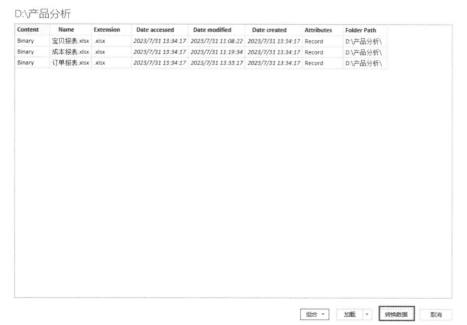

图 10-3　文件列表界面

在 Power Query 编辑器中，每条记录代表一个文件，如图 10-4 所示。

	Content	Name	Extension	Date accessed	Date modified	Date created	Attributes	Folder Path
1	Binary	宝贝报表.xlsx	.xlsx	2023/7/31 13:34:17	2023/7/31 11:08:22	2023/7/31 13:34:17	Record	D:\产品分析\
2	Binary	成本报表.xlsx	.xlsx	2023/7/31 13:34:17	2023/7/31 11:19:34	2023/7/31 13:34:17	Record	D:\产品分析\
3	Binary	订单报表.xlsx	.xlsx	2023/7/31 13:34:17	2023/7/31 13:33:17	2023/7/31 13:34:17	Record	D:\产品分析\

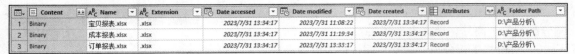

图 10-4　导入 Power Query 编辑器后的效果

文件将以二进制的形式存放在【Content】列中，在需要的文件上单击鼠标右键，在弹出的快捷菜单中选择【作为新查询添加】命令，如图 10-5 所示。

在【查询】中，双击【宝贝报表.csv】，如图 10-6 所示，文件内容就会显示出来，显示界面如图 10-7 所示，再单击“表 1”那一行【Data】列中的“Table”，文件内容就会显示出来，结果如图 10-8 所示。

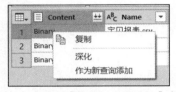

图 10-5　选择【作为新查询添加】命令

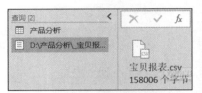

图 10-6　双击【宝贝报表.csv】

	Name	Data	Item	Kind	Hidden
1	Sheet1	Table	Sheet1	Sheet	FALSE
2	表1	Table	表1	Table	FALSE
3	_xlnm._FilterDatabase	Table	Sheet1!_xlnm._FilterDatabase	DefinedName	TRUE

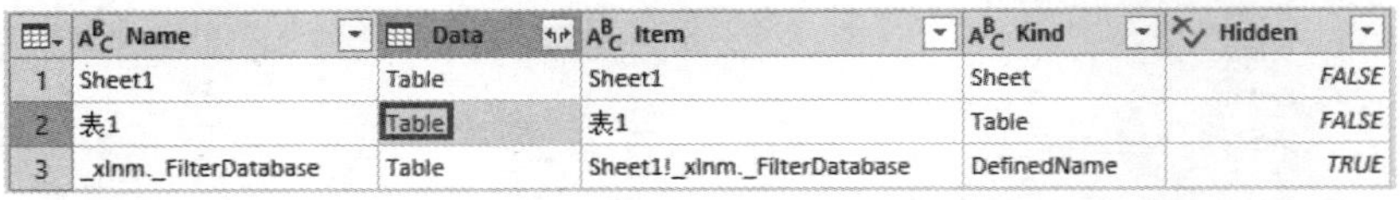

图 10-7　双击【宝贝报表.csv】后的效果

	订单编...	标题	价格	购买数...	外部系统...	商品属...	套餐信...	备注
1	2.6617E+11	新谷...	399	1	456026429338			
2	2.54451E+11	新谷...	399	1	456026429338			
3	2.54451E+11	片 ...	170	1	931177058999			
4	2.54406E+11	新谷...	399	1	456026429338			
5	2.54408E+11	新谷...	399	1	456026429338			
6	2.5422E+11	新谷...	399	2	456026429338			
7	2.66114E+11	新谷...	399	2	456026429338			

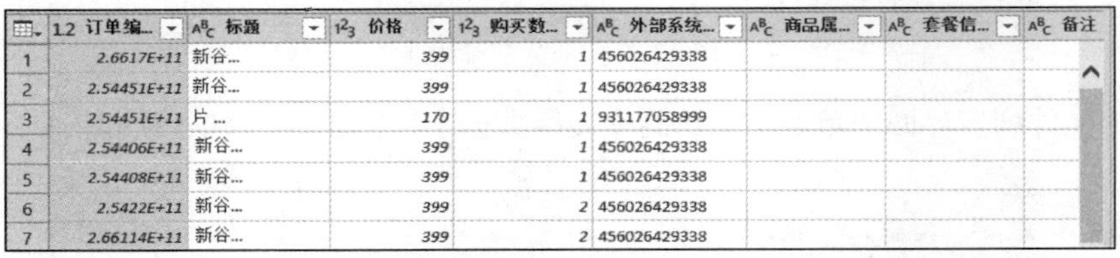

图 10-8　成功导入 Power Query 编辑器的数据

同理，将其他需要的表格作为新查询导入 Power Query 编辑器，注意订单编号的数据格式要一致，导入完毕的查询列表如图 10-9 所示。

导入成功后，在订单报表中对订单状态进行筛选，过滤交易关闭和等待买家付款的订单，如图 10-10 所示。

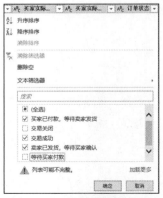

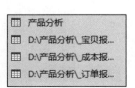

图 10-9　导入完毕的查询列表

图 10-10　过滤订单操作界面

因为要统计每个订单的情况，所以选择订单报表作为母表，如图 10-11 所示。在【开始】选项卡中单击【合并查询】按钮，注意宝贝报表和成本表要放到最后合并。

	1.2 订单编... ▼	AB_C 买家会员名	▼	AB_C 买家支付... ▼	1²₃ 买家应付... ▼	1²₃ 买家应付... ▼	1²₃ 买家支付... ▼
1	2.6617E+15	泰×××			159	0	0
2	2.54451E+15	×××公司			278	0	0
3	2.54406E+15	123×××			159	0	0
4	2.66139E+15	tb×××			159	0	0
5	2.54408E+15	yang×××			154	0	0

图 10-11　母表的数据

将订单报表和宝贝报表基于订单编号进行合并，如图 10-12 所示。

图 10-12　合并

合并后展开字段，如图 10-13 所示，勾选【价格】、【购买数量】和【商家编码】选项，其中价格是商品的一口价（吊牌价），商家编码是商家后台设定的商品 SKU 唯一编码。

图 10-13　展开字段

同理，将成本表和订单报表根据商家编码进行合并，展开时只勾选【采购价】选项，如图 10-14 所示。

展开后计算货品成本，在【添加列】选项卡中，单击【自定义列】按钮，如图 10-15 所示。

图 10-14　勾选【采购价】选项　　　　　　图 10-15　添加自定义列

计算"订单货品成本"，将【自定义列公式】设置为"=[购买数量]*[采购价]"，如图 10-16 所示。

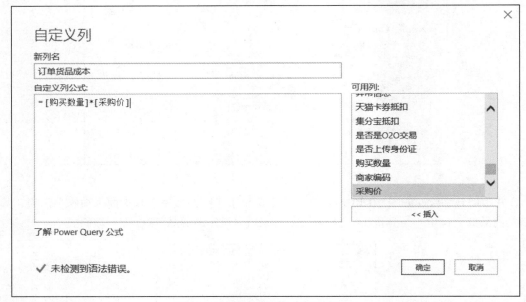

图 10-16　"订单货品成本"计算界面

计算"订单货品原金额"，将【自定义列公式】设置为"=[价格]*[购买数量]"，如图 10-17 所示。"价格"是购买商品的原价，此处可使用折扣价，需要在成本表中添加商品对应的折扣价或者折扣率，再用折扣价替代此公式中的"价格"。

根据"订单编号"汇总订单货品原金额，算出每笔订单的货品总价格，将订单报表复制一份，如图 10-18 所示。

在副本中进行操作，在 Power Query 编辑器的【开始】选项卡中，单击【分组依据】按钮，如图 10-19 所示。

图 10-17　"订单货品原金额"计算界面

图 10-18　复制订单报表

图 10-19　【分组依据】选项

以"订单编号"为分组依据,如图 10-20 所示,对订单货品原金额进行求和,并将列名设为"订单货品原金额汇总",分组统计后的结果如图 10-21 所示。

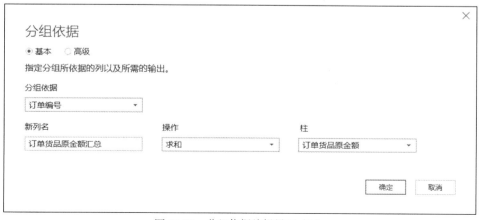

图 10-20　分组依据编辑界面(1)

	订单编号	订单货品原金额汇总
1	="2661701	399
2	="2544506	569
3	="2544063	399
4	="2544078	399
5	="2542198	798

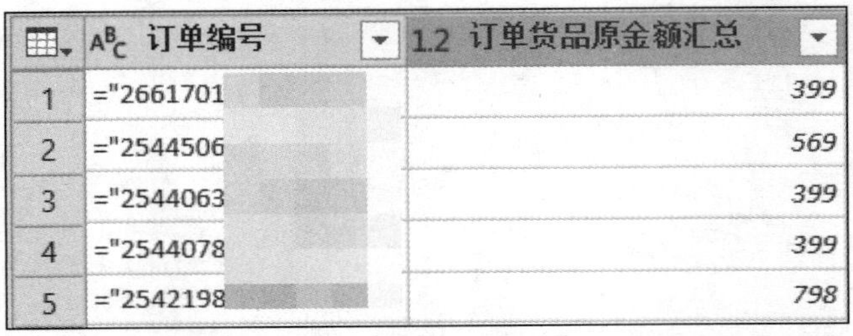

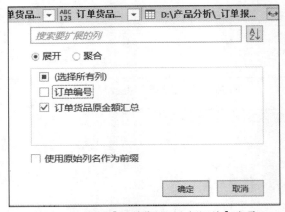

图 10-21　分组统计后的订单货品原金额

将订单报表的副本和订单报表根据订单编号进行合并，勾选【订单货品原金额汇总】选项，如图 10-22 所示。

图 10-22　勾选【订单货品原金额汇总】选项

计算“货品占订单比例”，将【自定义列公式】设置为“=[订单货品原金额]/[订单货品原金额汇总]”，如图 10-23 所示，该比例是指货品在订单中的金额比例。

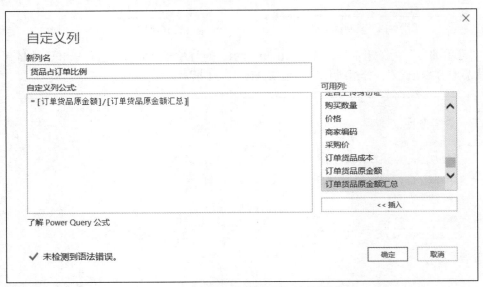

图 10-23　“货品占订单比例”计算界面

将新添加的列的数据类型设置为百分比，如图 10-24 所示。

　　计算"产品毛利"，将【自定义列公式】设置为"=[买家实际支付金额]*[货品占订单比例]–[订单货品成本]"，如图 10-25 所示。"买家实际支付金额"就是订单的实际销售额，"[买家实际支付金额]*[货品占订单比例]"可以得到每个商品的实际销售额。

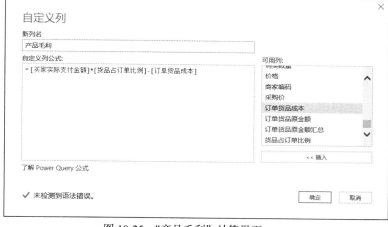

图 10-24　设置数据类型　　　　　　　　　　图 10-25　"产品毛利"计算界面

　　使用分组依据，根据"商家编码"进行分组。添加 3 个聚合项，设置【新列名】为【价格】，【操作】为【平均值】，【柱】为【价格】；设置【新列名】为【销售额】，【操作】为【求和】，【柱】为【买家实际支付金额】；设置【新列名】为【毛利润】，【操作】为【求和】，【柱】为【产品毛利】，如图 10-26 所示。

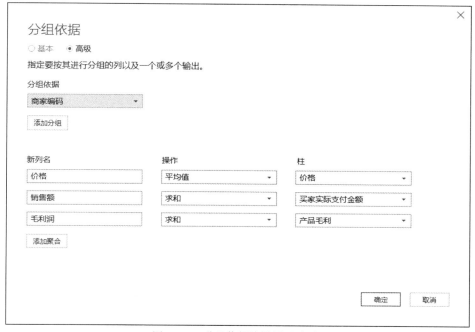

图 10-26　分组依据编辑界面（2）

　　分组后发现毛利润的小数点不统一，选择【转换】选项卡中的【舍入】选项，可将小数点去除或者统一成两位数。处理后的数据如图 10-27 所示。

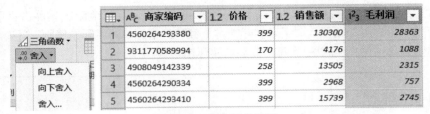

图 10-27　处理后的数据

由于中间过程的查询较多，而许多查询都属于中间表，可以隐藏，因此不要直接关闭并上载。在【主页】选项卡中选择【关闭并上载至】选项，在弹出的【导入数据】对话框选择【仅创建连接】选项，如图 10-28 所示。

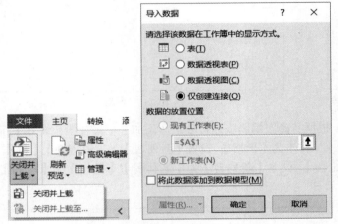

图 10-28　关闭并上载至操作及编辑界面

在 Excel 的【查询&连接】窗格中，选中最终的查询结果，单击鼠标右键，在弹出的快捷菜单中选择【加载到】命令，在弹出的【导入数据】对话框中进行设置，如图 10-29 所示。

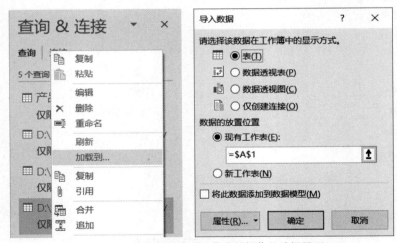

图 10-29　将数据加载到工作表的操作及编辑界面

选中数据并插入数据透视表，将【行】设置为【价格】，【值】设置为【计数项:商家编码】【求和项:销售额】【求和项:毛利润】，如图 10-30 所示。

图 10-30　数据透视表字段设置

在行标签（价格）上单击鼠标右键，在弹出的快捷菜单中选择【组合】命令，弹出【组合】对话框，设置【步长】为"50"，如图 10-31 所示。

图 10-31　价格分组操作及编辑界面

产品价格区间的数据统计如图 10-32 所示，目前网店的产品以 149～198 元、199～248 元、249～298 元 3 个价格区间为主，共有 31 个 SKU，这 3 个价格区间的 SKU 数量是 399～448 元价格区间的 10 倍，但毛利润却只有 399～448 元价格区间的 71%。可见利润最高的是 399～448 元价格区间的产品，而这个区间只有 3 个 SKU，因此采购人员和运营人员可以考虑调整产品结构，偏向于高价产品。

行标签	计数项:商家编码	求和项:销售额	求和项:毛利润
99-148	1	16787	4406
149-198	13	31639	6325
199-248	11	71795	9932
249-298	7	36584	6336
299-348	2	8805	1541
349-398	1	5222	1030
399-448	3	149007	31865
449-498	2	38392	5993
549-598	2	14247	2477
总计	42	372478	69905

图 10-32　产品价格区间的数据统计

2. 品类布局分析

产品的品类布局分析是分析不同产品品类的数量、销售额以及利润，为运营人员调整产品运营方向提供数据参考依据。

例 10-2：从订单中整理出产品的销售数据，并按品类进行分组分析。数据采集路径：【商家中心】→【已卖出的宝贝】。

解：品类布局分析操作和产品价格区间分析操作类似，在成本表中新增【产品分类】字段，如图 10-33 所示。

商家编码	产品名称	规格	采购价	产品分类
1	4895174600127	ASANA G6消腩膠囊_60粒	60粒	83	减肥品
2	4897006824718	ASANA 金舞茸_60粒	60粒	75	保健品
3	4897006825401	ASANA 补肝素_120粒	120粒	75	保健品
4	4895174602107	ASANA 一酪代餐粉5袋/盒	5袋/盒	80	减肥品
5	4895174601889	ASANA 藍莓補眼素_60粒	60粒	75	保健品

图 10-33　成本表

进行分组操作时，【分组依据】设置为【产品分类】，如图 10-34 所示。

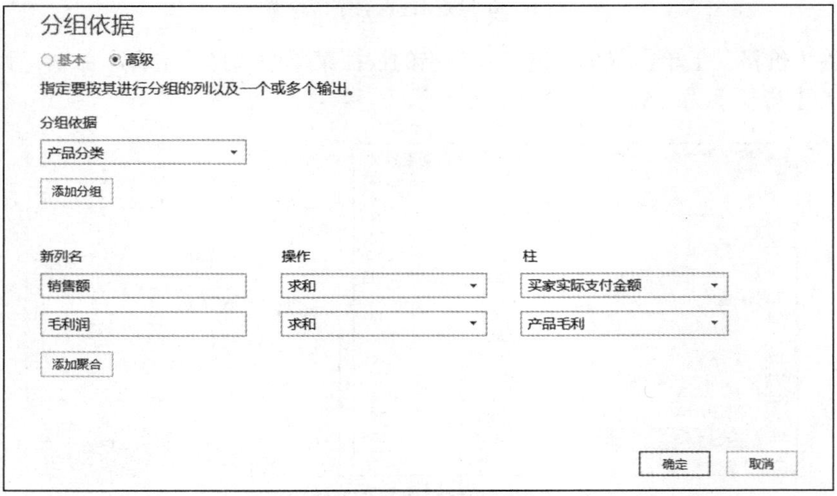

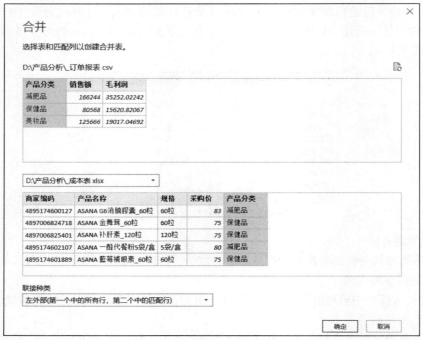

图 10-34　分组依据编辑界面

以"产品分类"为依据将订单报表和成本表合并，如图 10-35 所示，合并后不要展开表格。

图 10-35　合并

单击【自定义列】按钮，使用函数 Table.RowCount 计算合并后的成本表的行（记录）的数量，如图 10-36 所示，计算结果如图 10-37 所示。

图 10-36 "商品数量"计算界面

	ABC 产品分...	1.2 销售额	1.2 毛利润	D:\产品...	ABC 123 商品数...
1	减肥品	166244	35252.02242	Table	11
2	保健品	80568	15620.82067	Table	33
3	美妆品	125666	19017.04692	Table	7

图 10-37 商品数量计算结果

删除毛利润和商品数量之间的列，如图 10-38 所示。从毛利润来看，减肥品 > 美妆品 > 保健品，减肥品和美妆品的销售额及毛利润都比保健品高，但是保健品的数量占比较高。

	ABC 产品分...	1.2 销售额	1.2 毛利润	ABC 123 商品数...
1	减肥品	166244	35252.02242	11
2	保健品	80568	15620.82067	33
3	美妆品	125666	19017.04692	7

图 10-38 品类结构

10.1.2 产品矩阵分析

产品矩阵是用矩阵分析思维和方法帮助企业明确产品的定位，对下一步的产品策略制订具有实际的指导意义。常用的产品矩阵是增长率–份额矩阵。

产品矩阵分析

1. 增长率–份额矩阵定义

增长率–份额矩阵又称为波士顿矩阵，最早由美国波士顿公司提出并应用。增长率和相对市场份额是矩阵的两个指标。两个指标交叉就会形成 4 个象限，4 个象限分别对应不同的定义，如图 10-39 所示，根据观测值的落点可以直观地看出产品的分布情况。

图 10-39　增长率-份额矩阵的 4 个象限

各个象限的定义如下。

- 明星（Stars）：指处于增长率高、市场占有率高象限内的产品群，这类产品可能成为企业的现金流产品，需要加大投资以支持其迅速发展。对这类产品可以采用的发展战略是：积极扩大经济规模和增加市场机会，以长远利益为目标，提高其在市场中的占有率，巩固其在市场中的地位。明星产品的发展战略以及管理组织最好采用事业部形式，由生产技术和销售方面都很在行的经营者负责。

- 金牛（Cash Cows）：又称为厚利产品，它是指处于增长率低、市场占有率高象限内的产品群，并且已进入成熟期。此类产品的特点是销量大、产品利润率高、负债比率低，可以为企业回笼资金。而且由于此类产品增长率低，也无须加大投资力度，因而，此类产品成为企业回收资金、支持其他产品，尤其是明星产品投资的后盾。对这类产品采用的发展战略是：把设备投资和其他投资尽量压缩；采用"榨油式"方法，争取在短时间内获取更多利润，为其他产品提供资金。对于处于这一象限内销售增长率仍有所增长的产品，应进一步细分市场，维持其现存销售增长率或延缓下降速度。金牛产品适合用事业部形式进行管理，其经营者最好是市场营销型人物。

- 问题（Question Marks）：指处于增长率高、市场占有率低象限内的产品群。前者说明此类产品的市场机会大、前景好，而后者则说明此类产品在营销上存在问题。此类产品的特点是利润率较低，所需资金不足，负债比率高。在产品生命周期中处于引进期、因种种原因未能开拓市场的新产品即属此类问题产品。对于问题产品，应采取选择性投资战略，问题产品的改进与扶持方案一般应列入企业长期的计划。对问题产品的管理组织，最好采取智囊团或项目组织等形式，选拔有规划能力、敢于冒风险、有才干的人负责。

- 瘦狗（Dogs）：也称为衰退类产品，它是指处在增长率低、市场占有率低象限内的产品群。其特点是利润率低、处于保本或亏损状态，负债比率高，无法为企业带来收益。对这类产品，应采用撤退战略：首先，应减少批量，逐渐撤退，销售增长率和市场占有率极低的产品应立即淘汰；其次，将剩余资源向其他产品转移；最后，整顿产品系列，最好将瘦狗产品与其他事业部合并，统一管理。

综上，可以得出以下结论。

- 明星产品要增加投资力度，让其快速发展。
- 金牛产品是主要的盈利产品，要想办法让其创造更多的利润。
- 问题产品前景较好，但可能未受到市场认可或者企业在策略上没有重视这类产品，要调整策略，增大投资力度。
- 瘦狗产品一般是失败的爆款，也被称为"打酱油的产品"，应采取撤退战略。

如果用多个月的数据进行分析，会形成一个变动趋势。

成功产品的成长轨迹也是比较理想的产品成长轨迹。产品在高增长率条件下，市场占有率会逐渐上升，最终落入金牛区，如图 10-40 所示。

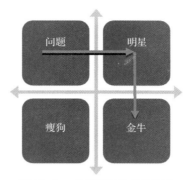

图 10-40　成功产品的成长轨迹

现金支持趋势由明星转为瘦狗的产品可能较早切入市场，占领了较多的市场份额，但没有足够的资金和适合的营销策略，可能会面临失败，如图 10-41 所示。一旦有这种趋势就要警惕，要审视一下自己的产品定位有没有偏差、营销节奏有没有把控好等。

产品的灾难轨迹有两条：一条是明星→问题→瘦狗，如图 10-42 所示；另一条是金牛→瘦狗。这两条轨迹就是产品在市场上逐渐萎缩的过程。

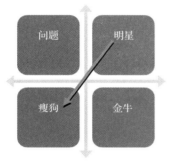

图 10-41　现金支持趋势

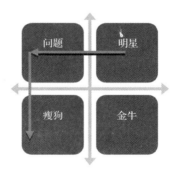

图 10-42　产品的灾难轨迹

矩阵不能脱离商业理解，如果商品的销售增长速度降低了，市场份额也减少了，那么除竞争加剧外，是否还有其他更深层次的原因呢？其实，更多的是要思考消费者是否认同产品和服务、产品是否能吸引消费者，要站在消费者的角度来思考市场变化。

2．矩阵操作案例

例 10-3：选取 2022 年 Q4 产品的相对份额和对比 2022 年 Q3 产品的增长率，使用增长率–份额矩阵分析网店的产品，如图 10-43 所示。数据采集自商家后台的订单报表，并汇总而成。

	A	B	C
1	商家编码	2022年Q4	增幅
2	7A719425000-08	12.14%	-84.01%
3	7A127237000	0.41%	31.97%
4	7A719424000-08	41.58%	-83.67%
5	7A333411000-27	0.65%	10.80%
6	7A1207700	0.07%	-46.52%
7	7A113411000	1.39%	29.67%
8	WA3460j	0.10%	-11.94%
9	WA20001j	0.14%	-54.20%
10	7A513129000-1	1.13%	-94.27%

图 10-43　产品相对份额和增长率

解： 选中数据，在 Excel 的【插入】选项卡中，单击【散点图】按钮，在下拉列表中选择第一个基本散点图，如图 10-44 所示。

散点图创建成功后，分别右击横、纵坐标轴，在弹出的快捷菜单中选择【设置坐标轴格式】命令，如图 10-45 所示。

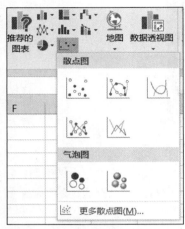

图 10-44　创建散点图

图 10-45　选择【设置坐标轴格式】命令

此时横坐标轴是市场相对份额，纵坐标轴是增幅。设置纵坐标轴交叉的【坐标轴值】为增幅的均值。同理，设置横坐标轴交叉的【坐标轴值】为市场相对份额的均值，如图 10-46 所示。

图 10-46　设置坐标轴格式

添加图表标题和坐标轴标题后，发现划分的 4 个象限的面积差距太大，瘦狗象限聚集了许多产品，如图 10-47 所示。这种情况十分常见，要想解决问题，只需把份额太小的产品筛选掉，或者只留下重点分析的产品。

筛选 6 个重点分析的产品，重新计算均值，如图 10-48 所示。

设置坐标轴的【标签位置】为【无】，隐藏坐标轴标签，如图 10-49 所示。

用鼠标右键单击散点图上的点，在弹出的快捷菜单中选择【添加数据标签】命令，如图 10-50 所示。

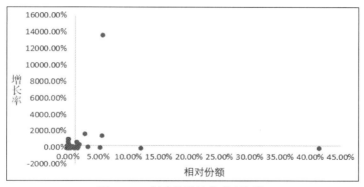

图 10-47　创建的增长率-份额矩阵

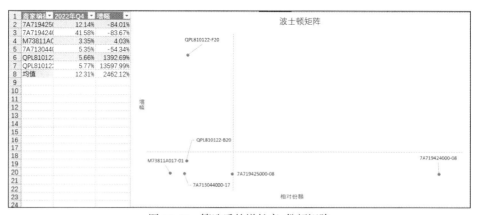

图 10-48　筛选后的增长率-份额矩阵

图 10-49　标签位置设置

图 10-50　添加数据标签操作界面

添加数据标签后，在数据标签上单击鼠标右键，在弹出的快捷菜单中选择【设置数据标签格式】命令，如图 10-51 所示。

勾选【单元格中的值】选项，如图 10-52 所示，然后对应选择 Excel 中的区域。

图 10-51　选择【设置数据标签格式】命令

图 10-52　勾选【单元格中的值】选项

设置好的增长率-份额矩阵如图 10-53 所示。从图中可看出，这家企业有一个金牛产品，缺少明星产品，瘦狗产品较多。

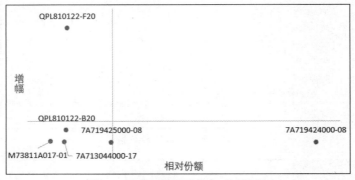

图 10-53　设置好的增长率-份额矩阵

10.1.3　产品生命周期分析

产品生命周期分析

不同的产品具有不同的生命周期，有些产品如同昙花一现只能赚一笔受益一年，如平安果只在平安夜前几天有市场需求；而有些产品是一个爆款受益三年，如眼镜，款式变化慢且生命周期长。了解产品的生命周期，有利于企业在产品生命周期的不同阶段做出正确的决策。

1. 产品生命周期概念

产品生命周期（Product Life Cycle），又称商品生命周期，是指产品从投入市场到更新换代再到退出市场所经历的全过程，是产品在市场运动中的经济寿命，也是在市场流通过程中，由消费者的需求变化以及影响市场的其他因素造成的产品由盛转衰的周期。产品生命周期主要是由消费者的消费方式、消费水平、消费结构和消费心理的变化决定的。一般分为导入（进入）期、成长期、成熟期、饱和期、衰退（衰落）期 5 个阶段。

使用产品的销售数据进行分析，将产品的 5 个阶段分出来，并根据不同的阶段制订不同的策略。

（1）导入（进入）期：在这个时候进入市场，可以在销量增长期到来之前提高产品的基础销量和评价，从而快人一步抢占市场份额。

（2）成长期：此阶段需求开始快速增长，销量也随之快速增长，竞争环境良好，可以在这个时候入市。

（3）成熟期：进入成熟期以后，产品的销售量增长缓慢，逐步达到最高峰，然后缓慢下降；产品的销售利润也从成长期的最高点开始下降；市场竞争非常激烈，各种品牌、各种款式的同类产品不断出现。

（4）饱和期：此阶段供需关系已经饱和，出现零增长甚至负增长，竞争环境迅速恶化。

（5）衰退（衰落）期：此阶段消费者对产品的需求开始下降，大多数人已经买了产品，商家开始清库存，竞争环境恶劣。

2. 产品生命周期曲线

产品生命周期可通过图形可视化的方式直观地表现。

例 10-4：图 10-54 所示为某网店所有产品对应某一周（7 天）的销售额数据，数据采集自商家后台的订单报表。提炼出网店产品的生命周期规律。

	A	B	C
1	商家编码 ▼	一年的某一周 ▼	销售额 ▼
2	7A513131000	26	119
3	7A127237000	26	118
4	7A333411000-27	27	178
5	7A1207700	27	69
6	7A113411000	27	445

图 10-54 商品数据

选中数据集，在【插入】选项卡中单击【数据透视表】按钮，创建数据透视表时检查所选的区域是否正确，如图 10-55 所示。

创建完数据透视表，设置数据透视表字段，将【行】设置为【一年的某一周】，【列】设置为【商家编码】，【值】设置为【求和项:销售额】，如图 10-56 所示。

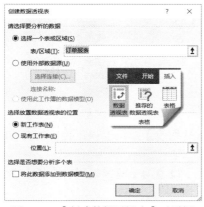

图 10-55 【创建数据透视表】对话框

图 10-56 数据透视表字段设置

选中数据透视表，在【插入】选项卡中选择【折线图】选项，如图 10-57 所示。

图 10-57 创建折线图操作界面

通过折线图可以直观地观察产品的生命周期，产品的生命周期曲线是抛物线模型，从进入到退市约 12 周（3 个月）的时间，如图 10-58 所示。

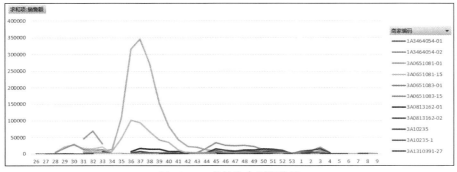

图 10-58 产品生命周期曲线

10.1.4　产品销售分析

产品销售分析是辅助产品销售的一个重要手段。通过销售分析，运营人员可以了解产品的动销情况、分析市场变化、提高对经营状况的掌控能力、培养个人对市场的预见性。

产品销售分析

1. 产品对比分析

对产品的整体销售、竞品等情况进行对比分析，可以更清楚地了解本企业产品的优劣势，从而在运营方法上制订出具有针对性的策略。

例 10-5： 图 10-59 所示为根据订单报表和宝贝报表清洗出的数据，采集自商家后台的订单报表。使用该数据集分析产品的销售额。

1	商家编码	订单付款时间	买家实际支付金额	收货地址
2	7A513131000	2022/7/1 10:02	119	广东省
3	7A127237000	2022/7/1 22:11	59	广东省
4	7A333411000-27	2022/7/2 15:30	89	福建省
5	7A1207700	2022/7/2 15:54	69	福建省
6	7A333411000-27	2022/7/3 21:13	89	福建省

图 10-59　清洗后的数据

解： 选中数据集，在【插入】选项卡中单击【数据透视表】按钮，创建数据透视表时检查所选的区域是否正确，如图 10-60 所示。

创建完数据透视表，设置数据透视表字段。将【行】设置为【商家编码】，【值】设置为【求和项：买家实际支付金额】，如图 10-61 所示。

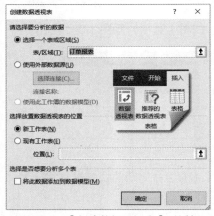

图 10-60　【创建数据透视表】对话框

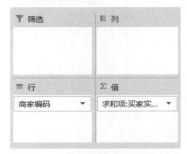

图 10-61　数据透视表字段设置

设置好数据透视表字段后，单击【行标签】右侧的 ▼ 按钮，选择【其他排序选项】，如图 10-62 所示。

3	行标签	▼	求和项:买家实际支付金额
↑↓	升序(S)		798
↓↑	降序(O)		818
			1032
	其他排序选项(M)...		109
▽×	从"商家编码"中清除筛选(C)		522
			1093

图 10-62　选择【其他排序选项】

选择【求和项:买家实际支付金额】选项，如图 10-63 所示。

排序后可以清晰地观察到产品之间的销售额差距，如图 10-64 所示。该店运营方向是爆款模式，店内的明星产品（爆款）与其他产品的差距十分明显。

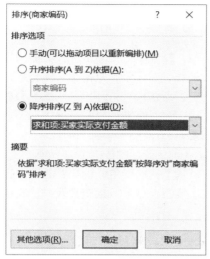

图 10-63　排序设置

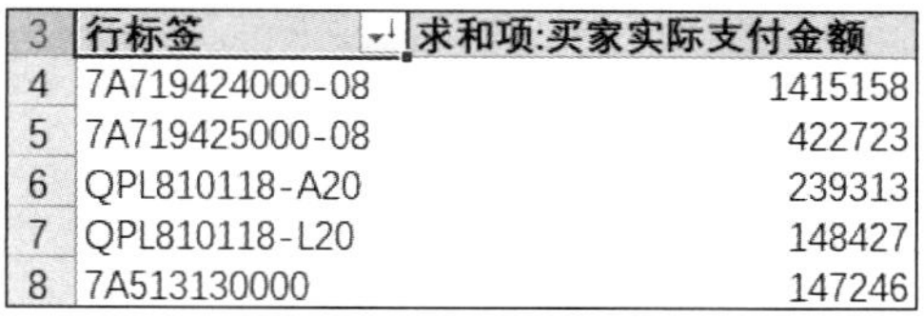

3	行标签	求和项:买家实际支付金额
4	7A719424000-08	1415158
5	7A719425000-08	422723
6	QPL810118-A20	239313
7	QPL810118-L20	148427
8	7A513130000	147246

图 10-64　创建的数据透视表

为了更好地分析数据，再次设置数据透视表字段，将【值】设置为【求和项:买家实际支付金额】，如图 10-65 所示。

图 10-65　数据透视表字段设置

在第二个字段的数值上单击鼠标右键，在弹出的快捷菜单中选择【值显示方式】→【总计的百分比】命令，如图 10-66 所示。

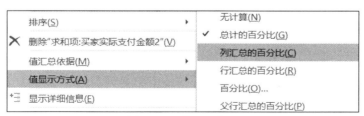

图 10-66　设置百分比

TOP 5 的产品已经占了全店销售额的 60%以上，如图 10-67 所示，这种产品结构风险较大，销售额容易受产品的生命周期以及不可控因素的影响。

行标签	求和项:买家实际支付金额	求和项:买家实际支付金额2
7A719424000-08	1415158	36.99%
7A719425000-08	422723	11.05%
QPL810118-A20	239313	6.25%
QPL810118-L20	148427	3.88%
7A513130000	147246	3.85%

图 10-67　设置完成的数据透视表

2. 产品趋势分析

产品趋势分析，要对产品变化的趋势线做出合理的解释，发生了什么事情、什么原因导致了趋势线的变化；要对产品的核心指标做长期的跟踪记录，例如，对流量、点击率、转化率、销售额等指标做出趋势图，分析其变化的原因。产品趋势分析可以对指标进行环比、同比等分析，对产品指标进行环比分析可以使商家了解最近的变化趋势。由于可能存在的异常情况（如节假日或者是天气变化）都会影响到环比结果，所以这个时候就需要对数据进行同比分析。

例 10-6：从生意参谋的"取数"板块下载产品详情数据（前例使用的数据集），分析产品趋势。

解：先做产品对比观察，了解网店里有哪些主推产品，基于主推产品分析产品的发展趋势。

选中数据集，在【插入】选项卡中单击【数据透视表】按钮，创建数据透视表时检查所选的区域是否正确，如图 10-68 所示。

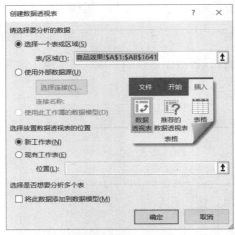

图 10-68　【创建数据透视表】对话框

创建完数据透视表，设置数据透视表字段，将【行】设置为【日期】,【值】设置为【求和项:支付金额】和【求和项:支付转化率】,【筛选】设置为【商品 id】,【列】设置为【数值】,如图 10-69所示。

筛选对应的商品 id，观察数据，如图 10-70 所示。

图 10-69　数据透视表字段设置

行标签	求和项:支付金额	求和项:支付转化率
2022/8/22	1677	0.2889
2022/8/23	3225	0.2941
2022/8/24	4510	0.3271
2022/8/25	6544	0.2628
2022/8/26	8201	0.2716
2022/8/27	11297	0.2542
2022/8/28	13584	0.2238
2022/8/29	16179	0.2825

图 10-70　筛选商品 id 后的数据透视表

选中数据透视表，在【插入】选项卡中选择组合图，如图 10-71 所示，由于支付转化率和支付金额的量纲不同，需要修改组合图的坐标轴，如图 10-72 所示。

图 10-71　创建组合图

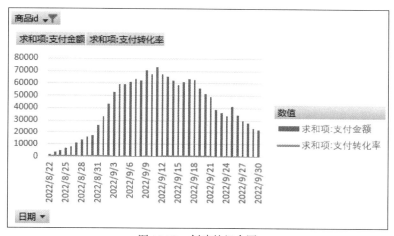

图 10-72　创建的组合图

在组合图上单击鼠标右键，在弹出的快捷菜单中选择【更改图表类型】命令，如图 10-73 所示。

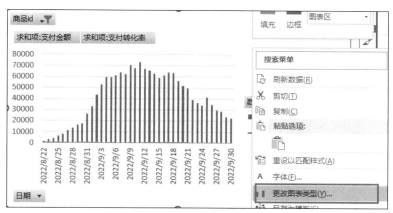

图 10-73　选择【更改图表类型】命令

将【求和项:支付转化率】设置成【折线图】，并勾选【次坐标轴】选项，如图 10-74 所示。

添加图表标题、坐标轴标题，修改格式后的效果如图 10-75 所示。产品的支付金额经历了爬坡阶段，震荡一段时间后开始经历下坡阶段，高峰期的转化率明显要低于其他时期。

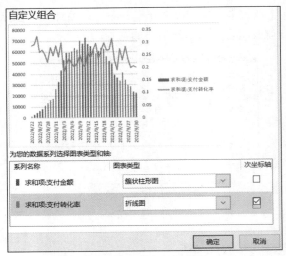

图 10-74　自定义组合图

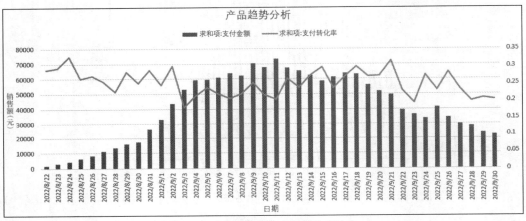

图 10-75　支付金额和支付转化率趋势

将支付金额换成访客数后再观察趋势，发现转化率在访客数高峰期会略低于其他时期，如图 10-76 所示。近期的支付金额、访客数和转化率几乎都呈下降趋势，说明这个产品的生命周期可能已经接近尾声了。

图 10-76　访客数和支付转化率趋势

3. 产品销售地域分析

销售地域对产品的影响还是比较大的，明确产品的销售地域可减少不必要的推广投入，节约开支，把资源用在合适的地域，提高投入产出比。

例 10-7：图 10-77 所示为根据订单报表和宝贝报表清洗出的商品数据集，使用该数据集分析产品的销售地域。

	商家编码	订单付款时间	买家实际支付金额	收货地址
1				
2	7A513131000	2022/7/1 10:02	119	广东省
3	7A127237000	2022/7/1 22:11	59	广东省
4	7A333411000-27	2022/7/2 15:30	89	福建省
5	7A1207700	2022/7/2 15:54	69	福建省
6	7A333411000-27	2022/7/3 21:13	89	福建省

图 10-77　清洗后的商品数据集

解：选中数据（确保数据已经是表格形式），在 Excel 的【插入】选项卡中单击【三维地图】按钮，打开三维地图，如图 10-78 所示。

图 10-78　创建三维地图操作

设置图层，将【位置】设置为【收货地址】，【值】设置为【买家实际支付金额(求和)】，【时间】设置为【订单付款时间(无)】，如图 10-79 所示。

图 10-79　地图图层设置

设置好地图图层后可对地图进行播放，如图 10-80 所示。

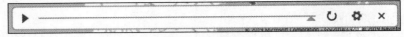

图 10-80　播放地图

用地图分析地域分布会相对直观，但也可以直接用表格，如图 10-81 所示，可使用数据透视表进行排序分析。

行标签	求和项:买家实际支付金额
河南省	461779
广东省	345903
浙江省	327023
湖北省	275808
山东省	275604
江西省	268179
江苏省	263261
湖南省	216198

图 10-81　地域分布表格

10.2　库存分析

库存分析是对企业的库存绩效进行分析的过程，包括库存预警和补货数量的分析，可以帮助企业提高仓库管理能力，提高库存绩效，降低不良库存。

10.2.1　库存绩效分析

库存绩效分析主要用来监控库存量、库存周转率、售罄率和动销率，是库存分析的基本项。

1.　库存量

库存量是指仓库中存放货物的数量，一般库存量要根据 SKU（Stock Keeping Unit，存货单位）进行统计，商品正常销售过程中的库存量太大或太小都不是很好的现象。

2.　库存周转率

库存周转率是某一时间段内库存货物周转的次数，是反映库存周转快慢程度的指标。周转率越大表明销售情况越好。在商品保质期及资金允许的条件下，可以适当增加其库存控制目标天数，以保证合理的库存。如果条件不太允许，则可以适当减少其库存控制目标天数。

计算公式为

$$库存周转天数=\frac{时间段天数\times（初期库存数量+末期库存数量）}{2\times 时间段销售量}$$

$$库存周转率=\frac{360}{库存周转天数}\times100\%$$

库存周转速度越快，占用水平越低，流动性越强，库存转化为现金或应收账款的速度就越快，这样会增强企业的短期偿债能力及获利能力。

减少库存周转天数可以提高库存周转率，从实际运营来分析，需要减少货物在库时间。

例 10-8： 某企业在 2022 年 Q1 的初期库存量为 32149，末期库存量为 23910，期间销售量为 8374，请计算该企业在 2022 年 Q1 的库存周转天数和库存周转率。

解：

2022 年 Q1 为 90 天，代入公式。

$$库存周转天数=\frac{90\times(32149+23910)}{2\times8374}\approx301$$

$$库存周转率=\frac{360}{301}\times100\%=120\%$$

3. 售罄率

售罄率是指一定时间内某种商品的销售量占总进货量的比例。售罄率是衡量商品收回销售成本和费用的一个考核指标，是便于确定商品销售到何种程度可以进行折扣销售或清仓处理的一个合理的标准。

计算公式为

$$售罄率=\frac{实际销售成本}{总进货成本}\times100\%$$

$$（或者）售罄率=\frac{实际累积销售数量}{总进货数量}\times100\%$$

售罄率计算周期通常为一周、一个月或一个季度。

例 10-9： 某企业的某商品在 2022 年 Q1 的总进货数量是 3 万，实际销售数量是 2.4 万，计算售罄率。

解：

$$售罄率=\frac{2.4万}{3万}\times100\%=80\%$$

80% < 售罄率≤100%的为备货中。

4. 动销率

动销率是在一段时间内企业销售的商品占企业商品的比率，反映了企业的商品运营能力，是考验采销部门和运营部门的核心指标之一。

商品动销率计算公式为

$$商品动销率=\frac{动销品种数}{仓库总品种数}\times100\%$$

商品动销率有别于电商的网店动销率，电商的网店动销率只考虑在线销售的品种数，不考虑仓库的总品种数，往往仓库的总品种数要大于在线销售的品种数。

电商的网店动销率计算公式为

$$电商的网店动销率=\frac{有销量的宝贝}{在线销售的宝贝}\times100\%$$

例 10-10： 某企业在 2022 年 1 月的仓库总品种数为 131 个，其中有 98 个品种在期间产生了销量，计算动销率。

解：

$$商品动销率=\frac{98}{131}\times100\%=74.8\%$$

10.2.2　补货模型

哪个 SKU 需要补货？需要补多少货？这是运营人员或者采购人员经常思考的问题。本小节将介绍该场景的业务建模，以提高采购的工作效率和补货数量命中率（实际售罄率误差在 15% 内为命中）。

1. 补货业务逻辑

补货要考虑现有库存量、未来可能产生的销量、安全库存量和供应链的补货周期，保证买家下单时现有库存量能够支撑等待补货的时间。比如补货周期是 14 天，要提前预留超过 14 天的库存，在剩余 14 天库存时就要给工厂下单。

补货模型

2. 补货数量测算

例 10-11：创建模型计算需要补货的商品和数量。数据采集自商家后台的订单报表和宝贝报表。

解：在后台生成订单报表和宝贝报表，如图 10-82 所示。

图 10-82　生成报表

生成报表后，分别下载订单报表和宝贝报表，报表下载界面如图 10-83 所示。

图 10-83　报表下载界面

另外建立一张库存统计表，记录库存量和补货周期，如图 10-84 所示。库存统计表的"商家编码"对应宝贝报表的"商家编码"，补货周期是指补货所需的天数。

图 10-84　库存统计表

打开 Excel，在【Power Pivot】选项卡中单击【管理】按钮，如图 10-85 所示，进入 Power Pivot 编辑器。

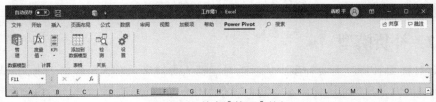

图 10-85　单击【管理】按钮

在【主页】选项卡中单击【从其他源】按钮，进入【表导入向导】对话框，选择【Excel 文件】选项，如图 10-86 所示，单击【下一步】按钮。

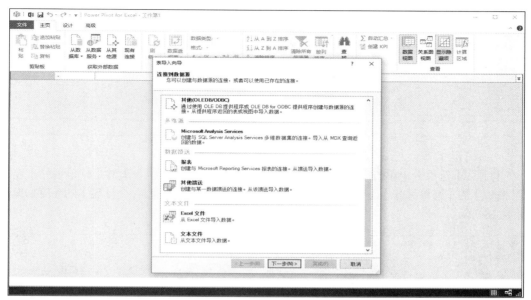

图 10-86　【表导入向导】对话框

在图 10-87 所示的对话框中，先单击【浏览】按钮选择文件路径，再勾选【使用第一行作为列标题】选项，单击【下一步】按钮。

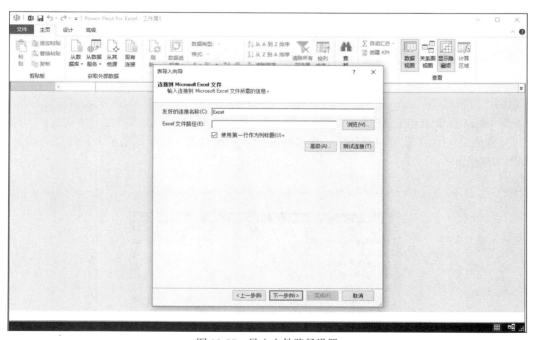

图 10-87　导入文件路径设置

注：文中已经把原来下载好的表格从 CSV 格式改为 Excel 格式。

在宝贝报表中新建汇总的度量值，这个度量值将用于后面的运算，如图 10-88 所示。

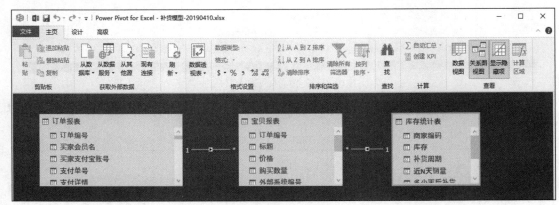

	订单...	标题	价格	购买数量	外部系统编号	商品属性	套餐信息	备注	订单状态	商家...
1	33842844903...		58.8	8	好欢螺螺蛳粉30...	null	null	null	卖家已发...	好欢螺螺...
2	27116369272...		58.8	1	好欢螺螺蛳粉30...	null	null	null	卖家已发...	好欢螺螺...
3	33841712111...		103	7	优鲜沛蔓越莓...	null	null	null	卖家已发...	优鲜沛蔓...
4	33801056029...		60	10	乳酪华夫800g	null	null	null	卖家已付...	乳酪华夫80...
5	27116942101...		198	10	好欢螺螺蛳粉30...	null	null	null	卖家已发...	好欢螺螺...
6	33795254501...		60	10	文玉嗨吃家酸...	null	null	null	卖家已发...	文玉嗨吃...
7	26337766934...		58.8	10	好欢螺螺蛳粉30...	null	null	null	卖家已发...	好欢螺螺...
8	27096638153...		103	9	优鲜沛蔓越莓...	null	null	null	卖家已发...	优鲜沛蔓...

图 10-88　创建度量值

在【主页】选项卡中单击【关系图视图】按钮建模，将【订单报表】的【订单编号】连接到【宝贝报表】的【订单编号】，【宝贝报表】的【商家编码】连接到【库存统计表】的【商家编码】，如图 10-89 所示。

图 10-89　创建关系模型

返回库存统计表，输入公式"=SUMX(FILTER('宝贝报表','宝贝报表'[商家编码]='库存统计表'[商家编码]&&DATEDIFF(RELATED('订单报表'[订单付款时间]),DATE(2022,1,30),day)<='库存统计表'[补货周期]),[购买数量的总和])"，求出的近 N 天销量是基于补货周期的天数计算的销量，结果如图 10-90 所示。

	商家编码	库存	补货周期	近N天销量
1	优鲜沛蔓越莓干907g*1	30	7	57
2	好欢螺螺蛳粉300G*3袋	30	7	38
3	黄花鱼酥*1盒	42	7	27
4	福事多坚果燕麦片-白*1	39	7	14
5	文玉嗨吃家酸辣粉138g*6桶	20	7	10
6	好欢螺螺蛳粉300G*10袋	50	7	10
7	乳酪华夫800g	50	7	10
8	好欢螺螺蛳粉300G*5袋	50	7	9

图 10-90　计算的近 N 天销量

SUMX 函数说明如下。

函数功能：返回表中每一行计算的表达式之和。

函数语法：SUMX(<表名>,<表达式>)。

DATEDIFF 函数说明如下。

函数功能：返回两个日期的单位间隔（可指定单位）。

函数语法：DATEDIFF(起始时间,结束时间,时间单位)。

RELATED 函数说明如下。

函数功能：返回与当前表相关的列的值，应用表中已经创建的关系，从关系表中查找相关数据。

函数语法：RELATED(列名)。

在单元格中输入公式"=IF(CEILING(DIVIDE([库存],[近 N 天销量]),1)-1<0,0,CEILING(DIVIDE([库存],[近 N 天销量]),1)-1)*[补货周期]"，计算现有的库存可以销售几天，在多少天后需要补货，结果如图 10-91 所示。

[多少天后补... ▾	f_x =IF(CEILING(DIVIDE([库存],[近N天销量]),1)-1<0,0,CEILING(DIVIDE([库存],[近N天销量]),1)-1)*[补货周期]

	商家编码	库存	补货周期	近N天销量	多少天后补货
1	优鲜沛蔓越莓干907g*1	30	7	57	0
2	好欢螺螺蛳粉300G*3袋	30	7	38	0
3	黄花鱼酥*1盒	42	7	27	7
4	福事多坚果燕麦片-白*1	39	7	14	14
5	文玉嗨吃家酸辣粉138g*6桶	20	7	10	7
6	好欢螺螺蛳粉300G*10袋	50	7	10	28
7	乳酪华夫800g	50	7	10	28
8	好欢螺螺蛳粉300G*5袋	38	7	9	28

图 10-91　计算的多少天后需要补货

CEILING 函数说明如下。

函数功能：将数字向上取整，或者舍入到基数的最小倍数。

函数语法：CEILING(数值,基数)。

DIVIDE 函数说明如下。

函数功能：处理除数为 0 或者为空的情况。

函数语法：DIVIDE(分子,分母)。

输入公式"=IF([多少天后补货]=0,[近 N 天销量]-[库存],0)"，计算出最小补货量，最小补货量是指可以灵活调配的补货量，可能并不需要完整的补货周期，结果如图 10-92 所示。

[最小补货量] ▾	f_x =IF([多少天后补货]=0,[近N天销量]-[库存],0)

	商家编码	库存	补货周期	近N天销量	多少天后补货	最小补货量
1	优鲜沛蔓越莓干907g*1	30	7	57	0	27
2	好欢螺螺蛳粉300G*3袋	30	7	38	0	8
3	黄花鱼酥*1盒	42	7	27	7	0
4	福事多坚果燕麦片-白*1	39	7	14	14	0
5	文玉嗨吃家酸辣粉138g*6桶	20	7	10	7	0
6	好欢螺螺蛳粉300G*10袋	50	7	10	28	0
7	乳酪华夫800g	50	7	10	28	0
8	好欢螺螺蛳粉300G*5袋	38	7	9	28	0

图 10-92　计算的最小补货量

输入公式"=IF('库存统计表'[多少天后补货]=0,'库存统计表'[最小补货量]+'库存统计表'[近 N 天销量],0)"，计算出最近一周期的备货量，结果如图 10-93 所示。

[最近一周备... ▼] fx =IF('库存统计表'[多少天后补货]=0,'库存统计表'[最小补货量]+'库存统计表'[近N天销量],0)

	商家编码	库存 ▼	补货周期 ▼	近N天... ▼	多少天... ▼	最小补... ▼	最近一周备货量 ▼
1	优鲜沛蔓越莓干907g*1	30	7	57	0	27	84
2	好欢螺螺蛳粉300G*3袋	30	7	38	0	8	46
3	黄花鱼酥*1盒	42	7	27	7	0	0
4	福事多坚果燕麦片-白*1	39	7	14	14	0	0
5	文玉嗨吃家酸辣粉138g*6桶	20	7	10	7	0	0
6	好欢螺螺蛳粉300G*10袋	50	7	10	28	0	0
7	乳酪华夫800g	50	7	10	28	0	0
8	好欢螺螺蛳粉300G*5袋	38	7	9	28	0	0

图 10-93 计算的最近一周期备货量

在【主页】选项卡中单击【数据透视表】按钮，在【创建数据透视表】对话框中选择【新工作表】选项，单击【确定】按钮，如图 10-94 所示。在数据透视表上单击鼠标右键，在弹出的快捷菜单中选择【显示字段列表】命令。

图 10-94 【创建数据透视表】对话框

将库存统计表中的字段设置在相应的行和列，如图 10-95 所示。

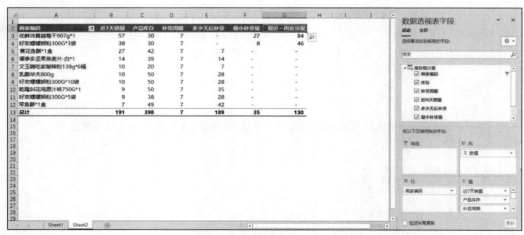

图 10-95 数据透视表字段设置及结果

一张完整的库存监控表格就完成了，从表格中可以知道如果要备一周（由于数据的补货周期为一周，因此这里为一周，而不是一个周期）的货现在需要进多少货物，如图 10-96 所示。

	A	B	C	D	E	F	G
1							
2	商家编码	近7天销量	产品库存	补货周期	多少天后补货	最小补货量	最近一周备货量
3	优鲜沛蔓越莓干907g*1	57	30	7	-	27	84
4	好欢螺螺蛳粉300G*3袋	38	30	7	-	8	46
5	黄花鱼酥*1盒	27	42	7	7	-	-
6	福事多坚果燕麦片-白*1	14	39	7	14	-	-
7	文玉蟀吃家酸辣粉138g*6桶	10	20	7	7	-	-
8	乳酪华夫800g	10	50	7	28	-	-
9	好欢螺螺蛳粉300G*10袋	10	50	7	28	-	-
10	乾隆叫花鸡原汁味750G*1	9	50	7	35	-	-
11	好欢螺螺蛳粉300G*5袋	9	38	7	28	-	-
12	带鱼酥*1盒	7	49	7	42	-	-
13	总计	191	398	7	189	35	130
14							

图 10-96　补货模型

3. 完整的补货模型系统

完整的补货模型系统如图 10-97 所示，重点是对未来销量的预测，再结合安全库存、到货周期、在途库存和当前可使用的库存测算是否需要补货、补货的量是多少，最后制订补货计划。

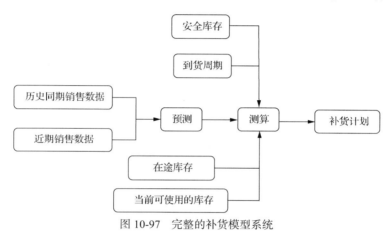

图 10-97　完整的补货模型系统

10.3　本章小结

本章介绍了产品运营分析的内容，包含产品分析和库存分析。读者要重点掌握的知识为以下 6 点。

- 产品结构的分析方法。
- 产品矩阵的分析方法。
- 产品生命周期的分析方法。
- 产品销售的分析方法。
- 库存绩效的分析方法。
- 补货模型的创建方法。

10.4　习题

1. 建立产品分析模型（文件为"10.4 习题 1.xlsx"）。
2. 建立补货模型（文件为"10.4 习题 2.xlsx"）。

第 **11** 章
消费者运营分析

消费者运营分析是为提高消费者留存率开展的分析活动。现阶段电商企业获取消费者的成本极高，获取一个新消费者的成本甚至需要数百元。提高消费者的价值和预防消费者的流失对电商企业来讲非常重要，对消费者进行价值分析，有助于提高企业的运营能力。

学习目标

* 掌握消费者分布分析的思路和方法。
* 掌握 RFM 模型的建立思路和方法。
* 掌握复购分析的思路和方法。

11.1　消费者分布

消费者分布是消费者的基本属性，包括消费者的地域分布、行为习惯分析等，了解消费者的分布有助于经营者制订运营策略。

11.1.1　消费者地域分布

消费者地域分布数据可基于订单报表进行整理，整理出的结果可以指导品牌商或者大型电商企业进行线下门店的布局。

例 11-1：下载商家后台订单报表数据，分析消费者的地域分布情况。

解：将文件导入 Power Query 编辑器进行清洗，在【数据】选项卡中单击【新建查询】按钮，在下拉列表中选择【从文件】→【从 CSV】选项，如图 11-1 所示。

选择对应的文件后单击【转换数据】按钮，如图 11-2 所示。

图 11-1　选择【从 CSV】选项

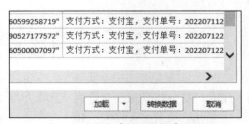

图 11-2　单击【转换数据】按钮

进入 Power Query 编辑器后，对订单状态进行筛选，将【交易关闭】和【等待买家付款】过滤掉，如图 11-3 所示。

选中【收货地址】，可以提取出每笔订单的收货省份。在【添加列】选项卡中选择【提取】→【分隔符之前的文本】选项，如图 11-4 所示。

图 11-3　数据筛选

图 11-4　选择【分隔符之前的文本】选项

弹出分隔符设置对话框，在【分隔符】文本框中输入一个英文输入法下的空格符号，如图 11-5 所示。

图 11-5　分隔符设置对话框

提取后可以获得省份信息，修改字段名称为"省份"，如图 11-6 所示。

基于省份统计汇总数据，在【开始】选项卡中单击【分组依据】按钮，如图 11-7 所示。

图 11-6　提取出来的省份信息

图 11-7　单击【分组依据】按钮

进行分组依据设置，基于"买家会员名"和"省份"分组，如图 11-8 所示。

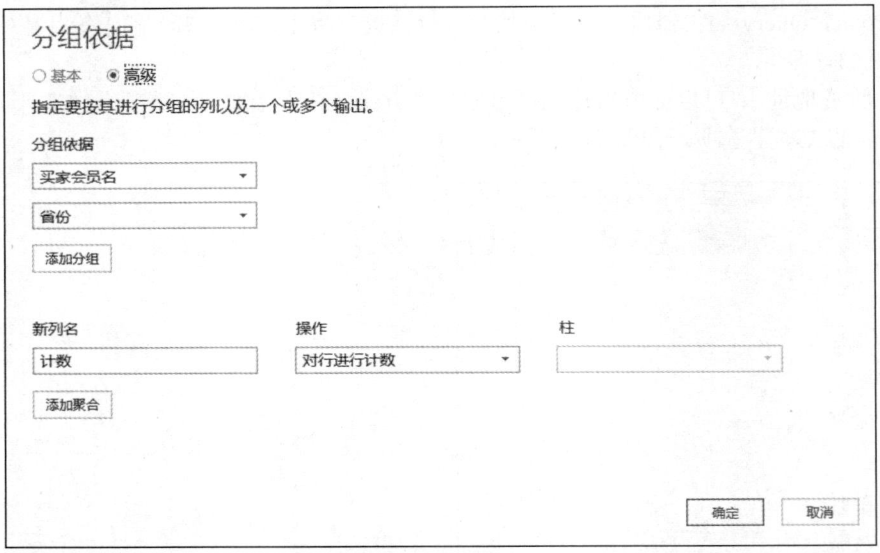

图 11-8　分组依据设置（1）

　　由于订单信息中存在同一消费者多次下单的情况，因此需要将买家会员名合并，减少重复计数，如图 11-9 所示。但还会有重复，因为有小部分消费者多次下单时收货地址不一致，可能会有跨省份的订单，此时可以忽略此情况。默认一个消费者可有多个省份的收货地址，因为这种情况很少。如果要精准判断，则需要根据下单地址的频次选择频次高的，但如果出现部分下单地址的频次相同的情况，就无法判断了。

图 11-9　分组汇总后的结果

再一次进行分组，按照图 11-10 进行设置，分组结果如图 11-11 所示。

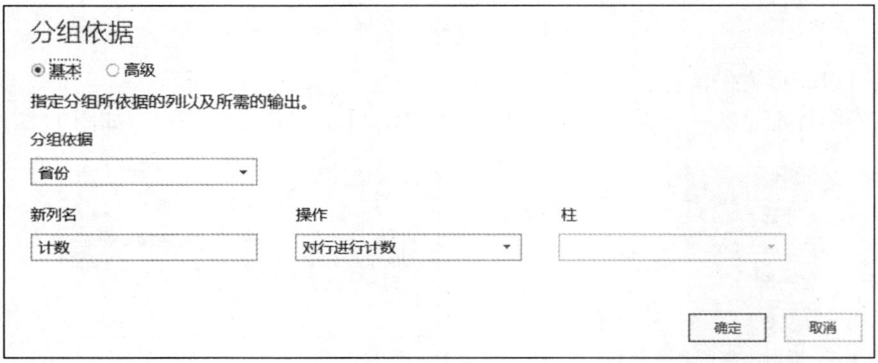

图 11-10　分组依据设置（2）

单击【主页】选项卡中的【关闭并上载】按钮，如图 11-12 所示，将数据导入 Excel 的工作表。

	省份	1.2 计数
1	广东省	2277
2	福建省	756
3	安徽省	842
4	浙江省	2037
5	山东省	1715

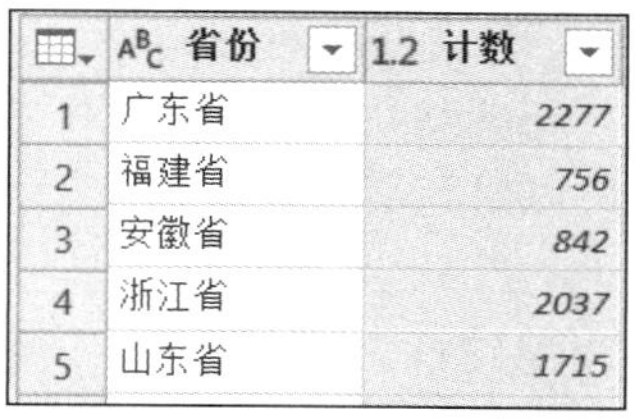

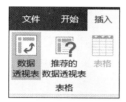

图 11-11　各省份的消费者数量

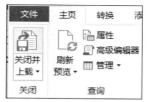

图 11-12　单击【关闭并上载】按钮

在 Excel 中，选中数据并单击【插入】选项卡中的【数据透视表】按钮，如图 11-13 所示。

在【数据透视表字段】窗格中，将【行】设置为【省份】,【值】设置为【求和项:计数】，如图 11-14 所示。

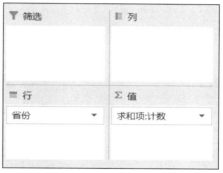

图 11-13　单击【数据透视表】按钮

图 11-14　数据透视表字段设置

在消费者数量上单击鼠标右键，在弹出的快捷菜单中选择【排序】→【降序】命令，如图 11-15 所示。

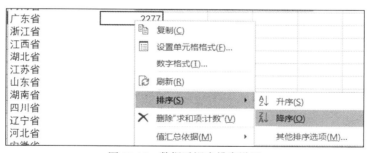

图 11-15　数据透视表排序设置

插入柱形图后可以更直观地分析消费者的地域分布，可以看出河南省、广东省和浙江省是消费者的主要集中地，推广时可以偏向这 3 个省份，如图 11-16 所示。

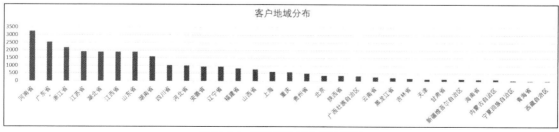

图 11-16　消费者地域分布柱形图

11.1.2　消费者行为习惯分析

消费者行为习惯可基于下单的时间特征进行分析，可以研究消费者下单日期为星期几，也可以研究消费者下单时间为什么时候。

例 11-2：下载商家后台订单报表数据，分析消费者下单的行为习惯。

消费者行为习惯分析

解：从商家后台下载的数据文件是 CSV 格式，将数据文件导入 Power Query 编辑器进行清洗，在 Excel 的【数据】选项卡中单击【新建查询】按钮，在下拉列表中选择【从文件】→【从 CSV】选项，如图 11-17 所示。

设置对应的文件路径后，单击【转换数据】按钮，如图 11-18 所示。

图 11-17　选择【从 CSV】选项

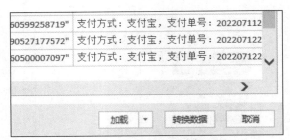

图 11-18　单击【转换数据】按钮

进入 Power Query 编辑器后，对数据进行筛选，将【交易关闭】和【等待买家付款】过滤掉，如图 11-19 所示。

选中【订单付款时间】字段，在【添加列】选项卡中选择【日期】→【天】→【星期几】选项，创建新列，如图 11-20 所示。

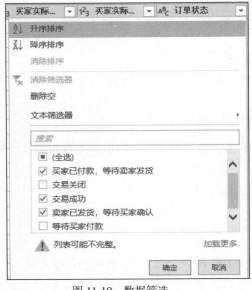

图 11-19　数据筛选

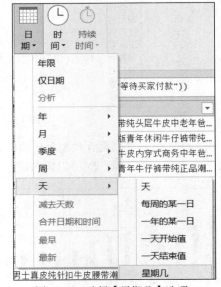

图 11-20　选择【星期几】选项

选中【订单付款时间】字段，在【添加列】选项卡中选择【时间】→【小时】→【小时】选项，创建新列，如图 11-21 所示。

图 11-21　选择【小时】选项

修改对应的字段名称，如图 11-22 所示。

单击【主页】选项卡中的【关闭并上载】按钮，如图 11-23 所示，将数据导入 Excel 的工作表中。

图 11-22　修改字段名称　　　　图 11-23　单击【关闭并上载】按钮

在 Excel 中，选中数据并单击【插入】选项卡中的【数据透视表】按钮，如图 11-24 所示。

在【数据透视表字段】窗格中，将【行】设置为【星期几】，【值】设置为【计数项:买家会员名】和【求和项:买家实际支付金额】，如图 11-25 所示。

图 11-24　单击【数据透视表】按钮　　　图 11-25　数据透视表字段设置（1）

设置后的数据透视表如图 11-26 所示，从图中可以看出星期日的支付金额最高，星期六的最低，星期一到星期五差别不大。

再创建一个数据透视表，在【数据透视表字段】窗格中，将【行】设置为【小时】，【值】设置为【计数项：买家会员名】和【求和项:买家实际支付金额】，如图 11-27 所示。

按小时的消费者分布如图 11-28 所示，早上 7:00 消费者开始购物，16:00～18:00 是购物高峰期，23:00 开始陆续休息。基于这个数据可调整客服排班和轮岗的交接时间。

行标签 ▼	计数项:买家会员名	求和项:买家实际支付金额
星期一	3312	523756
星期二	3523	549857
星期三	3399	524234
星期四	3315	513571
星期五	3440	510792
星期六	3130	479924
星期日	3812	606687
总计	23931	3708821

图 11-26　按星期的消费者分布

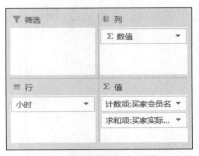

图 11-27　数据透视表字段设置（2）

行标签 ▼	计数项:买家会员名	求和项:买家实际支付金额
0	528	94425
1	160	25051
2	60	10005
3	35	5162
4	35	5727
5	44	7552
6	92	13812
7	388	66903
8	618	104539
9	649	102742
10	1064	172270
11	1066	178062
12	1352	220251
13	1240	198719
14	1468	222574
15	1457	221421
16	2007	302492
17	2133	327043
18	2313	363451
19	2042	299218
20	1802	265620
21	1563	228014
22	1130	170557
23	685	103211
总计	23931	3708821

图 11-28　按小时的消费者分布

插入组合图展示更加直观，组合图可用于制作消费者报告，如图 11-29 和图 11-30 所示。

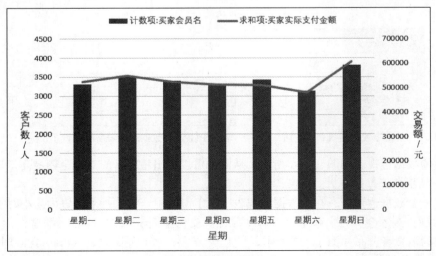

图 11-29　按星期的消费者分布图

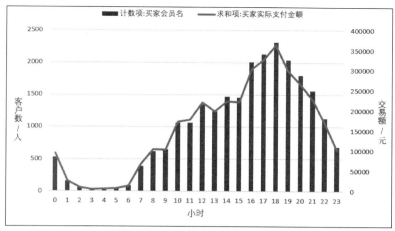

图 11-30　按小时的消费者分布图

11.2　RFM 模型

RFM 模型是衡量消费者价值和消费者创利能力的重要工具和手段。在众多 CRM（Customer Relationship Management，客户关系管理）分析模式中，RFM 模型经常被提到。该模型通过分析消费者的最近购买时间、购买的总体频率以及花了多少钱来描述该消费者的价值状况。

11.2.1　RFM 模型理论及计算方法

1. RFM 模型理论

RFM 模型是消费者管理领域里的一种消费者消费行为分析模型。

R 为近度（Recency），代表最近购买时间，指现在距离上次购买的时间间隔。R 值越大表示网店与消费者产生交易的时间越久。理论上 R 值越小（即最近有购买行为）的消费者是复购可能性越高的有价值消费者。

F 为频度（Frequency），代表购买频率，指的是某一期间内消费者购买的次数。F 值越大代表该段时间内消费者的购买频率越高，存在极大的复购可能性；F 值越小，则消费者活跃度越低，相应的价值越低。

M 为额度（Monetary），代表总购买金额，指的是某一期间内购买商品的总金额。M 值越大表示该类消费者对网店（产品）的购买意愿转化为购买行为的可能性越大，该类消费者的价值越应受到关注。

RFM 模型动态地展示了现有消费者购物行为特征，为网店制订营销决策提供了依据，便于网店对现有消费者进行分类与管理。

2. RFM 计算

（1）计算 R 值。

R 值的计算方法是计算现在与最近一次购买日期的间隔天数。

（2）计算 F 值。

F 值的计算方法是对消费者下单的订单数据进行统计。

（3）计算 M 值。

M 值的计算方法是将消费者的消费金额进行汇总。

3. 基于 RFM 模型的消费者分组

为消费者分组，即将 3 个指标分别分为"高"和"低"两种，大于均值的为高，小于均值的为低。

R 值"高""低"判定步骤：①分别求取每位消费者的购买商品日期与现在时间的最小时间间隔 R；②求取时间间隔 R 均值；③将每位消费者的最小时间间隔与 R 均值比较，小于均值为低，大于均值为高。

F 值"高""低"判定步骤：①求取每位消费者某段时间内的购买次数总和（即购买频率 F）；②求取频率 F 均值；③将每位消费者的 F 值与 F 均值比较，小于均值为低，大于均值为高。

M 值"高""低"判定步骤：①求取每位消费者某时间段内的总购买金额 M；②求取总购买金额 M 均值；③将每位消费者的 M 值与 M 均值比较，小于均值为低，大于均值为高。

以此为标准将消费者归为八大类，如表 11-1 所示。

表 11-1　　　　　　　　　　　　　RFM 分类表

R 值	F 值	M 值	消费者类型
低	高	高	高价值消费者
高	高	高	重点保持消费者
低	低	高	重点发展消费者
高	低	高	重点挽留消费者
低	高	低	一般价值消费者
高	高	低	一般保持消费者
低	低	低	一般发展消费者
高	低	低	潜在消费者

11.2.2　RFM 计算实例

RFM 计算实例

例 11-3：现有某淘宝网店 2022 年 8 月至 2022 年 10 月的消费者购买数据，如图 11-31 所示，数据采集自商家后台的订单报表和宝贝报表。为了进行精准消费者营销，降低推广成本，现需要使用 Power Query 编辑器将 5794 位消费者分类。

解：（1）将 Excel 数据加载至 Power Query 编辑器。

单击【数据】选项卡中的【从表格】按钮，如图 11-32 所示，即可将数据加载至 Power Query 编辑器。

买家会员名	总金额	订单付款时间
我说我喜你	119	2022-08-01 00:22:36
波波斯基2011	119	2022-08-01 07:15:46
dm1565511784	119	2022-08-01 10:46:10
学生小书店	119	2022-08-01 11:59:43
铃儿志	59	2022-08-01 12:44:24
zhongwei1988	69	2022-08-01 14:09:01
黎旭刚749956	119	2022-08-01 14:25:56
最爱的超越	119	2022-08-01 15:02:47
zhongwei1988	69	2022-08-01 15:26:24
百事可乐402	119	2022-08-01 15:50:31
litianzhen52	119	2022-08-01 16:31:54
steven强强	119	2022-08-01 16:39:01
满祖红183	119	2022-08-01 17:48:23
5tgjm	119	2022-08-01 18:58:02
huan丹	119	2022-08-01 19:25:29
woyyx6920009	119	2022-08-01 19:46:05
1945585964天	119	2022-08-01 19:47:46

图 11-31　消费者购买数据

图 11-32　将数据从表格导入 Power Query 编辑器

加载至 Power Query 编辑器的数据如图 11-33 所示。

ABC 买家会员名	1²₃ 总金额	订单付款时间
我说我喜你	119	2022/8/1 0:22:36
波波斯基2011	119	2022/8/1 7:15:46
dm15655117849	119	2022/8/1 10:46:10
学生小书店	119	2022/8/1 11:59:43
铃儿志	59	2022/8/1 12:44:24
zhongwei19880	69	2022/8/1 14:09:01
黎旭刚74995615	119	2022/8/1 14:25:56
最爱的超越	119	2022/8/1 15:02:47
zhongwei19880	69	2022/8/1 15:26:24
百事可乐402	119	2022/8/1 15:50:31
litianzhen520	119	2022/8/1 16:31:54
steven强强	119	2022/8/1 16:39:01
满祖红183	119	2022/8/1 17:48:23
5tgjm	119	2022/8/1 18:58:02
huan丹	119	2022/8/1 19:25:29
woyyx692000901	119	2022/8/1 19:46:05
1945585964天涯	119	2022/8/1 19:47:46
q742265828	119	2022/8/1 20:23:30
tb6964854_2011	119	2022/8/1 20:29:43

图 11-33　加载至 Power Query 编辑器的数据

（2）计算时间间隔 R。

创建当下时间字段，单击【添加列】选项卡中的【自定义列】按钮，如图 11-34 所示。

图 11-34　单击【自定义列】按钮

进入【自定义列】对话框，将【新列名】设置为"今天日期"，【自定义列公式】设置为"=DateTime.Date(#datetime(2022,11,1,0,0,0))"，如图 11-35 所示，单击【确定】按钮，得到的结果如图 11-36 所示。

图 11-35　【自定义列】对话框

	AᴮC 买家会员名	▼	1²₃ 总金额	▼	订单付款时间	▼	ABC 今天日期	▼
1	我说我喜你			119		2022/8/1 0:22:36		2022/11/1
2	波波斯基2011			119		2022/8/1 7:15:46		2022/11/1
3	dm15655117849			119		2022/8/1 10:46:10		2022/11/1
4	学生小书店			119		2022/8/1 11:59:43		2022/11/1
5	铃儿志			59		2022/8/1 12:44:24		2022/11/1
6	zhongwei19880			69		2022/8/1 14:09:01		2022/11/1
7	黎旭刚74995615			119		2022/8/1 14:25:56		2022/11/1
8	最爱的超越			119		2022/8/1 15:02:47		2022/11/1
9	zhongwei19880			69		2022/8/1 15:26:24		2022/11/1
10	百事可乐402			119		2022/8/1 15:50:31		2022/11/1
11	litianzhen520			119		2022/8/1 16:31:54		2022/11/1
12	stever强强			119		2022/8/1 16:39:01		2022/11/1
13	满祖红183			119		2022/8/1 17:48:23		2022/11/1
14	5tgjm			119		2022/8/1 18:58:02		2022/11/1
15	huan丹			119		2022/8/1 19:25:29		2022/11/1
16	woyyx692000901			119		2022/8/1 19:46:05		2022/11/1
17	1945585964天涯			119		2022/8/1 19:47:46		2022/11/1
18	q742265828			119		2022/8/1 20:23:30		2022/11/1
19	tb6964854_2011			119		2022/8/1 20:29:43		2022/11/1

图 11-36　创建的【今天日期】列

将【今天日期】列的类型与【订单付款时间】列统一。选中【今天日期】列，单击【主页】选项卡中的【数据类型:文本】按钮，选择合适的类型，此处选择"日期/时间"。格式统一后的数据如图 11-37 所示。

	AᴮC 买家会员名	▼	1²₃ 总金额	▼	订单付款时间	▼	今天日期	▼
1	我说我喜你			119		2022/8/1 0:22:36		2022/11/1 0:00:00
2	波波斯基2011			119		2022/8/1 7:15:46		2022/11/1 0:00:00
3	dm15655117849			119		2022/8/1 10:46:10		2022/11/1 0:00:00
4	学生小书店			119		2022/8/1 11:59:43		2022/11/1 0:00:00
5	铃儿志			59		2022/8/1 12:44:24		2022/11/1 0:00:00
6	zhongwei19880			69		2022/8/1 14:09:01		2022/11/1 0:00:00
7	黎旭刚74995615			119		2022/8/1 14:25:56		2022/11/1 0:00:00
8	最爱的超越			119		2022/8/1 15:02:47		2022/11/1 0:00:00
9	zhongwei19880			69		2022/8/1 15:26:24		2022/11/1 0:00:00
10	百事可乐402			119		2022/8/1 15:50:31		2022/11/1 0:00:00
11	litianzhen520			119		2022/8/1 16:31:54		2022/11/1 0:00:00
12	stever强强			119		2022/8/1 16:39:01		2022/11/1 0:00:00
13	满祖红183			119		2022/8/1 17:48:23		2022/11/1 0:00:00
14	5tgjm			119		2022/8/1 18:58:02		2022/11/1 0:00:00
15	huan丹			119		2022/8/1 19:25:29		2022/11/1 0:00:00
16	woyyx692000901			119		2022/8/1 19:46:05		2022/11/1 0:00:00
17	1945585964天涯			119		2022/8/1 19:47:46		2022/11/1 0:00:00

图 11-37　格式统一后的数据

在【添加列】选项卡中单击【自定义列】按钮，将【新列名】设置为"R"，如图 11-38 所示。【自定义列公式】设置为"=[今天日期]-[订单付款时间]"，单击【确定】按钮，计算结果如图 11-39 所示。

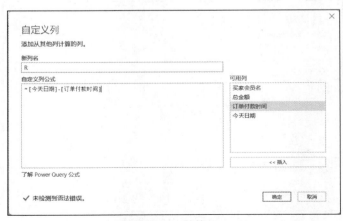

图 11-38　计算 R

图 11-39　R 的计算结果

删除【订单付款时间】与【今天日期】列，并将【R】列的类型改为整数，修整后的数据如图 11-40 所示。

	ABC 买家会员名	1²₃ 总金额	1²₃ R
1	我说我喜你	119	92
2	波波斯基2011	119	92
3	dm15655117849	119	92
4	学生小书店	119	92
5	铃儿志	59	91
6	zhongwei19880	69	91
7	黎旭刚74995615	119	91
8	最爱的超越	119	91
9	zhongwei19880	69	91
10	百事可乐402	119	91
11	litianzhen520	119	91
12	steven强强	119	91
13	满祖红183	119	91
14	5tgjm	119	91
15	huan丹	119	91

图 11-40　修整后的数据

（3）进行数据分组，得到每位消费者的 RFM 数据。

在【开始】选项卡中单击【分组依据】按钮，进行图 11-41 所示的设置，结果如图 11-42 所示。

图 11-41　分组依据设置

	ABC 买家会员名 ▼	1.2 R ▼	1²3 F ▼	1.2 M ▼
1	我说我喜你	92	1	119
2	波波斯基2011	92	1	119
3	dm15655117849	92	1	119
4	学生小书店	92	1	119
5	铃儿志	91	1	59
6	zhongwei19880	91	2	138
7	黎旭刚74995615	91	1	119
8	最爱的超越	91	1	119
9	百事可乐402	91	1	119
10	litianzhen520	91	1	119
11	steven强强	91	1	119
12	满祖红183	91	1	119
13	5tgjm	91	1	119
14	huan丹	91	1	119
15	woyyx692000901	91	1	119
16	1945585964天涯	91	1	119

图 11-42　数据分组结果

（4）消费者归类。

利用函数建立逻辑判断，归类消费者等级。单击【主页】选项卡中的【高级编辑器】按钮，进入函数编辑窗口，如图 11-43 所示。

在代码 "in" 前补上以下关于消费者等级判断的条件语句。

```
AR= List.Average(分组的行[R]),
AM= List.Average(分组的行[M]),
AF= List.Average(分组的行[F]),
已添加条件列 = Table.AddColumn(分组的行,"消费者等级", each if ([R] < AR) and ([M] > AM) and ([F] > AF) then "高价值消费者"else if ([R] > AR) and ([M] > AM) and ([F] > AF) then"重点保持消费者"else if ([R] < AR) and ([M] > AM) and ([F] < AF) then"重点发展消费者"else if ([R] > AR) and ([M] > AM) and ([F] < AF) then"重点挽留消费者"else if ([R] < AR) and ([M] < AM) and ([F] > AF) then"一般价值消费者"else if ([R] > AR) and ([M] < AM) and ([F] > AF) then"一般保持消费者"else if ([R] < AR) and ([M] < AM) and ([F] < AF) then"一般发展消费者"else"潜在消费者"
```

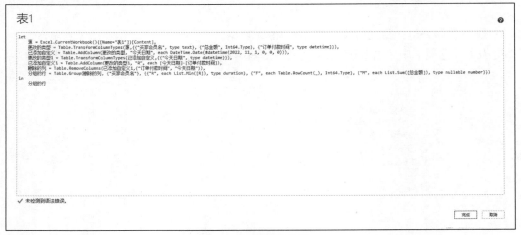

图 11-43　函数编辑窗口

将最后一行"分组的行"改为"已添加条件列"。注：AR 为 R 的平均值，AF 为 F 的平均值，AM 为 M 的平均值。

改完后的代码如图 11-44 所示。

图 11-44　改完后的代码

得到的 RFM 消费者分组如图 11-45 所示。

买家会员名	1.2 R	1²₃ F	1.2 M	消费者等级
1 我说我喜你	92	1	119	潜在消费者
2 波波斯基2011	92	1	119	潜在消费者
3 dm15655117849	92	1	119	潜在消费者
4 学生小书店	92	1	119	潜在消费者
5 铃儿志	91	1	59	潜在消费者
6 zhongwei19880	91	2	138	重点保持消费者
7 黎旭刚74995615	91	1	119	潜在消费者
8 最爱的越越	91	1	119	潜在消费者
9 百事可乐402	91	1	119	潜在消费者
10 litianzhen520	91	1	119	潜在消费者
11 steven强强	91	1	119	潜在消费者
12 萬祖红183	91	1	119	潜在消费者
13 5tgjm	91	1	119	潜在消费者
14 huan丹	91	1	119	潜在消费者
15 woyyx692000901	91	1	119	潜在消费者
16 1945585964天涯	91	1	119	潜在消费者

图 11-45　RFM 消费者分组

11.3　复购分析

复购为某时间段内的回购情况，回购次数多说明用户的忠诚度高，回购次数少则说明商品或服务的用户黏性低。

公开数据显示：商家获得新用户的成本是维护老用户的 5～10 倍；用户的一条满意评价会带来 8 笔潜在生意，不满意的评价可能会影响 25 个人的购买意愿。

这些数据表明，关注老用户的复购情况、提高老用户的复购率可以降低运营成本，在一定程度上提高网店的销售额。

11.3.1　复购率计算与分析

1. 复购率计算

复购率可以分为用户复购率和订单复购率。

（1）用户复购率=单位时间内购买两次及以上的用户数/单位时间内有购买行为的总用户数。例如在一个月内，有 100 个消费者购买商品，其中有 20 个

复购率计算与分析

是回头客，则用户复购率为 20%。

（2）订单复购率=单位时间内第二次及以上购买的订单个数/单位时间内的总订单数。例如在某个季度中，一共产生了 100 笔交易，其中有 20 个人有了二次购买，这 20 个人中的 10 个人又有了三次购买，则重复购买次数为 30 次，订单复购率为 30%。

2. 复购率分析

例 11-4：现有某网店 2022 年 7 月—2023 年 2 月的订单数据，希望深入了解该网店 2 月的消费者复购情况。数据采集自商家后台的订单报表和宝贝报表。

解：分析步骤如下。

第一步：从 8 个月的数据中提取出 2 月的数据来计算复购率，那么复购率的计算值是不是需要某个值作为参照标准呢？高于这个值表示 2 月复购率较为理想，低于这个值表示 2 月复购率不达标。

第二步：同时计算出 2022 年 7 月—2023 年 1 月数据的平均复购率和 2 月的复购率，比较 2 月的复购率和近 7 个月的平均复购率，若 2 月的复购率高于近 7 个月的平均复购率，则说明运营颇有成效。

3. 复购率计算实操

例 11-5：某淘宝网店 2022 年 7 月—2023 年 2 月的消费者购买数据如图 11-46 所示，计算用户复购率。

解：（1）在【数据】选项卡中单击【从表格】按钮，如图 11-47 所示，将数据导入 Power Query 编辑器，成功导入的数据如图 11-48 所示。

买家会员名	总金额	订单付款时间
ffwool	119	2022/7/1 10:02
无印灰品	59	2022/7/1 22:11
果粒橙7385	89	2022/7/2 15:30
qqwe3166	69	2022/7/2 15:54
原来我爱你不是你爱我	89	2022/7/3 21:13
zhoucheng000e	89	2022/7/5 11:22
whl香水有毒	59	2022/7/5 12:13
阿娟105	114	2022/7/5 20:15
t_1492940005282_0823	59	2022/7/8 19:08
陈琳101030	59	2022/7/8 15:47
yukuai宝贝1	198	2022/7/9 0:02
百shishunli	119	2022/7/9 18:47
一页旧约	69	2022/7/11 14:28
小绿豆超人	134	2022/7/11 10:06
我的鞋baby	119	2022/7/11 20:21
茗门柠檬茶	89	2022/7/11 23:58
tb2587828_2011	119	2022/7/12 19:24
漂亮perfect	119	2022/7/12 20:49
建购生活网	59	2022/7/12 22:01
t_1498977540330_0210	119	2022/7/13 11:51

图 11-46　消费者购买数据

图 11-47　将数据从表格导入 Power Query 编辑器

买家会员名	总金额	订单付款时间
ffwool	119	2022/7/1 10:02:57
无印灰品	59	2022/7/1 22:11:08
果粒橙7385	89	2022/7/2 15:30:59
qqwe3166	69	2022/7/2 15:54:38
原来我爱你不是你爱我	89	2022/7/3 21:13:35
zhoucheng000e	89	2022/7/5 11:22:44
whl香水有毒	59	2022/7/5 12:13:31
阿娟105	114	2022/7/5 20:15:24
t_1492940005282_0823	59	2022/7/8 19:08:25
陈琳101030	59	2022/7/8 15:47:21
yukuai宝贝1	198	2022/7/9 0:02:43
百shishunli	119	2022/7/9 18:47:24
一页旧约	69	2022/7/11 14:28:13
小绿豆超人	134	2022/7/11 10:06:27

图 11-48　导入 Power Query 编辑器的数据

（2）选中【订单付款时间】列，选择【主页】选项卡中的【数据类型:文本】→【日期】选项，如图 11-49 所示，设置好数据类型的数据如图 11-50 所示。

图 11-49　修改数据类型

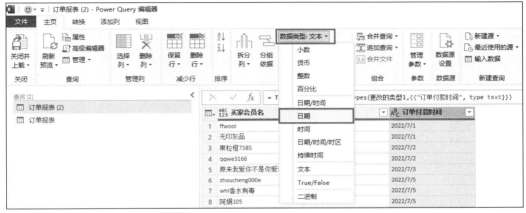

图 11-50　设置好数据类型的数据

（3）将同一天购买多次的消费者去重。选中全部字段，选择【主页】选项卡中的【删除行】→【删除重复项】选项。随后统计每个消费者在 2022 年 7 月—2023 年 1 月的购买次数。单击【主页】选项卡中的【分组依据】按钮，进行数据分组，进行图 11-51 所示的设置，分组汇总后的数据如图 11-52 所示。

图 11-51　分组依据编辑　　　　图 11-52　分组汇总后的数据

（4）对数据进行筛选，留下计数结果大于 1 的行，如图 11-53 所示，筛选后的数据如图 11-54 所示。

图 11-53　数据筛选

图 11-54　筛选后的数据

（5）单击【主页】选项卡中的【关闭并上载】按钮，如图 11-55 所示，将数据加载至工作表，如图 11-56 所示。

图 11-55　单击【关闭并上载】按钮

图 11-56　加载到工作表中的数据

统计表中的买家消费者个数即 7 个月内复购的买家数，此处得到的复购买家数为 648，总买家数为 24443-1380+648=23711。

故可知 7 个月内该网店平均复购率为 648÷23711×100%≈2.7%。

从 8 个月数据中筛选出 2 月销售数据，重复以上步骤得到 2 月的复购情况，此处计算得出 2 月的消费者复购率为 2.8%。对比发现，2 月的复购率比近 7 个月的平均复购率略高，故说明该网店 2 月的复购率为正常值。

11.3.2　复购间隔分析

复购间隔分析

1. 复购间隔定义

复购间隔即消费者复购的时间间隔，可能会出现一个消费者复购多次（≥3）的情况，此处把它定义为消费者最近两次购买和现在的时间间隔。依据复购时间间隔的大小，将消费者分为 4 组，如表 11-2 所示。

表 11-2　　　　　　　　　　　基于复购时间间隔的消费者分组

复购时间间隔	消费者分组
小于 30 天	活跃消费者
30～90 天	可激活消费者
90～180 天	预流失消费者
180 天以上	流失消费者

可以根据复购时间间隔安排唤醒消费者的活动和时间，提高唤醒老消费者的效果，并且可进行一系列活动增加新消费者黏度。网店在运营过程中，关于网店风格和调性的确定也可以参考这方面的数据。

2. 复购间隔计算实操

例 11-6：现有某网店 2022 年 7 月—2023 年 2 月的销售订单数据，希望从数据中将消费者依据复购时间间隔进行归类。数据采集自商家后台的订单报表和宝贝报表。

2022 年 7 月—2023 年 2 月的消费者信息数据集如图 11-57 所示。

解：将数据导入 Power Query 编辑器并将【订单付款时间】列的数据类型转化为"日期"，并将同一天购买多次的消费者去重，结果如图 11-58 所示。

买家会员名	总金额	订单付款时间
ffwool	119	2022/7/1 10:02
无印灰品	59	2022/7/1 22:11
果粒橙7385	89	2022/7/2 15:30
qqwe3166	69	2022/7/2 15:54
原来我爱你不是你爱我	89	2022/7/3 21:13
zhoucheng000e	89	2022/7/5 11:22
whl香水有毒	59	2022/7/5 12:13
阿娟105	114	2022/7/5 20:15
t_1492940005282_0823	59	2022/7/8 19:08
陈琳101030	59	2022/7/8 15:47
yukuai宝贝1	198	2022/7/9 0:02
百shishunli	119	2022/7/9 18:47
一页旧约	69	2022/7/11 14:28
小绿豆超人	134	2022/7/11 10:06
我的韩baby	119	2022/7/11 20:21
茗门柠檬茶	89	2022/7/11 23:58
tb2587828_2011	119	2022/7/12 19:24
漂亮perfect	119	2022/7/12 20:49
建购生活网	59	2022/7/12 22:01

图 11-57　消费者信息数据集

买家会员名	总金额	订单付款时间
ffwool	119	2022/7/1
无印灰品	59	2022/7/1
果粒橙7385	89	2022/7/2
qqwe3166	69	2022/7/2
原来我爱你不是你爱我	89	2022/7/3
zhoucheng000e	89	2022/7/5
whl香水有毒	59	2022/7/5
阿娟105	114	2022/7/5
t_1492940005282_0823	59	2022/7/8
陈琳101030	59	2022/7/8
yukuai宝贝1	198	2022/7/9
百shishunli	119	2022/7/9
一页旧约	69	2022/7/11
小绿豆超人	134	2022/7/11

图 11-58　去重后的数据

将每位消费者的订单付款时间以列表形式进行分组。在函数编辑栏中输入"=Table.Group(更改的类型,{"买家会员名"},{"购买日期列表",each([订单付款时间]),type list})"，得到以消费者名称为分组依据的按列表分组的表，每位消费者对应的 List 中包含了该消费者的所有购买时间，如图 11-59 所示。

买家会员名	购买日期列表
ffwool	List
无印灰品	List
果粒橙7385	List
qqwe3166	List
原来我爱你不是你爱我	List
zhoucheng000e	List
whl香水有毒	List
阿娟105	List
t_1492940005282_0823	List

图 11-59　聚合购买日期的消费者信息

将每位消费者的最近两个购买时间作为新列插入表中。单击【添加列】选项卡中的【自定义列】按钮。在【自定义列公式】文本框中输入"=List.MaxN([购买日期列表],2)"，如图 11-60 所示。

注：由于日期越晚数值越大，因此取最大的两个数。

图 11-60　计算距今最近的两个购买日期

运行结果如图 11-61 所示。

买家会员名	购买日期列表	距今最近两个购买...
ffwool	List	List
无印灰品	List	List
果粒橙7385	List	List
qqwe3166	List	List
原来我爱你不是你爱我	List	List
zhoucheng000e	List	List
whl香水有毒	List	List
阿娟105	List	List
t_1492940005282_0823	List	List
陈琳101030	List	List
yukuai宝贝1	List	List
百shishunli	List	List
一页旧约	List	List
小绿豆超人	List	List

图 11-61　取出最近的两个购买日期的数据

将最近的两个购买日期作差取绝对值计算复购时间间隔。单击【添加列】选项卡中的【自定义列】按钮。在【自定义列公式】文本框中输入"=Duration.Days(List.Max([距今最近两个购买日期])-List.Min([距今最近两个购买日期]))"，如图 11-62 所示。

注：Duration.Days 函数可提取日期的天数。

图 11-62　计算购买时间间隔

运行结果如图 11-63 所示。

买家会员名	购买日期列表	距今最近两个购买...	购买时间间隔
ffwool	List	List	0
无印灰品	List	List	0
果粒橙7385	List	List	0
qqwe3166	List	List	0
原来我爱你不是你爱我	List	List	0
zhoucheng000e	List	List	0
whl香水有毒	List	List	0
阿娟105	List	List	0
t_1492940005282_0823	List	List	0
陈琳101030	List	List	0
yukuai宝贝1	List	List	121
百shishunli	List	List	0
一页旧约	List	List	0
小绿豆超人	List	List	0
我的韩baby	List	List	0

图 11-63　计算购买时间间隔的结果

对数据进行筛选，仅留下购买时间间隔大于 0 的整数行，并将数据加载至工作表，加载到工作表的数据如图 11-64 所示。

买家会员名	距今最近两个购买日期	购买时间间隔
yukuai宝贝1	[List]	121
96式坦克69	[List]	23
封士福封士福	[List]	215
lining6698	[List]	91
1314柳星	[List]	28
轩轩的妈妈121	[List]	37
t_1486045066912_049	[List]	2
tb46926872	[List]	130
吃饭i44	[List]	131
吃节操怪	[List]	3
t_1485698329510_0586	[List]	31
张林88小林	[List]	11
九个步骤	[List]	28
猫懒大	[List]	44
忧忧小笨蛋	[List]	1

图 11-64　加载到工作表的数据

将数据可视化，绘制复购时间间隔与复购人数分布图，如图 11-65 所示。

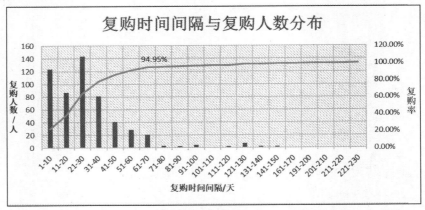

图 11-65　复购时间间隔与复购人数分布图

从图 11-64 和图 11-65 中可以发现以下情况。

（1）复购消费者中 94.95% 的人会在 70 天内进行复购，如果未在 70 天内进行复购，则该消费者回购的概率微乎其微。

（2）8 个月内复购消费者中活跃消费者有 355 人，可激活消费者有 176 人，预流失消费者有 19 人。针对可激活消费者和预流失消费者，可以采取以下 3 种方法激活。

① 提升网店的体验度：通过私信等方式将老消费者引导到最需要的网店页以提升吸引力。

② 首页设置淘宝店铺优惠券、回馈老消费者等活动。

③ 合理布局标签和分类，让消费者能够快速找到自己需要的东西。

11.3.3　复购产品归因分析

触发消费者复购行为的根本因素是消费者初次购买产品的体验。产品的消费体验不仅决定了复购率，还决定了该企业是否能发展长久。产品复购率的提升还是要依托于产品本身，定期分析产品的复购情况，这对产品的布局及长远发展是十分有益的。

复购产品归因分析

1. 统计触发消费者复购行为的产品数据

例 11-7：现有某网店 2022 年 7 月—2023 年 2 月的产品销售订单数据集，希望从中挖掘触发消费者复购行为的产品，为网店 3 月的战略调整提供数据依据。数据采集自网店后台的订单报表和宝贝报表。

2022 年 7 月—2023 年 2 月的消费者消费信息数据集如图 11-66 所示。

将数据导入 Power Query 编辑器并将【订单付款时间】列的数据类型转化为"日期"，导入效果如图 11-67 所示。

将同一天内购买多次的消费者数据去重，保证每个消费者每一天仅留下一条数据，减小复购产品的统计误差。选中【买家会员名】和【订单付款时间】列，在【开始】选项卡中选择【删除行】→【删除重复项】选项。

商家编码	买家会员名	订单付款时间
7A513131000	flwool	2022/7/1
7A127237000	无印灰品	2022/7/1
7A333411000	果粒橙7385	2022/7/2
7A1207700	qqwe3166	2022/7/2
7A333411000	原来我爱你不是你啊	2022/7/2
7A113411000	zhoucheng000e	2022/7/5
WA20001j	whl香水有毒	2022/7/5
7A513131000	阿娟105	2022/7/5
7A127237000	t_1492940005282	2022/7/8
WA3712j	陈琳101030	2022/7/8
7A92023400	一页旧约	2022/7/11
7A713041000	小绿豆超人	2022/7/11
7A513025000	茗门柠檬茶	2022/7/11
WA3712j	建购生活网	2022/7/12

图 11-66　消费者消费信息数据集

统计有复购行为的消费者数据及商家编码。选中【买家会员名】列，在【开始】选项卡中选择【保留行】→【保留重复项】选项。依据"买家会员名"排序，得到的结果如图 11-68 所示。

图 11-67　导入 Power Query 编辑器后的数据

图 11-68　有复购行为的消费者数据

　　统计触发消费者复购行为的产品。删除重复消费者数据，留下消费者首次购买网店产品的时间及商家编码。选中【买家会员名】列，在【开始】选项卡中选择【删除行】→【删除重复项】选项。得到的结果如图 11-69 所示。

　　透视处理触发消费者复购行为的产品的数据。将 Power Query 编辑器中处理后的数据加载至工作表，得到的结果如图 11-70 所示。

图 11-69　消费者首次购买网店产品的数据

图 11-70　加载到工作表的数据

　　创建数据透视表，将触发消费者复购行为的产品根据时间及类别归类，统计结果如表 11-3 所示。

表 11-3　　　　　　　　　　　　触发消费者复购行为的产品汇总数据

计数项:商家编码	列标签		
行标签	2022 年	2023 年	总计
QPL810118	11	10	21
7A719424000	12		12
QPL810122	6	1	7
QPL810127		3	3
7A92023400	2	1	3
7A113411000	2	1	3
7A319492000	3		3
7A127237000	1	1	2
3A1313222	1	1	2
7A1105500	2		2

续表

计数项:商家编码	列标签		
行标签	2022 年	2023 年	总计
7A713044000	2		2
7A719425000	1		1
7A127236000		1	1
7A813037000		1	1
7A319130100	1		1
3A0651081	1		1
7A127235000	1		1
7A7130440007	1		1
WA3712j	1		1
7A513129000	1		1
7A513130000	1		1
总计	50	20	70

从上述统计结果可以发现以下内容。

- 2022 年 7 月—2023 年 2 月该网店共有 70 个产品触发了消费者一次或多次的复购行为。
- 商家编码为 "QPL810118" "7A719424000" "QPL810122" 的产品触发消费者复购行为的次数较多，若消费者购买了这 3 款产品，复购的概率较大。
- 在统计过程中，可以依据这 3 款产品的特征分析出产品的共性及个性，调整网店的产品布局，增加消费者黏性。

2. 复购产品的关联

复购产品的关联即同一位消费者多次购买的产品间的关系，也就是统计出消费者第一次购买某个产品后第二次可能会购买什么。

此处用到的数据集依旧是本小节"统计触发消费者复购行为的产品数据"中的数据集。

将数据集导入 Power Query 编辑器，并将同一天内购买多次的消费者数据去重，保留有复购行为的消费者数据，详细步骤参照本小节前面的内容。

将有复购行为的【买家会员名】列按订单付款时间升序排列，得到的结果如图 11-71 所示。

将有复购行为的消费者所购买的所有商品编号进行分组。在函数栏内输入 "=Table.Group (已保留重复项,{"买家会员名"},{{"购买商品的编码",each([商家编码]),type list})}"，得到的结果如图 11-72 所示。

	商家编码	买家会员名	订单付款时间
1	7A719424000	15854385290hgq	2022/8/29
2	7A719424000	15854385290hgq	2022/9/22
3	QPL810122	18815075197蓉蓉蓉蓉	2022/12/5
4	QPL810118	18815075197蓉蓉蓉蓉	2022/12/10
5	7A719424000	1995jun0313	2022/10/18
6	7A719424000	1995jun0313	2022/12/24
7	QPL810122	a1521959985	2022/11/5
8	QPL810122	a1521959985	2023/1/15
9	QPL810118	chang384773309	2023/1/2
10	QPL810118	chang384773309	2023/2/14
11	QPL810118	danyi04160126	2022/11/30
12	QPL810118	danyi04160126	2022/12/7
13	7A127236000	elenmentary	2023/2/20
14	7A127236000	elenmentary	2023/2/25
15	QPL810118	hjp88007	2023/1/6

图 11-71　升序排列后的结果

	买家会员名	购买商品的编码
	yukuai宝贝1	List
	封士福封士福	List
	tb46926872	List
	吃饭i44	List
	杨才琼abc	List
	zqy18227209916	List
	袁葡8023	List
	陕西雅鼎商贸有限公司	List
	t_1503612283304_0799	List
	乐缘严	List
	15854385290hgq	List
	草办土川	List
	航天100	List
	红色乐风9	List

图 11-72　分组后的结果

　　统计各消费者购买产品的总数。在【添加列】选项卡中单击【自定义列】按钮，输入"=List.Count([购买商品的编码])"，如图 11-73 所示。

图 11-73　【自定义列】对话框

得到的结果如图 11-74 所示。

A^B_C 买家会员名	购买商品的编码	ABC 123 购买商品数
yukuai宝贝1	List	2
封士福封士福	List	2
tb46926872	List	2
吃饭i44	List	2
杨才琼abc	List	2
zqy18227209916	List	2
袁蕳8023	List	2
陕西雅鼎商贸有限公司	List	2
t_1503612283304_0799	List	2
乐缘严	List	3
15854385290hgq	List	2
草办土川	List	2
航天100	List	2
红色乐风9	List	2

图 11-74　各消费者购买产品总数的统计

单击"购买商品的编码"右边的 按钮，展开商品编码，如图 11-75 所示。

	A^B_C 买家会员名	A^B_C 购买商品的编码	ABC 123 购买商品数
1	yukuai宝贝1	7A319492000;7A319492000	2
2	封士福封士福	7A319130100;7A1206200	2
3	tb46926872	7A113411000;7A113411000	2
4	吃饭i44	7A719424000;7A719424000	2
5	杨才琼abc	7A719424000;7A719424000	2
6	zqy18227209916	7A1105500;7A1105500	2
7	袁蕳8023	7A319492000;7A113411000	2
8	陕西雅鼎商贸有限公司	7A513129000;WA20103j	2
9	t_1503612283304_0799	7A513130000;3A0813162	2
10	乐缘严	7A319492000;7A313411000;...	3
11	15854385290hgq	7A719424000;7A719424000	2
12	草办土川	7A719424000;7A719424000	2
13	航天100	3A1313222;3A1310396	2
14	红色乐风9	7A127235000;7A1206200	2
15	那就是晓	7A719424000;3A1310397	2
16	米粒891104	7A719424000;7A719424000	2

图 11-75　展开商品编码

将 Power Query 编辑器中处理后的数据加载至工作表，如图 11-76 所示。

买家会员名	购买商品的编码	购买商品数
yukuai宝贝1	7A319492000;7A319492000	2
封士福封士福	7A319130100;7A1206200	2
tb46926872	7A113411000;7A113411000	2
吃饭i44	7A719424000;7A719424000	2
杨才琼abc	7A719424000;7A719424000	2
zqy18227209916	7A1105500;7A1105500	2
袁菡8023	7A319492000;7A113411000	2
陕西雅鼎商贸有限公司	7A513129000;WA20103j	2
t_1503612283304_0799	7A513130000;3A0813162	2
15854385290hgq	7A719424000;7A719424000	2
草办土川	7A719424000;7A719424000	2
航天100	3A1313222;3A1310396	2
红色乐风9	7A127235000;7A1206200	2
那就是喷	7A719424000;3A1310397	2
米粒891104	7A719424000;7A719424000	2
唐百虎点蚊香7938	7A713044000;7A719425000	2
拓跋沧城	7A719424000;7A719424000	2
所以都已经改变	7A719424000;7A719424000	2
mettlel	7A113411000;7A113411000	2
昨天的昊65679873	7A719424000;7A7130440007	2

图 11-76　将数据加载至工作表

创建数据透视表并加入切片器，得到的结果如图 11-77 所示。

行标签	计数项:购买商品数
QPL810118;QPL810118	19
7A719424000;7A719424000	9
QPL810122;QPL810122	4
7A113411000;7A113411000	3
QPL810122;QPL810118	2
3A1313222;3A1310396	1
QPL810127;QPL810127	1
7A92023400;7A02064300	1
7A127235000;7A1206200	1
7A719424000;3A1310397	1
7A127236000;7A127236000	1
7A719425000;7A127237000	1
7A127237000;7A127237000	1
7A92023400;7A92023400	1
7A127237000;7A92023400	1
7A7130440007;7A7130440007	1
7A319130100;7A1206200	1
7A719424000;7A7130440007	1
7A319492000;7A113411000	1
7A719424000;7A719425000	1
7A319492000;7A319492000	1
7A813037000;7A113411000	1
7A513129000;WA20103j	1
7A92023400;7A127237000	1
QPL810118;7A327130200	1
7A1105500;7A613000000	1
3A1313222;3A1313222	1
7A1105500;7A1105500	1
QPL810127;7A7130440007	1
7A513130000;3A0813162	1
QPL810127;QPL810122	1
7A713044000;7A413538000	1
3A0651081;3A0651081	1
7A713044000;7A719425000	1
总计	66

购买商品数

2
3
8

图 11-77　创建数据透视表并加入切片器

单击各分类查看统计结果，可从统计结果中发现以下内容。

（1）2022 年 7 月—2023 年 2 月总消费者数为 5805 人，发生一次复购行为的消费者共 66 人，发生两次复购行为的消费者共 3 人，发生 7 次复购行为的消费者共 1 人，可见该网店的复购率极低。

（2）在发生复购行为的消费者中，两次购买相同物品的复购行为是最多的。

11.4　本章小结

本章介绍了消费者运营分析的内容，包含消费者分布、RFM 模型、复购分析和消费者舆情分析。读者要重点掌握的知识为以下 6 点。

- 消费者地域分析的方法。
- 消费者行为习惯分析的方法。
- RFM 模型理论及计算的方法。
- 消费者复购率计算的方法。
- 消费者复购间隔分析的方法。
- 复购产品归因分析的方法。

11.5　习题

建立消费者分析模型（文件为"11.5 习题.xlsx"）。

第12章

数据报告撰写与商业分析案例

商务数据报告是为商业服务的，是数据分析师汇报时必备的材料，商务数据报告的数据素材参阅本书的第三篇。

12.1　数据报告撰写

给上级汇报是职场工作者的基本工作，其中报告撰写是非常重要的环节，撰写一份优秀的数据报告是数据分析师需要掌握的基本能力。

12.1.1　数据报告类型

按场景分类，数据报告可分为以下两种。

第一种类型是"演讲+报告"的形式，这种报告的内容要精练，文字描述要少，有简单、直观的图表即可。

第二种类型是"报告"的形式，这种报告的文字描述要清楚，字数相较多一些。

按内容分类，数据报告可分为市场分析报告、店铺诊断报告、消费者舆情报告、竞品分析报告等。

按汇报周期分类，数据报告可分为日报、周报、月报、季报、年报。

12.1.2　数据报告撰写流程

数据报告撰写流程也是数据分析的流程，如图 12-1 所示，数据分析师收到企业的要求或者任务时，要先对要求进行分析，使用拆分法将其拆解成若干个子问题，再进一步思考每个子问题的解决方法，每个子问题的观察视角便是数据报告的框架。

图 12-1　数据报告撰写流程

确定报告的框架之后就可以根据每个视角收集数据，将数据制作成报告的素材，如饼图、柱状图等。最终将素材放到 PPT 或 Word 中，配上阐述的文字。

撰写的阐述文字分为客观描述和主观建议两种类型。

客观描述：基于数据的客观表述。例如，苹果公司在中国 2021 财年 Q4（2021 年 10 月—2021 年 12 月）同比 2022 财年 Q4（2022 年 10 月—2022 年 12 月）的销售额下降 26.66%，如图 12-2 所示。

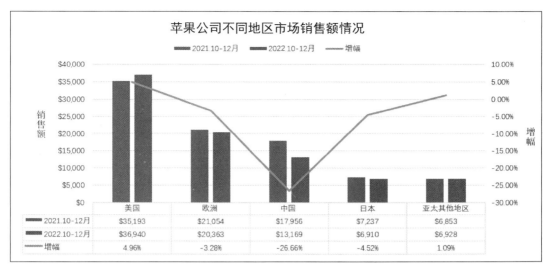

图 12-2　苹果公司不同地区市场销售额情况

主观建议：报告者对数据信息的高度提炼及应对策略。例如，新生儿数自 2017 年开始逐年下降，如图 12-3 所示，预测 2024 年新生儿数将由 870 万人缩减至 700 万人，新生儿市场竞争将持续加剧。

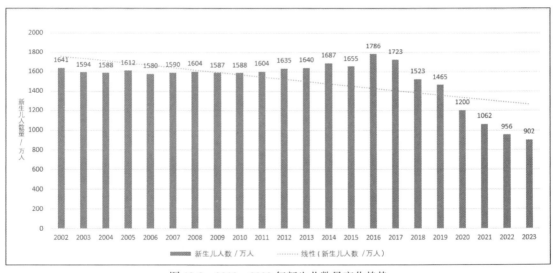

图 12-3　2002—2023 年新生儿数量变化趋势

12.1.3　数据报告撰写技巧

给上级汇报的报告有通用的撰写思路，主要回答以下 6 个问题。

- 发生了什么？
- 问题出现在哪里？
- 为什么这件事情会发生？
- 需要采取什么行动？
- 下一步将发生什么？
- 可能产生的最好结果是什么？

1. 发生了什么

先把分析结果展现出来。这一步要充分利用对比法，将不同月份的销售额进行对比，如图 12-4 所示。

销售额
5
4.5
4
3.5
3
2.5
2
1.5
1
0.5
0
1月
2月
3月
4月

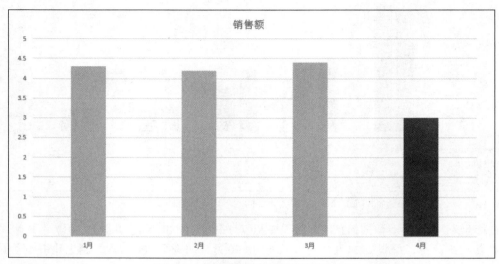

图 12-4　将不同月份的销售额进行对比

在撰写阐述文本时，要提供更多的数据作为参考，而且措辞很重要。假设图 12-4 的纵坐标轴的单位是“百万元”，那么发生了什么？图 12-5 所示为一种回答。

把数字说出来，这是最为简单的汇报方式，但这过于简单。需要加入对比，体现销量的变化，如图 12-6 所示。

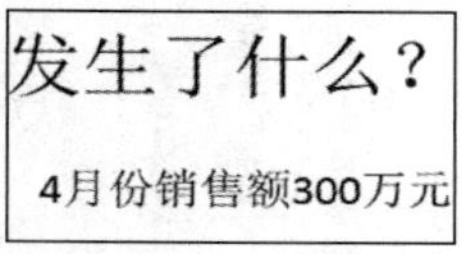

发生了什么？
4月份销售额300万元

图 12-5　回答（1）

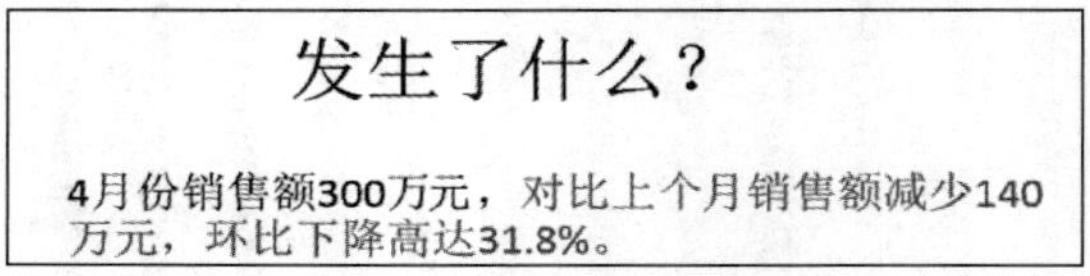

发生了什么？
4月份销售额300万元，对比上个月销售额减少140万元，环比下降高达31.8%。

图 12-6　回答（2）

只有通过对比，才能清楚地了解本月和上个月销量的变化。特别要注意“高达”这个词，它是数据分析师对这个数据的程度定义，用于定义本案例中的数据是比较夸张的。这种词容易引导读者，当然也容易误导读者。既然这里给出了“高达”一词，那么就要给出用“高达”一词的理由，如图 12-7 所示。

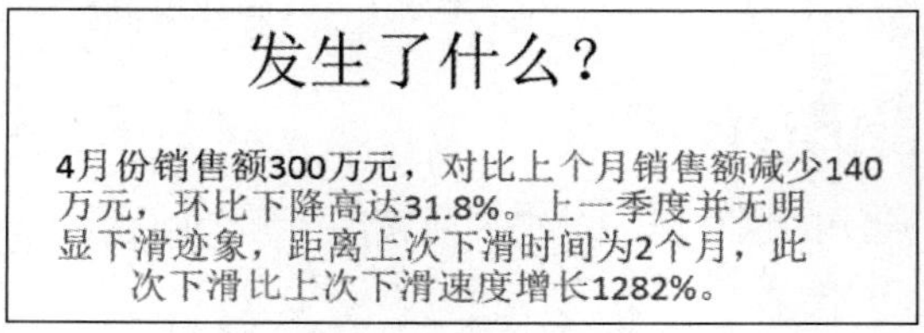

发生了什么？
4月份销售额300万元，对比上个月销售额减少140万元，环比下降高达31.8%。上一季度并无明显下滑迹象，距离上次下滑时间为2个月，此次下滑比上次下滑速度增长1282%。

图 12-7　回答（3）

图 12-7 给出了判断这次数据下滑程度比较严重的原因。上一季度销售额下滑速度增长了 2.3%，对比后，此次下滑速度比上次下滑速度增长了 1282%。这样写是为了让读者重视这个问题。撰写数据报告既要尊重客观事实，又要适当地提醒读者重点该关注的地方。

2. 问题出现在哪里

通过第一个模块从数据层面上了解发生了什么，其结果不一定是坏的。现在要找出问题所在，即究竟是什么因素导致数据变动。

事出必有因。结果有变化，中间过程一定也会有变化。这个时候要运用拆分法进行分析。

基于算法公式"销售额=访客数 × 转化率 × 客单价"，将销售额的问题拆解成 3 个子问题，分析事件的"罪魁祸首"究竟是哪个或哪几个子问题。

由于 3 个指标的量纲不同，要先做归一化处理再插入图表。由图 12-8 可以发现访客数和客单价没有下降，只有转化率在本期下降了，可以初步断定是转化率的问题。

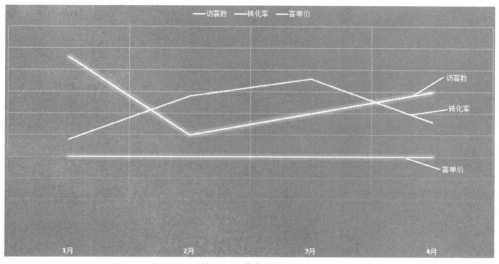

图 12-8　指标对比图

知道这个事件和转化率有关系时，并不能直接判断转化率就是真正的"罪魁祸首"，接下来要调查转化率。下面进行两个操作：第一是细分转化率，第二是分析与转化率相关的因素。

通过细分转化率可以发现，转化率变动和询单转化率有关系，主要是询单转化率的变化影响了总体转化率的变化，如图 12-9 所示。

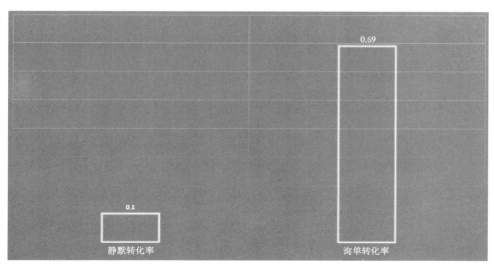

图 12-9　转化率对比

进一步分析影响转化率的其他因素，发现访客数和客单价都与转化率是中等负（线性）相关，如图 12-10 所示。

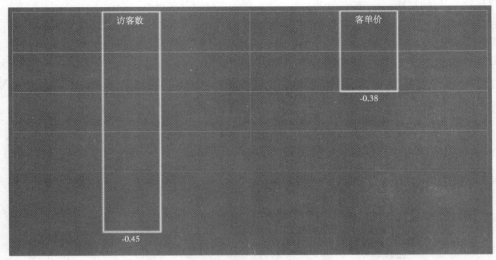

图 12-10　相关性分析

展现分析图表后，撰写报告，如图 12-11 所示。

问题出现在哪里？

通过分析，询单转化率环比下降19%，其中A客服接待询单人数517人，询单转化率环比下降4.2%，C客服接待询单人数3813人，询单转化率环比下降29.5%。
主推产品价格上涨5%。
与付费推广调整有关，流量环比上升8%，ROI环比下降12.3%。

图 12-11　回答（4）

3. 为什么这件事情会发生

在大多数情况下，并不能通过数据去解释为什么这件事情会发生。如果告诉管理者，因为询单转化率降低而导致销售额降低，这是没意义的。应该告诉管理者，为什么询单转化率会降低，这才是我们要关注的重点。

通过对业务层面进行了解、与相关业务人员沟通，探究为什么这件事情会发生，如图 12-12 所示。

为什么这件事情会发生？

通过分析沟通发现A客服由于家庭变故，请假半个月，主要工作交接到C客服，C客服工作负荷加大，导致询单转化率下降。
主推产品库存不足，店长决策持续涨价。
采用了直通车托管业务，侧重优化了广撒网计划，流量多数不精准。

图 12-12　回答（5）

4. 需要采取什么行动

数据分析师需要具有一定的业务基础，能给出建议方案，如图 12-13 所示。

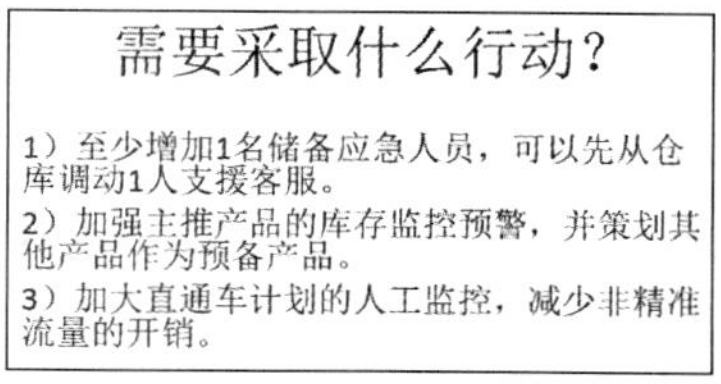

需要采取什么行动？
1）至少增加1名储备应急人员，可以先从仓库调动1人支援客服。
2）加强主推产品的库存监控预警，并策划其他产品作为预备产品。
3）加大直通车计划的人工监控，减少非精准流量的开销。

图 12-13　回答（6）

5. 下一步将发生什么

此时数据报告就是要告诉管理者，如果不解决这个问题，下个月、下下个月，甚至以后的几个月，店铺的销量会有多惨，如图 12-14 和图 12-15 所示。

现在
时间1
时间2
时间3

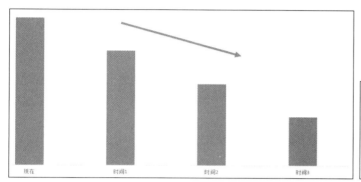

图 12-14　数据趋势

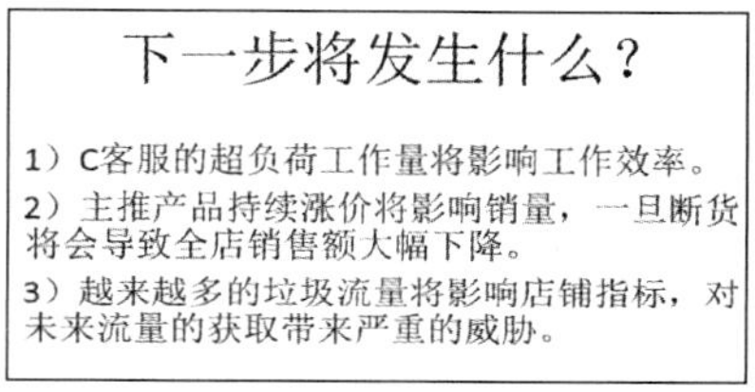

下一步将发生什么？
1）C客服的超负荷工作量将影响工作效率。
2）主推产品持续涨价将影响销量，一旦断货将会导致全店销售额大幅下降。
3）越来越多的垃圾流量将影响店铺指标，对未来流量的获取带来严重的威胁。

图 12-15　回答（7）

6. 可能产生的最好结果是什么

此报告不仅要让管理者明白不解决问题会导致怎么样的后果，还要让管理者明白，这个方案能带来怎样好的结果，如图 12-16 所示。

销售额
4.6
4.4
4.2
4
3.8
3.6
3.4
3.2
3
2.8
1月
2月
3月
4月
5月

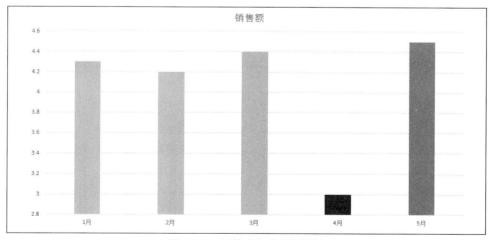

图 12-16　可能产生的最好结果

一份优秀的数据报告其实就是在给管理者做功课，让管理者意识到问题的重要性并向管理者说明必须行动的理由。

能够这样撰写数据报告的，一定是对业务情况非常了解的资深数据分析师，他们之所以能拿高薪，是因为他们在帮管理者解决问题。一般的分析师只会做到第二步或者第三步，他们把问题丢给管理者。月收入 3000 元的数据分析师和月收入 30000 元的数据分析师的差距就在这里。

12.2　商业分析案例

本节介绍商业分析案例，使读者了解数据分析能做什么事情，如何将数据转变为生产力。

12.2.1　市场分析

企业进入市场前需要掌握市场信息，了解市场的人群结构、销售规模及趋势，市场分析对企业的市场决策的制订有着非常重要的作用。

1. 项目背景

某童装生产企业想培养自主品牌，通过线上市场切入，第一步考虑的是淘宝天猫市场，但该企业是生产企业，不知道该如何制订自主品牌前期切入市场的战略。

2. 项目目标

呈现童装行业现状及未来发展趋势，帮助该企业深入了解童装行业及线上市场，为品牌战略提供有力的数据支撑。

3. 分析思路

（1）分析人口及儿童出生数据，了解未来使用群体的基数变化。

（2）分析童装行业的图案及素材，了解流行趋势。

（3）分析童装类目近 3 年的发展趋势，了解该类目的交易概况与生命周期。

（4）挖掘该类目二级类目的市场潜力与定位，找出机会类目。

（5）分析品牌交易集中度，找准自身品牌的合理定位。

（6）构建消费者画像，定位目标消费者。

4. 重要过程与结论

2004 年后，新生儿数量基本维持在 1620 万上下，受二孩政策影响，2016 年新生儿数量缓慢增长，2017 年之后出现断层式下滑，至 2023 年新生儿数量已下滑至 902 万人，2002—2023 年新生儿数量变化趋势如图 12-17 所示。

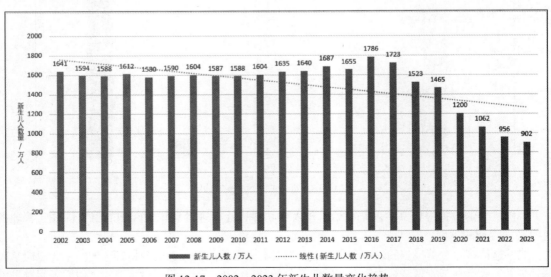

图 12-17　2002—2023 年新生儿数量变化趋势

由此，预测未来几年新生儿数可能减少至 900 万以下，童装市场竞争加剧。

根据 2023 年 3 月 22 日 POP 服装趋势网的秀场提炼模块数据，童装色彩及单品指南如图 12-18 所示。

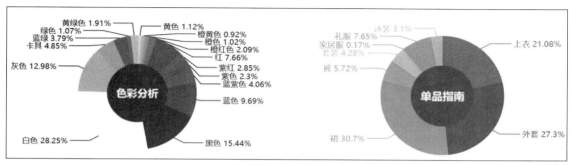

图 12-18　POP 服装趋势网的童装色彩及单品指南

其中，秀场的童装色彩偏好数据中，黑色、白色、灰色占比较高，超过一半，黄绿色系的占比较少。

在秀场的数据中，裙、外套和上衣的占比相对较高，其中裙装限制女童，而女童穿彩色裙装较多，因此综合考虑后可以重点关注外套的市场。

图 12-19 所示为近 3 年童装类目交易额及增幅，从图中可知，童装的交易额在近 3 年快速增长，2022 年的增幅为 21.04%。

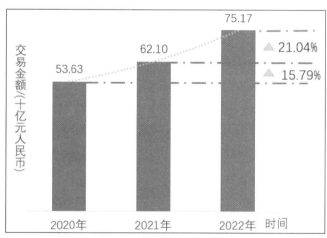

图 12-19　近 3 年童装类目交易额及增幅

可以认为童装市场正处于发展期，2023 年的市场规模较 2022 年仍然会增加。

12.2.2　用户舆情分析

用户舆情是企业的宝贵资源，用户舆情分析可以向企业反馈用户的意愿、用户对产品的看法，以及用户真正的需求。

用户舆情信息包括文本、音频、视频、图片等各种各样的形式，实际工作中应用较多的是文本形式的用户舆情。综合考虑数量、丰富性、易获得性、信息匹配度等方面因素，文本相较于音频、视频、图片，信息价值、性价比都是比较高的。

1. 项目背景

某个生产家用封口机的企业现阶段在给淘宝天猫店铺供货，想要转型线上市场，决定优化产品。企业认为应该在质量方面进行提升，让产品可以用 3～5 年，从而体现产品优势。

2. 项目目标

分析用户舆情，了解用户对产品的真正诉求，从而帮助企业决定产品的优化方向。

3. 分析思路

分析用户好评内容，了解用户关心的问题。

分析用户差评内容，了解导致用户不满意的原因。

4. 重要过程与结论

产品效果舆情指标如图 12-20 所示，产品效果和企业提供的服务是用户最关心的问题。产品效果是功能和材质选择的问题。

指标	频率	指标	频率
效果	185	质量	16
服务	169	袋子	69
操作	140	封装对象	62
性价比	119	朋友推荐	52
外观	114	说明	25
物流	102	真空机	12
		活动	7

图 12-20　产品效果舆情指标

产品使用场景如图 12-21 所示，用户在什么场景使用产品决定了用户关心什么效果。

热点封装品介绍	
封装奶粉	封装茶叶
农产品封装，易打包	雪花酥
凉皮、调味料、汁水封装	夏天封装食物
宝宝食物封装	包装牛轧糖
外送食品	封装阿胶糕
肉类保鲜	封书
食品/零食防腐	封铝箔袋
封装纸尿裤	抽的都是多油食物

图 12-21　产品使用场景

差评分析如图 12-22 所示，差评是因为产品质量出现问题。综合上面的分析可得知，必须在保证质量的前提下优化产品效果。

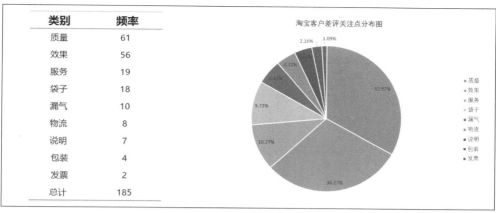

类别	频率
质量	61
效果	56
服务	19
袋子	18
漏气	10
物流	8
说明	7
包装	4
发票	2
总计	185

图 12-22　差评分析

12.2.3　互联网话题分析（新媒体和知识付费方向）

2022 年开始，知识付费成为互联网的热点之一。近年来，自媒体、知识付费平台如雨后春笋般展露在大众面前，随着竞争的白热化，许多平台开始谋划转型或深度运营。

1．项目背景

某平台想开发思维类课程，但是思维是个大且宽泛的概念，这类课程如何切入？课程开发的优先级如何安排？盲目做决定会使平台利益随着流量红利的消失而减少。

2．项目目标

挖掘互联网文本，针对思维类话题进行分类分析，从而指导平台有针对性地开发课程。

3．分析思路

（1）搜索引擎挖掘，通过搜索量逆推用户需求热点。

（2）知乎挖掘，统计需求点的浏览数和评论数，推断用户需求热点。

（3）竞品分析，统计相关课程数量和学习人数，推断用户需求情况。

4．重要过程与结论

将搜索热词凝练成核心关键词，思维可以分为逆向思维、思维定式、互联网思维、创新思维等，如图 12-23 所示。

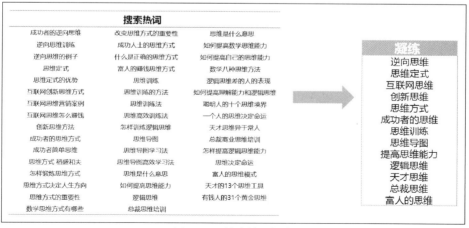

图 12-23　搜索热词凝练

图 12-24 所示为逆向思维的规模及逆向思维的相关需求搜索量排行。如果设计逆向思维课程，可以从概念、案例和训练题 3 个角度设定课程框架。

需求提炼	日均搜索量	日均搜索量占比
逆向思维的例子	140	35.18%
逆向思维是什么意思	50	12.56%
逆向思维训练	43	10.80%
成功者的12个逆向思维	40	10.05%
逆向思维训练500题	40	10.05%
逆向思维定律的内容	32	8.04%
逆向思维书	28	7.04%
逆向思维的人特征	10	2.51%
逆向思维法	10	2.51%
逆向思考	4	1.01%
逆向思维能力	1	0.25%
总计	398	100.00%

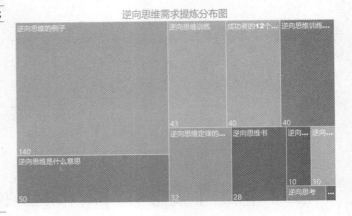

图 12-24　搜索量排行

竞争对手平台的课程统计分析如图 12-25 所示，可以看出竞争对手平台的免费课程规模较大，付费课程的规模并不理想。

收费情况	课程数量	数量占比	总学习人数	总学习人数占比
免费	67	42%	35656	86%
收费	91	58%	5705	14%
总计	158	100.00%	41361	100.00%

图 12-25　竞争对手平台的课程统计分析